MATTHES & SEITZ BERLIN

PAPERBACK

Jane Bennett

LEBHAFTE MATERIE

Eine politische Ökologie der Dinge

Aus dem amerikanischen Englisch
von Max Henninger

Matthes & Seitz Berlin

Inhalt

Vorwort

Diesem Buch liegt ein philosophisches Vorhaben zugrunde, mit dem wiederum ein politisches zusammenhängt. Das philosophische Vorhaben besteht darin, eine Idee, die sich rasant durch neuzeitliche Köpfe bewegt, in Ruhe zu überdenken: nämlich dass es sich bei Materie um etwas Passives handelt, um etwas Rohes, Unbearbeitetes oder Träges. Diese Gewohnheit, die Welt in stumpfe Materie (es, Dinge) und dynamisches Leben (wir, Seiendes) aufzuteilen, nimmt eine »Aufteilung des Sinnlichen« vor, wie Jacques Rancière formuliert.[1] Dass Materie und Leben voneinander abgeschirmt, gleichsam unter Quarantäne gestellt werden, lädt dazu ein, die Vitalität der Materie und die lebhaften Kräfte materieller Formationen zu ignorieren, etwa dass Omega-3-Fettsäuren die Stimmung von Menschen verändern können, oder auch, dass wir unseren Müll nicht einfach in Deponien »entsorgen«, sondern dieser vielmehr, während Sie dies lesen, lebhafte Chemikalienströme und flüchtige Winde aus Methangas hervorbringt.[2] Ich werde die Figuren des »Lebens« und der »Materie« wiederholt umkehren, ihnen so lange zusetzen, bis sie merkwürdig zu erscheinen beginnen – ein wenig so, wie ein an sich geläufiges Wort zu einem fremden, sinnfreien Geräusch werden kann, wenn man es nur oft genug wiederholt. In dem durch diese Verfremdung geschaffenen Raum wird es einer lebhaften Materialität möglich werden, Gestalt anzunehmen.

Oder vielmehr: Sie wird wieder Gestalt annehmen können, denn eine Variante dieser Idee ist bereits in der Kindheitserfahrung einer Welt zum Ausdruck gekommen, die von beseelten Dingen, und nicht etwa von passiven Objekten, bevölkert ist. Ich werde versuchen, diesen Eindruck zu erneuern, also das wachzurufen, was Henri Bergson als einen »latente[n] Glauben an die Spontaneität der Natur« beschrieben hat.[3] Hinzu kommt, dass die Idee lebhafter Materie in der westlichen Philosophie auf eine lange (jedoch latente, jedenfalls nicht vorherrschende) Tradition zurückblicken kann. Ich werde auch auf diese philosophiegeschichtliche Tradition Bezug nehmen, insbesondere auf die Begriffe und Aussagen von Baruch Spinoza, Friedrich Nietzsche, Henry David Thoreau, Charles Darwin, Theodor Adorno und Gilles Deleuze, sowie auf die im frühen 20. Jahrhundert entwickelten Vitalismen von Henri Bergson und Hans Driesch.

Das diesem Buch zugrunde liegende politische Vorhaben besteht darin, um es besonders ambitioniert zu formulieren, einen klügeren und nachhaltigeren Umgang mit lebhafter Materie und lebendigen Dingen zu befördern. Eine Leitfrage lautet dabei: Wie würden sich die politischen Reaktionen auf gesellschaftliche Probleme verändern, wenn wir die Vitalität (nichtmenschlicher) Körper ernst nähmen? Mit »Vitalität« meine ich die Fähigkeit von Dingen – etwa von essbaren Gegenständen, Waren, Stürmen, Metallen –, den Willen und die Vorhaben von Menschen nicht nur zu behindern und zu blockieren, sondern darüber hinaus auch als Quasi-Aktanten oder Kräfte mit eigenen Entwicklungsverläufen, Neigungen oder Tendenzen zu wirken. Was ich anstrebe, ist die Artikulierung einer lebhaften Materie, die neben und in den Menschen wirkt. So hoffe ich zu zeigen, wie sich politische Ereignisse verändern könnten, würden wir die Kraft der Dinge angemessen würdigen. Welche Veränderung würden beispielsweise Konsummuster durchlaufen, wenn wir uns nicht Unrat, Müll, Abfall oder dem »Recycling« gegenübersähen, sondern einer wachsenden Ansammlung lebhafter und potenziell gefährlicher Materie? Wie würde sich die öffentliche Gesundheitsversorgung entwickeln, wenn die Nahrungsaufnahme als Begegnung verschiedener und vielfältiger Körper begriffen würde, von denen einige mir gehören, die meisten aber nicht, und von denen keiner durchgehend über die anderen obsiegt? Welche Fragen würde die Stammzellenforschung aufwerfen, wenn wir die Annahme aufgäben, eine Seele oder ein Geist seien in der Materie die einzigen möglichen Quellen von Vitalität? Wie würde es sich auf die Entwicklung der Energiepolitik auswirken, wenn Elektrizität nicht einfach als Ressource, Ware oder Mittel zum Zweck begriffen würde, sondern auch, und auf radikalere Weise, als »Aktant«?

Der Begriff stammt von Bruno Latour: Ein Aktant ist eine Handlungsquelle, die sowohl menschlich als auch nichtmenschlich sein kann, also das, was wirkmächtig ist, Dinge tun kann, über ausreichende Kohärenz verfügt, um einen Unterschied zu bewirken, Wirkungen zu zeitigen, den Verlauf von Ereignissen zu modifizieren. Es geht also um »alles, was einen anderen in einem Versuch verändert«, das heißt um etwas, dessen »Kompetenz sich aus [seinen] Performanzen [ableitet]« und nicht einfach gesetzt wird, noch bevor eine Handlung stattfindet.[4] Einige Aktanten sind eher als Proto-Aktanten zu bezeichnen, denn diese Leistungen oder Energien sind zu klein oder zu schnell, um noch als »Dinge« beschrieben werden zu können.[5] Ich bewundere Latours Versuch, ein Vokabular zu schaffen, das verschiedene Modi und Grade der Wirkmächtigkeit zur Kenntnis nimmt, um mit der Darstellung einer stärker verteilten Handlungsfähigkeit zu beginnen. Latour umgeht aus strategischen Gründen, was allgemein als besondere oder gar einzigartige Eigenschaft von Menschen angesehen wird, und ich werde ebenso verfahren – jedenfalls eine Zeit lang und bis zu einem gewissen Punkt. Ich widme spezifischen »Dingen« besondere Aufmerksamkeit und verweise auf die besonderen Fähigkeiten oder die Wirkmächtigkeit bestimmter materieller Anordnungen. Wer, wie ich, versucht, das Verhältnis von menschlichen und nichtmenschlichen Aktanten weniger vertikal zu denken als üblich, klammert damit die Frage des Menschlichen aus und umgeht die reichhaltige und vielfältige Literatur zur Subjektivität und ihrer Genese, zu ihren Möglichkeitsbedingungen und Grenzen. Das philosophische Vorhaben, die Anfangs- und Endpunkte der Subjektivität zu bestimmen, ist allzu häufig mit der Fantasie verstrickt, der Mensch sei in den Augen Gottes einzigartig, sodass man der Materialität entkommen oder die Natur beherrschen könne. Selbst, wo das nicht der Fall ist, bleibt das Unterfangen ein aporetisches, eine Donquichotterie.

Um das ansonsten wichtige Thema der Subjektivität wird im Folgenden also nicht viel Aufhebens gemacht werden. Ich will mich auf die Aufgabe konzentrieren, ein Vokabular und eine Syntax für die aktiven Kräfte zu entwickeln, die von Nichtsubjekten ausgehen. Das dient dem besseren Verständnis dieser Kräfte. Ich möchte ein Schlaglicht auf das werfen, was typischerweise im Dunkeln belassen wird: die materielle Handlungsmacht oder Wirkmächtigkeit nichtmenschlicher oder nicht-ganz-menschlicher Dinge. Ich werde versuchen, eine Mahlzeit zuzubereiten aus den Resten eines im anthropozentrischen Stil abgehaltenen Gelages der politischen Theorie. Dabei setze ich mich dem Vorwurf eines performativen Selbstwiderspruchs aus: Wird diese Theorie der lebhaften Materie etwa nicht von einem menschlichen Subjekt entworfen? Ja und nein. Ich werde den Standpunkt vertreten, dass sich das, was wie ein performativer Widerspruch aussieht, auflöst, sobald man unsere operativen Begriffe der Materie, des Lebens, des Eigeninteresses, des Willens und der Handlungsmacht revidiert.

Wozu sich für die Vitalität der Materie aussprechen? Weil ich vermute, dass das Bild einer toten oder durch und durch instrumentalisierten Materie die menschliche Hybris und unsere die Erde zerstörenden Eroberungs- und Konsumfantasien nährt. Es tut dies, indem es uns daran hindert, ein breiteres Spektrum nichtmenschlicher Kräfte, die im Umfeld menschlicher Körper sowie innerhalb dieser Körper zirkulieren, zu entdecken – zu sehen, zu hören, zu riechen, zu schmecken, zu spüren. Diese materiellen Kräfte, die uns unterstützen oder zerstören, bereichern oder lähmen, adeln oder herabsetzen können, verlangen in jedem Fall nach unserer Aufmerksamkeit, wenn nicht gar nach unserer »Achtung« (vorausgesetzt, dieser Begriff wird über seine kantische Bedeutung hinaus erweitert). Die Figur einer an sich seelenlosen Materie könnte eines der Hindernisse sein, das die Entwicklung ökologisch sinnvollerer und materiell nachhaltigerer Produktions- und Konsumformen behindert. Die Aussagen, die ich hier tätige, sind von einer eigennützigen oder konativen Sorge um das Überleben und das Glück der Menschheit motiviert: Ich möchte »grünere« Formen menschlicher Kultur ebenso befördern wie aufmerksamere Begegnungen zwischen personellen und dinglichen Materialitäten. (Der »ökologische« Charakter eines vitalen Materialismus ist Schwerpunkt der letzten beiden Kapitel.)

In ihrer »Abhandlung über Nomadologie« experimentieren Gilles Deleuze und Félix Guattari mit der Idee eines »technologischen Vitalismus«, dem zufolge die Vitalität der Materie-Energie inhärent ist.[6] Jenes Vorhaben hat, neben anderen, mein eigenes inspiriert. Wie Deleuze und Guattari nehme ich auf selektive Weise Bezug auf die epikureischen, spinozistischen, nietzscheanischen und vitalistischen Traditionen, außerdem auf eine Reihe zeitgenössischer Autoren aus den Bereichen der naturwissenschaftlichen Forschung und der Literatur. Ich bin auf jegliche Unterstützung angewiesen, denn mein Vorhaben erfordert, dass mehrere Aufgaben gleichzeitig angegangen werden: (1) der Entwurf einer positiven Ontologie lebhafter Materie, der die tradierten Begriffe der Handlungsfähigkeit, des Handelns selbst und der Freiheit zuweilen bis an die Grenze des Vertretbaren erweitert; (2) die Auflösung der onto-theologischen Dichotomien Leben und Materie, Mensch und Tier, Wille und Determinismus sowie organisch und anorganisch, unter Verwendung von Argumenten und anderen rhetorischen Mitteln, die in menschlichen Körpern eine ästhetisch-affektive Offenheit für die materielle Vitalität erzeugen sollen; (3) die Skizze eines Stils der politischen Analyse, der dem Beitrag nichtmenschlicher Aktanten besser gerecht wird.

Ich werde im Folgenden also versuchen, Zeugnis abzulegen über die vitalen Materialitäten, die durch uns hindurch- und um uns herumfließen. Die Bewegungen und die Wirkmächtigkeit von Stammzellen, Elektrizität, Lebensmitteln, Abfall und Metallen sind zwar von ausschlaggebender Bedeutung für das politische Leben (und für das menschliche Leben als solches). Diese Aktivitäten und Kräfte werden aber, kaum dass sie in der Öffentlichkeit auftauchen (wobei sie oft menschliche Vorhaben und Erwartungen durchkreuzen), als menschliche Stimmung, Handlung, Bedeutung, Agenda oder Ideologie dargestellt. Diese rasche Substituierung nährt die Fantasie, dass »wir« tatsächlich über dieses ganze »Es« verfügen – ein »Es«, das sich, der Tradition des (nicht mechanischen, nicht teleologischen) Materialismus zufolge, auf die ich mich beziehe, als Ansammlung potenziell mächtiger Akteure erweist.

Spinoza dient mir in diesem Buch als Maßstab, obwohl er selbst kein Materialist im strengen Wortsinn war. Ich beziehe mich auf seine Vorstellung konativer Körper, die eine Ausweitung ihrer Handlungsmacht anstreben, indem sie sich mit anderen Körpern verbünden, und ich teile auch seine Auffassung, dass alles aus derselben Substanz geschaffen ist. Spinoza lehnte die Vorstellung ab, »daß der Mensch die Ordnung der Natur mehr stört als befolgt«, und versprach stattdessen, »menschliche Handlungen und Triebe geradeso [zu] betrachten, als ginge es um Linien, Flächen oder Körper«.[7] Auch Lukrez vertritt in *De rerum natura* eine Art Monismus: Alles, so sagt er, besteht aus demselben merkwürdigen Stoff, denselben Bausteinen, wenn man so will. Lukrez bezeichnet diese Bausteine als *primordia*; wir bezeichnen sie heute etwa als Atome, Quarks, Partikelströme oder Materie-Energie. Diese Behauptung, alles bestehe aus demselben Stoff, und die Andeutung, im Kern sei alles verbunden und auf ein einfaches Substrat zurückzuführen, steht mit dem Umweltbewusstsein in Einklang – und auch dieses ist mir wichtig. Im Gegensatz zu einigen Varianten der Tiefenökologie postuliert mein Monismus jedoch weder eine reibungslose Harmonie der Teile noch eine durch einen gemeinsamen Geist geeinte Vielfalt. Die richtige Formel lautet hier, wie Deleuze schreibt: »ontologisch eins, formal verschieden«.[8] Es handelt sich, wie Michel Serres in *La naissance de la physique dans le texte de Lucrèce* schreibt, um ein turbulentes, immanentes Feld, innerhalb dessen verschiedene und variable Materialitäten kollidieren, gerinnen, sich verwandeln, sich entwickeln und zerfallen.[9] Ich glaube zwar, dass der Epikureismus mit seinem Bild einzelner Atome, die durch die Leere stürzen und plötzlich abschwenken, zu einfach ist. Dennoch teile ich die Überzeugung, dass der Verfasstheit der Dinge eine natürliche

Tendenz zugrunde liegt – und dass es die menschliche Sittlichkeit und eine sittliche Politik befördert, wenn wir uns auf die merkwürdige Logik der Turbulenz einstimmen.

Unpersönlicher Affekt

Als ich *The Enchantment of Modern Life* schrieb, interessierte mich vor allem die ethische Bedeutung des menschlichen Affekts, genauer: die Stimmung des Verzaubertseins oder die merkwürdige Verbindung von Freude und Verstörung. Dem lag die Vorstellung zugrunde, Momente sinnlicher Verzauberung durch die Alltagswelt – durch die Natur, aber auch durch Waren und andere Kulturprodukte – könnten die Motivation und die Energie steigern, die erforderlich sind, um den Übergang vom Gutheißen ethischer Prinzipien zur tatsächlichen Praxis ethischen Handelns zu vollziehen.

Das Thema jenes Buchs war Ausdruck eines allgemeineren Trends innerhalb der politischen Theorie. Es gab eine Art ethische und ästhetische Wende, die weitgehend von feministischen Studien zum Körper sowie von Michel Foucaults Arbeiten zur »Sorge um sich selbst« inspiriert war. Diese Untersuchungen trugen dazu bei, im ethischen Denken wieder eine gewisse Aufmerksamkeit für das »Begehren« sowie für Körperpraxen wie Sport, Meditation, Sexualität und Ernährung zu schaffen. Einige Autorinnen der politischen Theorie, insbesondere Nancy Fraser in *Die halbierte Gerechtigkeit*, kritisierten diese Wende als einen Rückzug auf »weiche«, psychokulturelle Fragen der Identität, der auf Kosten der »harten« politischen Fragen ökonomischer Gerechtigkeit, ökologischer Nachhaltigkeit, der Menschenrechte und der demokratischen Staatsführung gehe. Andere wiederum (und zu diesen zähle ich mich selbst) antworteten mit dem Hinweis, dass die Formen körperlicher Disziplin, durch die ethisches Bewusstsein und soziale Beziehungen geformt und umgeformt werden, selbst politisch sind und ein ganzes (vernachlässigtes) Feld der »Mikropolitik«

konstituieren, ohne das jegliches Prinzip und jegliche Politik Gefahr laufen, einfach nur ein Strauß von Worten zu sein. Die Wirtschaft wird nicht ökologischer, der Wohlstand wird nicht umverteilt und Rechte werden weder durchgesetzt noch erweitert werden, solange es keine menschlichen Neigungen und Stimmungen, keine kulturellen Ensembles gibt, die solche Entwicklungen begünstigen.

Die ethische Wende hat es politischen Theoretikerinnen und Theoretikern ermöglicht, Filmen, religiösen Praxen, den Ritualen der Nachrichtenmedien, neurowissenschaftlichen Experimenten und anderen nicht kanonischen Mitteln der ethischen Willensbildung mehr Aufmerksamkeit zu schenken. Dabei konnte »Ethik« nicht länger in erster Linie eine Reihe von Doktrinen meinen; sie musste vielmehr als komplexer Vermittlungszusammenhang von moralischen Inhalten, ästhetisch-affektiven Stilen und öffentlichen Stimmungen begriffen werden. Politische Theoretiker bestätigten damit, was romantische Denker (ich denke an Jean-Jacques Rousseau, Friedrich Schiller, Nietzsche, Ralph Waldo Emerson, Thoreau und Walt Whitman) seit Langem bemerkt hatten: Wenn eine Reihe von moralischen Prinzipien tatsächlich gelebt werden soll, dann muss dafür die richtige Stimmung oder Affektlandschaft gegeben sein.

Ich glaube weiterhin, dass Affekte von zentraler Bedeutung für Politik und Ethik sind, erweitere meine bisherigen Überlegungen in diesem Buch jedoch insofern, als ich mich mit »Affekten« befasse, die nicht auf menschliche Körper beschränkt sind. Ich möchte mich fortan weniger auf die Erweiterung des menschlichen Beziehungsvermögens konzentrieren, die sich aus affektiven Auslösern ergibt, um dem Auslöser selbst mehr Aufmerksamkeit zu widmen – nämlich so, wie er in nichtmenschlichen Körpern existiert. Diese Kraft ist weder transpersonal noch intersubjektiv, sondern unpersönlich: ein Affekt, der jenen Formen innewohnt, die nicht (und zwar noch nicht einmal ideell) als Personen vorstellbar sind. Ich betone nun noch stärker, dass die Figur der Verzauberung in zwei Richtungen weist: die der Menschen, die sich verzaubert fühlen und deren Handlungsvermögen dadurch gestärkt werden kann, und die des Handlungsvermögens von Dingen, die in menschlichen und anderen Körpern (günstige, schädliche) Wirkungen hervorrufen.[10] Organische und anorganische Körper, natürliche und kulturelle Gegenstände (diese Unterscheidungen sind hier nicht so bedeutend) sind sämtlich affektiv. Ich beziehe mich hier auf eine spinozistische Vorstellung von Affekt, die auf allgemeine Weise die Fähigkeit eines beliebigen Körpers meint, zu agieren und zu reagieren. Deleuze und Guattari formulieren es so:

> Wir wissen nichts von einem Körper, wenn wir nicht wissen, was er vermag, das heißt, welche Affekte er hat, wie sie sich mit anderen Affekten, den Affekten eines anderen Körpers, verbinden können oder nicht, um ihn entweder zu zerstören oder von ihm zerstört zu werden, [...] um entweder zu handeln oder zu leiden, oder um mit ihm einen Körper zu bilden, der noch mehr vermag als er.[11]

Und mit David Cole gesprochen:

> Affekte beinhalten einen Zusammenstoß von Partikelkräften, in dem sich der Aufprall eines Körpers auf einen anderen abzeichnet; man könnte dies auch als die Fähigkeit bezeichnen, Kraft im Vorfeld subjektiver Regung [oder ohne sie] wahrzunehmen. [...] Affekte erzeugen ein Kraftfeld, in dem die Kräfte nicht dazu neigen, zu Subjektivität zu gerinnen.[12]

Was ich als unpersönlichen Affekt oder materielle Lebhaftigkeit bezeichne, ist kein geistiger Zusatz, keine der Materie, in der sie haust, hinzugefügte »Lebenskraft«. Mein Vitalismus ist kein Vitalismus im traditionellen Sinn; ich setze Affekt mit Materialität gleich, anstatt eine separate Kraft zu postulieren, die in einen physischen Körper eindringen und ihn beleben kann.

Um es noch einmal zu sagen: Mein Ziel ist die theoretische Erfassung einer Vitalität, die der Materialität als solcher innewohnt, und damit einhergehend die Befreiung der Materialität von den Figuren einer passiven, mechanischen oder göttlich beseelten Substanz. Die lebhafte Materie, um die es mir geht, ist nicht der Rohstoff für die schöpferische Betätigung des Menschen, oder auch Gottes. Es geht um meinen Körper, aber auch um die Körper des Abfalls in Baltimore (Kapitel 1), der Fesseln des Prometheus (Kapitel 4) und der Würmer Darwins (Kapitel 7), außerdem um die Quasi-Körper der Elektrizität (Kapitel 2), eingenommener Nahrung (Kapitel 3) sowie von Stammzellen (Kapitel 5 und 6).

Methodologische Anmerkung

Ich bin um einen Materialismus bemüht, der eher in der Tradition von Demokrit, Epikur, Spinoza, Diderot und Deleuze steht als in jener von Hegel, Marx und Adorno. Es ist wichtig, der Spur menschlicher Macht zu folgen, um gesellschaftliche Hegemonien aufzudecken, wie das historische Materialisten tun. Meiner Ansicht nach ist es für die Öffentlichkeit aber auch von Wert, der Fährte einer nichtmenschlichen, dinglichen Macht zu folgen, der materiellen Handlungsmacht natürlicher Körper und technologischer Artefakte. Ich gebrauche das Verb »folgen« hier in demselben Sinn wie Jacques Derrida im Kontext seiner Überlegungen zu Tieren. Derrida verweist auf das intime Verhältnis zwischen »sein« und »folgen«: Irgendwer oder irgendjemand zu sein bedeutet stets, etwas oder jemandem zu folgen, also stets auf den Ruf von etwas zu reagieren, wie nichtmenschlich es auch sein mag.[13] Welche Methode könnte der Aufgabe angemessen sein, der lebhaften Materie das Wort zu reden? Wie soll man diese Materie beschreiben, ohne die Unabhängigkeit der Dinge auszulöschen? Wie die undurchsichtige, aber allgegenwärtige Intensität des unpersönlichen Affekts anerkennen? Erforderlich ist offenbar eine gewisse Bereitschaft, naiv oder töricht zu erscheinen, also zu bejahen, was Adorno als »Clownerie« bezeichnet hat.[14] In meinem Fall beinhaltet das die

Bereitschaft, Ereignisse (einen Stromausfall, eine Mahlzeit, eine Gefangenschaft in Ketten, eine Erfahrung mit Abfall) theoretisch als Begegnungen zwischen ontologisch unterschiedlichen Aktanten zu fassen, wobei einige dieser Aktanten menschlich sind, andere nicht, alle aber durch und durch materiell.[15] Ebenfalls vonnöten ist eine gepflegte, geduldige, sinnliche Aufmerksamkeit für nichtmenschliche Kräfte, wie sie außerhalb und innerhalb des menschlichen Körpers wirken. Ich habe versucht zu lernen, wie sich Aufmerksamkeit für Dinge und ihre Affekte herstellen lässt, und mich dabei an Thoreau, Kafka und Whitman orientiert, aber auch an den ökologischen beziehungsweise ökofeministischen Philosophen und Philosophinnen Romand Coles, Val Plumwood, Wade Sikorski, Freya Mathews, Wendell Berry, Angus Fletcher, Barry Lopez und Barbara Kingsolver. Ist man in dieser gegenkulturellen Form der Wahrnehmung nicht geübt, dann stellt sich die Welt dar, als bestehe sie nur aus aktiven menschlichen Subjekten, die sich mit passiven Objekten und deren von Gesetzen bestimmten Mechanismen konfrontieren. Dieser Schein mag unverzichtbar sein für die handlungsorientierte Wahrnehmungsweise, von der unser Überleben abhängt (wie Nietzsche und Bergson auf je eigene Weise argumentieren). Es ist aber auch gefährlich und kontraproduktiv, permanent innerhalb dieser Fiktion zu leben (worauf Nietzsche und Bergson ebenfalls hinweisen). Auch führt ein solches Vorgehen nicht zur Herausbildung eines »grüneren« Bewusstseins.

Von der Entmystifizierung, der beliebtesten Praxis der kritischen Theorie, sollte bei der Bewältigung dieser Aufgabe nur vorsichtig und spärlich Gebrauch gemacht werden, denn Entmystifizierung beruht auf der Annahme, dass im Kern eines jeden Ereignisses und Prozesses ein Handlungsvermögen liegt, das unzulässigerweise auf Dinge projiziert worden ist. Diese Hermeneutik des Verdachts verlangt von Theoretikern, wachsam Ausschau zu halten nach den Anzeichen einer geheimen Wahrheit (eines menschlichen Willens zur Macht) unterhalb des falschen Scheins nichtmenschlicher Handlungsmacht. Karl Marx bemühte sich, die Ware zu entmystifizieren und ihre Fetischisierung zu verhindern, indem er zeigte, wie ihr eine Handlungsmacht zugeschrieben wird, die eigentlich den Menschen zukommt; patriotische Amerikanerinnen haben unter dem Bush-Regime den Eigennutz, die Gier oder die Grausamkeit aufgedeckt, die sich im »globalen Krieg gegen den Terrorismus« oder in der von Justizminister Alberto Gonzales vertretenen Variante der Rechtsstaatlichkeit verbargen; die feministische Theoretikerin Wendy Brown nimmt eine Entmystifizierung vor, wenn sie verspricht, »uns die Scheuklappen von den Augen zu nehmen« und zu zeigen, »dass der Diskurs der Toleranz [...] den Westen [aufwertet] und den Rest der Welt zum Anderen macht, [...] während er sich den Anschein gibt, lediglich [...] die Vorzüge des liberalen Denkens und Handelns weiterzugeben«.[16] Entmystifizierung ist ein unverzichtbares Werkzeug für eine demokratische, pluralistische Politik, die bestrebt ist, Amtsträger an (weniger ungerechten) Prinzipien der Rechtsstaatlichkeit zu messen und Bemühungen entgegenzuwirken, ein System der (auf »Rasse«, Zivilisation, Religion, Geschlecht oder Klasse begründeten) Herrschaft durchzusetzen. Ihre politische Wirksamkeit hat jedoch Grenzen. Eine davon ist, dass die Aufdeckung von illegalen Handlungen, von Gier, Verlogenheit, oligarchischen Strukturen oder Heuchelei nicht zuverlässig moralische Empörung nach sich zieht; wo sie es doch tut, kann die Empörung zu einem Eingreifen und zu Verbesserungen führen, muss dies aber nicht. Auch Brown erkennt an, dass das Aufzeigen der »falschen Einbildungen« liberaler Toleranz womöglich die »Rechtfertigung« des liberalen Strebens nach imperialer Herrschaft untergraben kann, die »Motivation« eines solchen Strebens damit aber noch lange nicht aufgehoben ist.[17] Hinzu kommt, dass ethisch begründetes politisches Handeln aufseiten der Menschen nicht nur eine wachsame Kritik an bestehenden Institutionen, sondern auch positive und selbst utopische Alternativen zu erfordern scheint.[18] Jodi Dean, eine weitere Fürsprecherin der Entmystifizierung, erkennt dies an: »Wenn wir nichts anderes tun können, als die Gegenwart zu bewerten, zu kritisieren oder zu entmystifizieren, was hoffen wir denn dann zu erreichen?«[19]

Ein kompromisslos entmystifizierender Ansatz behindert die Herausbildung positiver Formulierungen. Michel Foucault hat in einer Diskussion über die Regierung François Mitterands mit seiner vorigen Neigung gebrochen, sich auf Entmystifizierung zu verlassen, um spezifische Reformen im Bereich der Sexualität vorzuschlagen:

> Doch letztlich bin ich ein wenig verärgert über eine Haltung, die im Übrigen lange Zeit auch meine eigene war und die ich jetzt nicht mehr unterschreibe, und die darin besteht zu sagen: Unser Problem ist es, anzuprangern und zu kritisieren; sollen sie doch alleine mit ihrer Gesetzgebung und ihren Reformen klarkommen. Dies scheint mir keine richtige Haltung zu sein.[20]

Es geht, um es noch einmal zu sagen, darum, dass wir sowohl Kritik als auch die positive Ausarbeitung von Alternativen benötigen, wobei diese Alternativen später selbst Gegenstand von Kritik und Reformen sein werden.

Was die Entmystifizierung aufdeckt, ist stets etwas Menschliches, etwa das verborgene Streben mancher Menschen nach Herrschaft über andere, der menschliche Wunsch, die Verantwortung für getanes Unrecht auf andere abzuschieben, oder auch die ungleiche Verteilung von (menschlicher) Macht. Entmystifizierung tendiert dazu, die Lebhaftigkeit der Materie aus dem Blickfeld zu entfernen und politische Handlungsmacht auf menschliche Handlungsmacht zu reduzieren. Dies sind Tendenzen, denen ich mich entgegenstelle.

Das Vermögen, die Anwesenheit unpersönlichen Affekts zu bemerken, setzt voraus, das man selbst von diesem Affekt berührt wird. Man muss, zumindest zeitweilig, die eigene Skepsis ablegen und eine offenere Haltung einnehmen. Wenn wir glauben, wir wüssten bereits, was sich dort draußen befindet, wird uns mit einiger Sicherheit einiges davon entgehen.

Vor einigen Jahren habe ich einer Freundin gegenüber erwähnt, Thoreaus Begriff des Wilden weise interessante Parallelen zu den Vorstellungen des Virtuellen (Deleuze) und des Ungedachten (Foucault) auf. Thoreau, Deleuze und Foucault sind alle drei bemüht, eine Kraft anzuerkennen, die zwar reell und mächtig ist, sich ihrem Wesen nach aber gegen die Darstellung sträubt.[21] Meine Freundin antwortete, sie interessiere sich nicht sonderlich für den französischen Poststrukturalismus, denn diesem fehle »eine materialistische Perspektive«. Damals begriff ich diese Antwort als Hinweis darauf, dass sie sich einer an Marx ausgerichteten, egalitären Politik verpflichtet fühle. Die Bemerkung wollte mir aber nicht aus dem Kopf, und sie ließ mich schließlich folgende Fragen stellen: Warum gelten Foucaults Interesse an »Körpern und Genüssen« sowie das von Deleuze und Guattari an »maschinellen Gefügen« nicht als materialistisch? Wie konnte es geschehen, dass Marx' Vorstellung von Materialität – die Vorstellung wirtschaftlicher Strukturen und Tauschakte, die zahlreiche weitere Ereignisse auslösen – als repräsentativ für die materialistische Perspektive als solche begriffen wird? Warum gibt es keine lebhaftere Debatte zwischen widerstreitenden Philosophien der Materialität oder widerstreitenden Auffassungen über die Bedeutung der Materialität für die Politik?

In der politischen Theorie wird seit einiger Zeit zur Kenntnis genommen, dass Materialität von Bedeutung ist. Gemeint sind jedoch meistens menschliche Gesellschaftsstrukturen oder die in ihnen und anderen Gegenständen »verkörperten« menschlichen Bedeutungen. Auch die Politik wird oft als rein menschlicher Bereich begriffen. Materialität wird dann nur im Sinn von materiellen Zwängen gedacht, denen menschliches Handeln unterliegt, oder auch als materieller Kontext, innerhalb dessen solches Handeln stattfindet. In der hartnäckigen Ablehnung des Anthropozentrismus liegt möglicherweise der Hauptunterschied zwischen dem vitalen Materialismus, um den ich bemüht bin, und dieser Sorte von historischem Materialismus.[22] Ich werde den Handlungsbeitrag von nichtmenschlichen Kräften, die in der Natur, im menschlichen Körper und in von Menschen geschaffenen Gegenständen wirksam sind, betonen und sogar überbetonen, um auf diese Weise dem narzisstischen Reflex des menschlichen Sprechens und Denkens entgegenzuwirken. Wir müssen einen gewissen Anthropomorphismus kultivieren – also die Vorstellung, dass menschliche Handlungsmacht in der nichtmenschlichen Natur bestimmte Entsprechungen hat –, um dem Narzissmus der Menschen entgegenzuwirken, die über unsere Welt bestimmen.

Im ersten Kapitel, »Die Kraft der Dinge«, erkunde ich zwei Termini aus dem Vokabular eines vitalen Materialismus: »Ding-Macht« und »Außen-Seite«. Ding-Macht verweist auf die merkwürdige Fähigkeit gewöhnlicher, von Menschen geschaffener Gegenstände, über ihren Objektstatus hinauszuwachsen und Ansätze der Unabhängigkeit und Lebendigkeit zu entfalten, die das Außen unserer eigenen Erfahrung konstituieren. Ich untersuche, wie gefundene Gegenstände (meine Beispiele sind Abfall auf der Straße, ein Spielzeuggeschöpf aus einer Erzählung Kafkas und ein technisches Gerät, das bei strafrechtlichen Ermittlungen zum Einsatz kommt) zu lebhaften Dingen mit einer gewissen eigenen Wirkmächtigkeit werden können: einem womöglich geringen, aber unverkennbaren Grad der Unabhängigkeit von den Worten, Bildern und Gefühlen, die sie in uns hervorrufen. Ich begreife dies als eine Lebhaftigkeit, die der Materialität des vormals als Objekt bezeichneten Dings innewohnt. Daraus ergibt sich eine Meta-Frage: Ist es wirklich möglich, diese Lebhaftigkeit theoretisch zu fassen, oder handelt es sich dabei (wie Adorno behauptet) nicht nur um ein aussichtsloses Unterfangen, sondern auch um eins, das mit dem von Hybris durchsetzten menschlichen Wunsch nach umfassendem Wissen und mit dem gewaltsamen menschlichen Streben nach Herrschaft und Kontrolle zusammenhängt? Angesichts einer solchen Kritik, aber auch angesichts von Adornos eigenen (in der *Negativen Dialektik* unternommenen) Bemühungen, »nach der Präponderanz des Objekts zu tasten«, verteidige ich das »naive« Anliegen eines vitalen Materialismus.[23]

Der Begriff der Ding-Macht eröffnet eine Alternative zum Objekt als Modus von Begegnungen mit der nichtmenschlichen Welt. Auch dieser Begriff weist (mindestens) zwei Defizite auf. Erstens nimmt er nur die Vitalität stabiler oder fixer Entitäten (Dinge) zur Kenntnis. Zweitens lässt er diese Vitalität auf übermäßig individualistische Weise erscheinen (obgleich die Individuen keine Menschen sind). Im zweiten Kapitel, »Die Handlungsmacht der Gefüge«, erweitere ich die Darstellung materieller Handlungsmacht um den Begriff des »Gefüges«, den ich von Deleuze und Guattari borge. Handlungsmacht ist stets in einem Zusammenhang situiert, der sowohl menschliche als auch nichtmenschliche Bestandteile aufweist. Ich bewege mich gedanklich fort von einem Vitalitätsbegriff, der auf der Vorstellung von eigenständigen Dingen beruht, und hin zu einem Begriff von Vitalität als (spinozistischer) Funktion der Tendenz von Materie, Konglomerate oder heterogene Gruppierungen zu bilden. Anschließend erkunde ich die Handlungsmacht von menschlich/nichtmenschlichen Gefügen anhand des Beispiels des Stromnetzes, wobei ich mich auf einen Stromausfall aus dem Jahr 2003 konzentriere, von dem weite Teile Nordamerikas betroffen waren.

Im dritten Kapitel, »Essbare Materie«, wiederhole ich dieses Experiment anhand von Ernährungsfragen. Unter Bezugnahme auf Untersuchungen zur Fettleibigkeit und auf jüngere Schriften zur Ernährung, aber auch auf Ideen, die Thoreau und Nietzsche zu Diätproblemen verfasst haben, vertrete ich die Position, dass es sich bei essbarer Materie um einen Aktanten handelt, der innerhalb der menschlichen Gattung und um sie herum wirkt und dabei Stimmungen, Neigungen und Entscheidungen beeinflusst. In diesem Zusammenhang beginne ich, einen Begriff des Selbst zu vertreten, der in späteren Kapiteln ausführlicher entwickelt wird: das Selbst als unreines, menschlich/nichtmenschliches Gefüge. Ich setze mich außerdem mit der Auffassung auseinander, die von mir postulierte Lebhaftigkeit der Materie sei einer immateriellen Quelle, einem beseelenden Geist oder einer »Seele« zuzuschreiben. Diese Auffassung lehne ich ab.

Das vierte Kapitel, »Ein Leben des Metalls«, fährt darin fort, die Dichotomie von Leben und Materie zu hinterfragen, diesmal anhand des Begriffs der »Geschichte eines Lebens«. Ich trete für einen (nichtmechanischen) Materialismus ein, der Materie als ihrem Wesen nach lebhaft (aber nicht als beseelt) begreift, und arbeite mich dabei an dem schwierigen Fall anorganischer Materie ab. Als Beispiel dient mir Metall. Was kann es bedeuten zu behaupten, bei Metall – meist das Sinnbild einer rigiden und regungslosen Substanz – handle es sich um lebhafte Materie? Ich vergleiche die »Ketten, hart aus Stahl«, die Prometheus bei Aischylos an den Felsen fesseln, mit jenem polykristallinen Metall, das der Wissenschaftshistoriker Cyril Smith beschrieben hat.

Als Doktrin weist vitaler Materialismus eine gewisse Nähe zu verschiedenen nicht modernen (und häufig auch diskreditierten) Denkschulen auf, darunter der Animismus, die romantische Suche nach der Natur und der Vitalismus. Manche davon schätze ich, andere nicht. Ich lehne die Dichotomie von Leben und Materie ab, die den Vitalismus klassischer Prägung kennzeichnet. Im fünften und im sechsten Kapitel gehe ich daher der Frage nach, warum diese Dichotomie sich so lange gehalten hat und so nachdrücklich verteidigt worden ist, obgleich die Unterscheidung zwischen organisch und anorganisch, Leben und Materie angesichts von Entwicklungen in der Naturwissenschaft und Biotechnik zunehmend problematisch erscheint.

Im fünften Kapitel, »Weder Vitalismus noch Mechanismus«, nehme ich drei faszinierende Versuche in den Blick, die »Lebenskraft« in der Materie zu bestimmen: Immanuel Kants »Bildungstrieb«, die »Entelechie« des Embryologen Hans Driesch und Henri Bergsons *élan vital.* Sowohl Driesch als auch Bergson waren bemüht, die Philosophie mit den wissenschaftlichen Erkenntnissen ihrer Zeit anzureichern, und beide waren gegenüber mechanistischen Naturkonzeptionen skeptisch. Aus meiner Sicht haben ihre Vitalismen eine Funktion erfüllt, deren Wert nicht hoch genug veranschlagt werden kann: Sie haben jenen Raum offen gehalten, in dem eine Philosophie lebhafter Materialität ihren Ort zu finden vermag.

Im sechsten Kapitel, »Stammzellen und die Kultur des Lebens«, erkunde ich den Endzeit-Vitalismus eines George W. Bush und anderer evangelikaler Verteidiger einer »Kultur des Lebens«, wie sie während der letzten Jahre der Bush-Regierung in politischen Debatten um die Forschung an embryonalen Stammzellen Ausdruck gefunden hat. Ich befasse mich mit den unterschiedlichen Möglichkeiten, die durch die Stammzellenforschung eröffnet werden, widersetze mich aber den Bemühungen der Fürsprecher einer »Kultur des Lebens«, eine radikale Trennung von Leben und Nichtleben zu postulieren und Stammzellen einem dieser beiden Pole zuzuschlagen.

Das siebte Kapitel, »Politische Ökologien«, hat mir bei Entwurf und Niederschrift die größten Schwierigkeiten bereitet, da ich darin eine Begegnung zwischen der (Meta-)Physik des vitalen Materialismus und der politischen Theorie herbeiführe. Ich erkunde, wie sich eine Konzeption lebhafter Materie zu verschiedenen Schlüsselbegriffen der politischen Theorie verhalten könnte, darunter »Öffentlichkeit«, »politische Teilhabe« und »das Politische«. Ich beginne mit der Erörterung eines weiteren Beispiels lebhafter Materie, nämlich der findigen Würmer, die Darwin studiert hat. Darwin behandelt Würmer als Aktanten, die nicht nur in der Natur, sondern auch in der Geschichte agieren: »Die Regenwürmer haben in der Geschichte der Erde eine bedeutungsvollere Rolle gespielt, als die Meisten auf den ersten Blick annehmen dürften.«[24] Die von Darwin vorgenommene Anthropomorphose veranlasst mich, den umgekehrten Fall zu untersuchen, das heißt die Frage, ob es sich beim menschlichen Gemeinwesen nicht um eine Art Ökosystem handeln könnte. Ich beziehe mich (recht frei) auf John Deweys Modell der Öffentlichkeit als emergenten Effekt eines Problems, um diese Vorstellung zu verteidigen. Doch stelle ich mich auch dem Einwand, den Rancière formuliert hat: Dieser spricht von Dissonanzen, deren Ursprung außerhalb des Systems politischer Intelligibilität liegt, und begreift Politik als einzigartigen Bereich rein menschlicher Bestrebungen. Ich beschließe das Kapitel, indem ich für eine Definition der Politik als politische Ökologie eintrete, und für einen Begriff der Öffentlichkeit als eines menschlich/nichtmenschlichen Kollektivs, dessen Entstehung von einer gemeinsamen Erfahrung der Schädigung hervorgerufen wird. Ich denke eine solche Öffentlichkeit als einen jener »Brüche«, die Rancière als Inbegriff der politischen Handlung bestimmt.

Im letzten Kapitel, »Vitalität und Eigeninteresse«, trage ich einige der Verbindungen zwischen Ökophilosophie und vitalem Materialismus zusammen. Welche Taktiken stehen uns zur Verfügung, um die Erfahrung unserer selbst als lebhafte Materie zu kultivieren? Die Aufgabe besteht darin, sich auf wirksame und nachhaltige Weise mit diesem zauberhaften Komplex aus Materie und Energie auseinanderzusetzen.

»Ich muss meine Sinne wie meine Gedanken ziehen lassen,
und meine Augen sehen, ohne zu blicken. [...]
Gehe nicht zum Gegenstand; lass ihn zu dir kommen.«

Henry David Thoreau, *The Journal of Henry David Thoreau*

»[Wir bejahen oder verneinen] selbst niemals etwas von
einer Sache [...], sondern die Sache selbst ist es,
die etwas von sich in uns bejaht oder verneint.«

Baruch Spinoza, *Kurzer Traktat über Gott,
den Menschen und dessen Glück*

1. Die Kraft der Dinge

Auf den Tod Michel Foucaults 1984 folgte eine dramatische Ausweitung der Forschung zum Körper, zu seinem gesellschaftlich konstruierten Charakter und zu den Verfahrensweisen der Biomacht. Diese (im Sinne Nietzsches) genealogischen Untersuchungen haben die verschiedenen mikro- und makropolitischen Techniken sichtbar gemacht, mittels derer man den menschlichen Körper diszipliniert, normalisiert, beschleunigt und verlangsamt, vergeschlechtlicht, nationalisiert, globalisiert, verzichtbar gemacht oder sonst wie konstituiert hat. Die ursprüngliche Einsicht betraf die Art und Weise, wie kulturelle Praktiken das produzieren, was als »natürlich« wahrgenommen wird. Viele Theoretiker und Theoretikerinnen haben jedoch auch auf der Widerspenstigkeit von Materie bestanden, die bei solchen kulturellen Produktionen im Spiel sei.[1] So mag es sich beim Geschlecht beispielsweise um den geronnenen kulturellen Effekt historischer Normen und Wiederholungen handeln. Dennoch folgt aus dem Charakter des Geschlechts als menschlichem Artefakt nicht, dass es dem menschlichen Verständnis, der Reform oder der Kontrolle leicht zugänglich ist. Es geht darum, dass kulturelle Formen selbst mächtige, materielle Gefüge sind, die eine gewisse Widerstandskraft aufweisen.

Im Folgenden werde auch ich auf die negative Kraft oder Widerspenstigkeit der Dinge eingehen. Ich werde mich darüber hinaus aber ebenfalls darum bemühen, ihre positive, produktive Kraft hervorzuheben. Anstatt mich auf Kollektive zu konzentrieren und diese in erster Linie als Konglomerate menschlicher Entwürfe und Praktiken zu begreifen (»Diskurse«), werde ich die aktive Rolle unterstreichen, die nichtmenschliche Materialien im öffentlichen Leben spielen. Kurzum, ich werde versuchen, der Ding-Macht eine Stimme zu geben. Wie W. J. T. Mitchell bemerkt hat:

Objekte sind die Form, in der sich Dinge einem Subjekt darstellen – also als mit einem Namen, einer Identität, einer Gestalt oder einer stereotypen Struktur ausgestattet. [...] Dagegen [signalisieren] Dinge [...] den Augenblick, in dem das Objekt zum Anderen wird: Die Sardine blickt zurück, der stumme Götze spricht, das Subjekt erfährt das Objekt als unheimlich und empfindet das Bedürfnis nach dem, was Foucault als »Metaphysik des Objekts« bezeichnet, als Metaphysik jener niemals objektivierbaren Tiefe, aus der Objekte zu unserer oberflächlichen Erkenntnis aufsteigen.[2]

Ding-Macht, oder: die Außen-Seite

Spinoza schreibt dem Körper eine besondere Vitalität zu: »Jedes Ding [*res*] strebt [*conatur*] gemäß der ihm eigenen Natur, in seinem Sein zu verharren.«[3] *Conatus* meint einen »aktiven Trieb« oder eine sich Geltung verschaffende Tendenz zum Fortbestand.[4] Spinoza unterscheidet zwar zwischen dem menschlichen Körper und anderen Körpern, indem er darauf hinweist, die »Tugend« des menschlichen Körpers sei »nichts anderes als allein nach der Leitung der Vernunft leben«.[5] Allerdings teile jeder nichtmenschliche Körper mit jedem menschlichen Körper einen konativen Charakter (und daher eine seiner materiellen Konfiguration angemessene »Tugend«). *Conatus* ist die Bezeichnung für eine in jedem Körper wirkende Kraft: »[J]egliches Ding [wird], mag es mehr oder weniger vollkommen sein, mit derselben Kraft, mit der es zu existieren beginnt, immer weiter im Existieren verharren können, so daß in dieser Hinsicht alle Dinge gleich sind.«[6] Selbst ein fallender Stein, so Spinoza, »bestreb[t] sich, soviel er kann, in dem Bewegen fortzufahren«.[7] Nancy Levene bemerkt: »Spinoza betont fortlaufend diese Kontinuität zwischen Menschen und anderen Seienden«, denn »Menschen bilden nicht nur keinen separaten, eigenständigen Bereich; sie beherrschen noch nicht einmal jenes Reich, die Natur, von dem sie ein Teil sind«.[8]

Die Idee der Ding-Macht weist eine gewisse Familienähnlichkeit nicht nur zu Spinozas *conatus* auf, sondern auch zu dem, was Henry David Thoreau als »das Wilde« (*the Wild*) bezeichnet hat: jene unheimliche Präsenz, die ihm in den Wäldern von Concord sowie auf dem Mount Ktaadn begegnet ist, die aber auch jenem Ungeheuer innewohnt, das als Eisenbahn bezeichnet wird, oder jenem außerirdischen Wesen, das Thoreau als seinen Genius bezeichnet. Unter Wildheit versteht Thoreau eine nicht-ganz-menschliche Kraft, die menschliche und andere Körper verwirrt und verändert. Gemeint ist eine irreduzibel merkwürdige Dimension der Materie, eine Außen-Seite. Ding-Macht ist auch mit dem verwandt, was Hent de Vries im Kontext der politischen Theologie als »absolute« oder »unfassbare und imponderable« Widerspenstigkeit bezeichnet hat.[9] Das Absolute wird zwar oft mit Gott gleichgesetzt, insbesondere in Theologien, die die Allmacht oder radikale Alterität Gottes betonen. De Vries bietet jedoch eine losere Definition: »das, was dazu neigt, seine Bindung an bestehende Kontexte zu lockern«.[10] Diese Definition erscheint sinnvoll, wenn wir uns die Etymologie des Wortes *absolut* vergegenwärtigen: *ab* (ab) + *solver* (lösen). Das Absolute ist das, was sich ablöst und gleichermaßen auf freiem Fuß ist. Wenn beispielsweise ein katholischer Priester den Ritus der Absolution durchführt, ist er Träger einer göttlichen Handlung, die die Verbindung bestimmter Sünden mit einer bestimmten Seele auflöst: Die Sünden stehen dann für sich – verdrängte Fremde, die ihr eigenes merkwürdiges, unpersönliches Leben führen. Wenn de Vries vom Absoluten spricht, versucht er also auf das aufmerksam zu machen, was kein Sprechender jemals sehen könnte: ein Etwas oder Ding (*some-thing*), das kein Gegenstand der Erkenntnis ist, das von der Repräsentation abgelöst oder radikal frei, daher Nichts oder kein Ding (*no-thing*) ist – nichts als die Kraft oder Wirkmächtigkeit der Ablösung, um genau zu sein.

De Vries' Begriff des Absoluten soll, wie der der Ding-Macht, den ich hier entwickeln will, dem gerecht werden, was sich dem vollständigen Aufgehen im Milieu menschlicher Erkenntnis verweigert. Es gibt aber auch eine Akzentverschiebung zwischen den beiden Begriffen. De Vries begreift die Exteriorität, die Außen-Seite, in erster Linie als erkenntnistheoretische Grenze: In der Gegenwart des Absoluten können wir nichts erkennen. Das menschliche Denken ist das, wovon sich das Absolute abgelöst hat; das Absolute bezeichnet die Grenzen der Intelligibilität. Insofern priorisieren de Vries' Formulierungen Menschen als erkennende Körper und tendieren dabei dazu, Dinge und das, was sie leisten können, zu übersehen. Der Begriff der Ding-Macht zielt hingegen darauf ab, dem »Es« als Aktanten gerecht zu werden. Ich werde das Unmögliche versuchen: das Moment der Unabhängigkeit (von der Subjektivität) zu bestimmen, über das Dinge verfügen. Dieses Moment muss es geben, denn Dinge wirken sich ja tatsächlich auf andere Körper aus, steigern oder schwächen deren Macht. Ich werde von der Sprache der Erkenntnistheorie zu der der Ontologie wechseln, vom Fokus auf eine schwer fassbare, zwischen Immanenz und Transzendenz schwebende Widerspenstigkeit (das Absolute) zu dem auf eine aktive, erdige, nicht-ganz-menschliche Weite (lebhafte Materie). Ich werde versuchen, einer der Materialität innewohnenden Vitalität eine Stimme zu verleihen, um die Materie von der langen Geschichte ihrer Bindung an Automatismus oder Mechanismus abzulösen.[11] Die merkwürdig vitalen Dinge, die sich in diesem Kapitel erheben werden, um uns zu begegnen – eine tote Ratte, ein Plastikschraubverschluss, ein Garnröllchen –, sind Figuren in einer spekulativen Onto-Erzählung. Diese Geschichte wagt sich an eine Darstellung der Materialität, obwohl diese zugleich zu fremd und zu nah ist, um deutlich erkannt werden zu können, und obwohl sprachliche Mittel der Aufgabe nicht gewachsen sind. Die Erzählung wird das Ausmaß hervorheben, in dem sich die Grenze zwischen »wir« und »es« verwischt und das eine in das andere übergeht. Eine Moral dieser Geschichte lautet, dass wir auch nichtmenschlich sind, genauso wie Dinge lebendige Akteure in der Welt sind. Meine Hoffnung geht darauf, die Aufmerksamkeit für das unpersönliche Leben zu erhöhen, das uns umgibt und durchdringt, ein feineres Bewusstsein des komplizierten Netzes dissonanter Körperverbindungen zu schaffen und bedachtere Interventionen in diese Ökologie zu ermöglichen.

Ding-Macht I: Abfall

An einem sonnigen Dienstagmorgen, einem 4. Juni, fanden sich in dem mit der Chesapeake Bay verbundenen Gully vor Sam's Bagels auf der Cold Spring Lane in Baltimore:

- ein großer Arbeitshandschuh aus schwarzem Plastik, Männergröße;
- ein dichter Teppich aus Eichenpollen;
- eine tote Ratte ohne erkennbare Verletzungen;
- ein Flaschenschraubverschluss aus weißem Plastik;
- ein glatter Holzstock.

Handschuh, Pollen, Ratte, Schraubverschluss, Stock. Als ich auf diese Gegenstände stieß, flatterten sie zwischen Abfall und Ding hin und her: zwischen Zeug, das man ignorieren kann, auch wenn es menschliche Tätigkeiten bezeugt (die Mühen des Arbeiters, den Wurf der Verschmutzerin, den Erfolg des Rattenvergifters), und Zeug, das für sich genommen Aufmerksamkeit verdient, als Existierendes, das über seine Verbindung zu menschlichen Bedeutungen, Gewohnheiten und Projekten hinausweist. Im zweiten Fall stellte das Zeug seine Ding-Macht aus: Es rief mir zu, auch wenn ich nicht genau verstehen konnte, was es mir sagen wollte. Zumindest rief es in mir merkwürdige Affekte hervor: Ich war abgestoßen von der toten Ratte (oder schlief sie nur?) und bestürzt über den Unrat, und doch spürte ich auch noch etwas anderes: ein namenloses Bewusstsein der unmöglichen Singularität jener Ratte, jener Anordnung von Pollen und jenes ansonsten vollkommen banalen, massenproduzierten Plastikflaschenschraubverschlusses.

Ich war beeindruckt von dem, was Stephen Jay Gould als die »fürchterliche Komplexität und Widerspenstigkeit« nichtmenschlicher Körper bezeichnet hat,[12] begriff dabei aber, dass sich das Vermögen solcher Körper nicht auf eine passive »Widerspenstigkeit« beschränkt, sondern vielmehr auch die Fähigkeit beinhaltet, Dinge geschehen zu lassen, Wirkungen hervorzurufen. Als die Materialität des Handschuhs, der Ratte, der Pollen, des Schraubverschlusses und des Stocks zu schimmern und zu funkeln begann, lag das zum Teil an dem zufälligen Tableau, das sie miteinander, aber auch mit der Straße, dem Wetter und mir bildeten. Hätte der schwarze Handschuh nicht im Sonnenlicht geglänzt, hätte ich die Ratte vielleicht nicht gesehen. Wäre die Ratte nicht dort gewesen, hätte ich den Schraubverschluss womöglich nicht bemerkt. Und so weiter. Und doch waren sie alle auf genau jene Weise dort, und so erhaschte ich einen Blick auf die energetische Vitalität all dieser Gegenstände – von Dingen, die ich in der Regel als inaktiv begreifen würde. In diesem Gefüge erschienen Objekte als Dinge, das heißt als strahlende Entitäten, die sich nicht gänzlich auf die Kontexte reduzieren lassen, in denen (menschliche) Subjekte sie wahrnehmen, die also nie ganz aufgehen in ihrer Semiotik. In meiner Begegnung mit dem Gully auf der Cold Spring Lane bekam ich einen kurzen Eindruck von einer Kultur der Dinge, die sich nicht auf die Kultur der Objekte reduzieren lässt.[13] Ich erlangte für einen Augenblick das, was Thoreau zu seinem Lebensziel erklärt hatte: Ich war, wie Thomas Dumm es formuliert, fähig, »überrascht zu sein von dem, was wir wahrnehmen«.[14]

Dieser Blick auf eine exzentrische Außen-Seite wurde durch die Zufälligkeit jenes bestimmten Gefüges ermöglicht, aber auch durch eine gewisse antizipierende Bereitschaft auf meiner Innen-Seite, durch einen Wahrnehmungsstil, der offen ist für das Aufscheinen der Ding-Macht. Denn als ich auf den Handschuh-Pollen-Ratten-Schraubverschluss-Stock stieß, waren meine Gedanken bei Thoreau, der mich zur »Disziplin« ermuntert hatte, »stets auf das zu blicken, was sich dem Auge bietet«, bei Spinozas Behauptung, alle Individuen seien, »wenn auch in verschiedenen Graden, beseelt«, und bei Maurice

Merleau-Ponty, dessen *Phänomenologie der Wahrnehmung* mir einen »dem lebendigen Leib innewohnenden oder entspringenden [Sinn]« eröffnet hatte, der sich »über die ganze Sinnenwelt [ausbreitet]«, und von dem ich gelernt hatte, dass unser Blick, »nachdem wir das Wunder des Ausdrucks einmal in der Erfahrung des eigenen Leibes zu Gesicht bekommen haben, [...] es auch in allen anderen ›Gegenständen‹ wiederentdecken« wird.[15]

Wie bereits gesagt haben die auf dem Boden liegenden Gegenstände an jenem Tag vibriert. In einem Augenblick haben sie sich als toter Stoff, im nächsten als lebendige Präsenz offenbart: Müll, dann Anspruchsteller; leblose Materie, dann Energiebündel. Wie ein Schlag in den Bauch hat mich die Einsicht ereilt, dass es sich beim amerikanischen Materialismus, der den Erwerb einer stetig steigenden Anzahl von Produkten im Zuge immer kürzer werdender Konsumzyklen benötigt, um Anti-Materialität handelt.[16] Das schiere Warenvolumen und die durch den Hyperkonsum bedingte Notwendigkeit, alte Waren wegzuwerfen, um für neue Platz zu machen, verbergen die Vitalität der Materie. In *The Meadowlands* (»Das Weideland«), einem an Thoreau anknüpfenden Reisebericht aus dem späten 20. Jahrhundert, der uns über die Müllhalden von New Jersey, außerhalb von Manhattan, führt, beschreibt Robert Sullivan die Vitalität, die selbst im Abfall noch fortdauert:

> Die [...] Müllhaufen sind lebendig. [...] Milliarden mikroskopisch kleiner Organismen gedeihen unter der Erde in dunklen, sauerstoffarmen Gemeinschaften. [...] Haben sie auch nur den geringsten Rest von New Jersey oder New York zu sich genommen, dann scheiden diese Zellen gewaltige Fahnen unterirdischen Gärgases und warmes, feuchtes Methangas aus: riesige, tot geborene tropische Winde, die durch den Boden sickern, um die Feuer auf den Meadowlands zu nähren, oder in die Atmosphäre aufsteigen, wo sie das [...] Ozon [...] aufzehren. Eines Nachmittags lief ich [...] am Rand der Müllhalde entlang. Ein vierzig Fuß hoher Drumlin

> komprimierten Abfalls, dessen Topografie sich dem Unrat New Jerseys verdankte. [...] In der Nacht zuvor hatte es geregnet, und so dauerte es nicht lang, bis ich auf eine kleine Sickerstelle stieß: schwarzer Schleim, der den Hang hinunterträufelte, ein Espresso aus Kehricht. In einigen Stunden würde dieser Strom sich seinen Weg in das [...] Grundwasser der Meadowlands gebahnt haben, sich mit toxischen Strömen vermischen. [...] Doch jetzt, zu seiner Geburtsstunde, [...] war diese Sickerstelle die reinste Verunreinigung, ein makelloses Gebräu aus Öl und Fett, Zyanid und Arsen, aus Kadmium, Chrom, Kupfer, Blei, Nickel, Silber, Quecksilber und Zink. Ich berührte diese Flüssigkeit – meine Fingerspitze wurde blau und karamellfarben – und sie war warm und frisch. Einige Meter weiter, wo sich der Strom in einem nach Benzol riechenden Becken sammelte, schwamm eine einsame Wildente.[17]

Sullivan erinnert uns daran, dass sich eine vitale Materialität niemals wirklich »wegwerfen« lässt, setzt sie ihre Tätigkeit doch selbst als entsorgte oder unerwünschte Ware fort. Für Sullivan stieg die Ding-Macht an jenem Tag, wie für mich an jenem Junimorgen, aus einem Haufen Abfall auf. Nicht Flower-Power, Black Power oder Girlpower, sondern Thing-Power, Ding-Macht: die eigenartige Fähigkeit lebloser Gegenstände, zu animieren, zu agieren, dramatische und subtile Wirkungen zu zeitigen.

Ding-Macht II: Odradeks anorganisches Leben

Eine tote Ratte, Eichenpollen und ein Holzstock ließen mich wie angewurzelt stehenbleiben. Ebenso taten dies aber auch der Plastikhandschuh und der Schraubverschluss: Ding-Macht geht sowohl aus anorganischen als auch aus organischen Körpern hervor. Um diese Behauptung zu belegen, weist Manuel De Landa darauf hin, dass selbst anorganische Materie zur »Selbstorganisation« fähig ist:

> Anorganische Materie/Energie verfügt, was die Strukturerzeugung angeht, über mehr Möglichkeiten als nur die von Phasenübergängen. [...] Mit anderen Worten, selbst die bescheidensten Formen von Materie und Energie verfügen über das Potenzial zur Selbstorganisation, jenseits des relativ einfachen Falls der Entstehung von Kristallen. Es gibt beispielsweise jene Solitone genannten kohärenten Wellen, die sich in vielen unterschiedlichen Materialarten herausbilden, vom Ozeanwasser (wo sie Tsunamis heißen) bis hin zu Laserstrahlen. [...] Dann gibt es stabile Zustände (oder Attraktoren), die zu anhaltender und kohärenter zyklischer Tätigkeit fähig sind. [...] Schließlich und im Unterschied zu den bisher genannten Beispielen nichtlinearer Selbstorganisation, bei denen es zu keiner genuinen Neuerung kommen kann, gibt es [...] die verschiedenen Kombinationen, in die aus den beschriebenen Prozessen hervorgegangene Dinge (Kristalle, kohärente Pulse, zyklische Muster) eingehen können. Zusammen betrachtet legen diese Formen spontaner Strukturerzeugung den Schluss nahe, dass anorganische Materie weitaus variabler und schöpferischer ist, als wir uns je haben träumen lassen. Diese Einsicht bezüglich der inhärenten Kreativität der Materie sollte vollständig in unsere neuen materialistischen Philosophien eingehen.[18]

Im vierten Kapitel werde ich versuchen, mich philosophisch mit der Vorstellung unpersönlichen oder anorganischen Lebens auseinanderzusetzen. Hier möchte ich lediglich auf eine literarische Dramatisierung dieser Vorstellung aufmerksam machen: auf Odradek, die Hauptfigur in Franz Kafkas Erzählung »Die Sorge des Hausvaters«. Odradek ist eine Zwirnspule, und er (oder sie) kann laufen und lachen; dieses beseelte Holzstück legt eine unpersönliche Form der Vitalität an den Tag. De Landa spricht von der »spontanen Strukturerzeugung«, zu der es beispielsweise kommt, wenn chemische Systeme, die sich in einem vom Gleichgewicht weit entfernten Zustand befinden, unerklärlicherweise eine bestimmte Entwicklungsrichtung einschlagen, und nicht etwa eine andere. Wie diese Systeme liegt auch die materielle Konfiguration, die Odradek ist, quer zur Unterscheidung zwischen lebloser Materie und vitalem Leben.

Aus diesem Grund tut sich Kafka schwer damit, Odradek einer bestimmten ontologischen Kategorie zuzuordnen. Ist Odradek ein Kulturprodukt, eine Art Werkzeug? Möglicherweise, doch bleibt dessen Zweck im Dunkeln:

> Es sieht zunächst aus wie eine flache sternartige Zwirnspule, und tatsächlich scheint es auch mit Zwirn bezogen; allerdings dürften es nur abgerissene, alte aneinandergeknotete, aber auch ineinander verfilzte Zwirnstücke von verschiedenster Art und Farbe sein. [...] Man wäre versucht zu glauben, dieses Gebilde hätte früher irgendeine zweckmäßige Form gehabt und jetzt sei es nur zerbrochen. Dies scheint aber nicht der Fall zu sein [...]; nirgends sind Ansätze oder Bruchstellen zu sehen, die auf etwas Derartiges hinweisen würden; das Ganze erscheint zwar sinnlos, aber in seiner Art abgeschlossen.[19]

Vielleicht ist Odradek auch eher ein Subjekt als ein Objekt – ein organisches Geschöpf, eine kleine Person? In dem Fall scheint er (oder sie oder es) jedoch über einen recht unnatürlichen Körper zu verfügen: Aus der Mitte von Odradeks Stern

> kommt ein kleines Querstäbchen hervor, und an dieses Stäbchen [...] fügt sich dann im rechten Winkel noch eines. Mit Hilfe dieses letzteren Stäbchens auf der einen Seite und einer der Ausstrahlungen des Sternes auf der anderen Seite kann das Ganze wie auf zwei Beinen aufrecht stehen.[20]

Einerseits scheint Odradek sich wie ein aktiver Organismus willentlich zu bewegen (er ist »außerordentlich beweglich«) und verständlich zu sprechen:

Er hält sich abwechselnd auf dem Dachboden, im Treppenhaus, auf den Gängen, im Flur auf. Manchmal ist er monatelang nicht zu sehen; da ist er wohl in andere Häuser übersiedelt; doch kehrt er dann unweigerlich wieder in unser Haus zurück. Manchmal, wenn man aus der Tür tritt und er lehnt gerade unten am Treppengeländer, hat man Lust ihn anzusprechen. Natürlich stellt man an ihn keine schwierigen Fragen, sondern behandelt ihn – schon seine Winzigkeit verführt dazu – wie ein Kind. ›Wie heißt du denn?‹ fragt man ihn. ›Odradek‹, sagt er. ›Und wo wohnst du?‹ – ›Unbestimmter Wohnsitz‹, sagt er und lacht; es ist aber nur ein Lachen, wie man es ohne Lungen hervorbringen kann. Es klingt etwa so wie ein Rascheln in gefallenen Blättern. Damit ist die Unterhaltung meist zu Ende. Übrigens sind selbst diese Antworten nicht immer zu erhalten; oft ist er lange stumm, wie das Holz, das er zu sein scheint.[21]

Hölzern und doch lebendig, zu sprachlicher Äußerung fähig und doch pflanzlich: Odradek ist ontologisch multipel. Er oder es ist eine vitale Materialität und legt das an den Tag, was Gilles Deleuze als »Spurenelemente belebten Lebens in der Flora« beziehungsweise »Spurenelemente vegetativen Lebens bei den Tieren« bezeichnet hat.[22] Wladimir Iwanowitsch Wernadski, ein russischer Naturwissenschaftler des späten 19. Jahrhunderts, der ebenfalls jegliche strenge Unterscheidung zwischen Leben und Materie ablehnte, hat Organismen definiert als

spezielle, verteilte Formen des gemeinen Minerals Wasser. [...] Indem er die Kontinuität von wässrigem Leben und Felsen betonte, wie sie sich etwa in der Kohle oder in fossilen Kalksteinriffs zeigt, wies Wernadski darauf hin, dass es sich bei diesen scheinbar trägen Schichten um »Spuren vergangener Biosphären« handelt.[23]

Auch Odradek zeigt diese Kontinuität von wässrigem Leben und Gestein auf; er/es rückt das Werden der Dinge in den Vordergrund.

Ding-Macht III: Juristische Aktanten

Es könnte sein, dass ich einem Verwandten Odradeks begegnet bin, als ich einmal Geschworene war, auch das in Baltimore, in einem Gerichtsprozess, der einem des versuchten Mordes angeklagten Mann gemacht wurde. Ich meine eine kleine gläserne Ampulle mit Metallverschluss, darauf ein Aufkleber: die Schmauchspurenprobe. Diesen Gegenstand/Zeugen hatte man einige Stunden nach der Erschießung von der Hand des Beschuldigten getupft; nun bot er den Geschworenen seinen mikroskopischen Beleg dafür, dass besagte Hand entweder eine Pistole betätigt oder aber nicht weiter als einen Meter von einer betätigten Pistole entfernt gewesen war. Sachverständige zeigten den Geschworenen wiederholt diese Probe, und sie entfaltete jedes Mal mehr Überzeugungskraft, um sich schließlich als für das Urteil ausschlaggebend zu erweisen. Dieses Kompositum aus Glas, Hautzellen, Klebstoff, Worten, Gesetzen, Metallen und menschlichen Emotionen war zum Aktanten geworden. Wir erinnern uns: »Aktant« ist Latours Begriff für eine Handlungsquelle. Aktanten können menschlich sein oder nicht; sie können auch, was am wahrscheinlichsten ist, eine Kombination aus Menschlichem und Nichtmenschlichem sein. Latour definiert sie als »etwas, das handelt, oder dem von anderer Seite aus Handlung zugestanden wird. Das impliziert keine besonderen Motive individueller menschlicher Akteure, oder auch von Menschen im Allgemeinen.«[24] Ein Aktant ist weder Objekt noch Subjekt, sondern ein »Interferierender«,[25] und damit dem »quasi-kausalen Operator« von Deleuze verwandt.[26] Ein Operator ist das, was durch seine spezifische Stellung innerhalb eines Gefüges und dadurch, dass es sich zufällig zur rechten Zeit am rechten Ort befindet, den entscheidenden Unterschied macht, die Dinge in Bewegung bringt, zu jener ausschlaggebenden Kraft wird, die als Katalysator eines Ereignisses wirkt.

»Aktant« und »Operator« sind Ersatzbezeichnungen für das, was in einem eher an der Subjektivität orientierten Vokabular als Agent bezeichnet wird. Das Vermögen von Agenten wird heute als ein differenziell über ein breites Spektrum ontologischer Typen verteiltes begriffen. Dieser Gedanke kommt auch in der Vorstellung des Deodand zum Ausdruck. Es handelt sich um eine Denkfigur des englischen Rechts, die um das Jahr 1200 in Erscheinung getreten und erst 1846 als gültige juristische Kategorie abgeschafft worden ist. In Fällen, in denen ein Mensch unfallbedingt zu Tode kam oder verletzt wurde, wurde der nichtmenschliche Aktant als Deodand (wörtlich: »das, was Gott zukommt«) bezeichnet – das Tranchiermesser etwa, das in menschliches Fleisch gefallen war, oder die Kutsche, die das Bein eines Fußgängers zerquetscht hatte. In Anerkennung seiner besonderen Wirkmächtigkeit (als Macht, die weniger gebieterisch ist als Handlungsvermögen, aber aktiver als Widerspenstigkeit), wurde der Deodand, eine »zwischen Mensch und Ding schwebende« Materialität«,[27] der Krone überlassen, um zur Kompensation des erlittenen Schadens eingesetzt (oder verkauft) zu werden. William Pietz zufolge muss

> jede Kultur ein Verfahren der Kompensation, Sühne oder Strafe entwickeln, um die Schuld zu begleichen, die aus unbeabsichtigten Todesfällen erwächst, deren unmittelbare Ursache keine zur Rechenschaft ziehbare Person, sondern ein nichtmenschlicher materieller Gegenstand ist. Dies war das Problem, das im öffentlichen Diskurs durch [...] das Gesetz des Deodand angegangen wurde.[28]

Es bestehen natürlich Unterschiede zwischen dem Messer, mit dem jemand erstochen wird, und dem Erstochenen selbst, zwischen dem Techniker, der die Probe nimmt, und der Probe selbst, zwischen der Anordnung von Gegenständen im Gully der Cold Spring Lane und mir, der von der Vitalität dieser Gegenstände Erzählenden. Dennoch stimme ich John Frow darin zu, dass diese Unterschiede

> abgeschwächt und horizontal, als nebeneinanderliegend ausgelegt werden müssen, und nicht als etwas Vertikales, als Hierarchie des Seins. Es ist eine Eigenschaft der Welt, dass wir zwischen [...]

Dingen und Personen unterscheiden können und das auch tun. Doch erlaubt die Welt, in der wir leben, diesen beiden Kategorien auch ständig, ihre Eigenschaften zu tauschen.[29]

Wer diese Tatsache ausdrücklich zur Kenntnis nimmt, beginnt das Verhältnis von Personen und anderen Materialitäten auf horizontalere Art zu erleben; damit bewegt sie oder er sich in Richtung eines ökologischeren Bewusstseins.

Ding-Macht IV: Gehende, sprechende Mineralien

Odradek, eine Schmauchspurenprobe und Straßenabfall können Menschen faszinieren und somit erscheinen, als würden sie zum Leben erwachen. Ist das aber eine Eigenschaft der Dinge oder der Menschen? War die Ding-Macht der Abfälle, auf die ich gestoßen bin, eine Funktion jener subjektiven und intersubjektiven Konnotationen, Erinnerungen und Affekte, die sich um meine Vorstellungen von diesen Gegenständen herum angehäuft hatten? War die treibende Kraft hinter der Starre, in die ich an jenem Tag verfiel, vielleicht einfach die Menschheit – in Form der kulturellen Bedeutungen von »Ratte«, »Plastik« und »Holz«, wie sie sich mit meiner eigentümlichen Biografie verbunden haben? Das könnte sein. Doch was wäre, wenn die wimmelnde Tätigkeit in meinem Kopf selbst ein Fall jener vitalen Materialität gewesen sein sollte, die auch den Abfall ausmachte?

Ich habe mich bemüht, »den Einsatz zu erhöhen«, was die Vitalität der Materialität als solche angeht, und habe das bis jetzt dadurch getan, dass ich mich auf nichtmenschliche Körper konzentriert, diese also weniger als Objekte denn als Aktanten dargestellt habe. Will man den aktiven Charakter der Materie belegen, muss man aber auch unsere Vorstellungen vom Status menschlicher Aktanten justieren – nicht, indem man die Ehrfurcht gebietenden, schrecklichen Kräfte der Menschheit leugnet, sondern indem man diese Kräfte als Beleg für unsere eigene Verfasstheit als vitale Materialität anführt. Mit anderen Worten: Menschliche Macht ist selbst eine Art von Ding-Macht. In einem gewissen Sinn ist das keine strittige Behauptung: Es ist leicht anzuerkennen, dass Menschen aus verschiedenen materiellen Bestandteilen zusammengesetzt sind (man denke an das Mineralische unserer Knochen, das Metallische unseres Blutes oder das Elektrische unserer Nervenzellen). Eine größere Herausforderung ist es jedoch, diese Materialien als lebendig und sich selbst organisierend zu begreifen, anstatt in ihnen nur passive oder mechanische Mittel zu sehen, die unter der Leitung von etwas Immateriellem, einer aktiven Seele oder eines ebensolchen Geistes, stehen.

Die Behauptung einer der Materie innewohnenden Vitalität wird vielleicht plausibler, wenn man eine langfristige Perspektive einnimmt. Betrachtet man die Angelegenheit etwa aus der Perspektive der evolutionären – und nicht etwa der biografischen – Zeit, dann gibt sich die Wirkmächtigkeit von Mineralien zu erkennen. Die Entstehung unserer Knochen wird von De Landa folgendermaßen beschrieben:

> Weichem Gewebe (Gelen und Aerosolen, Muskeln und Nerven) kam bis vor 5 000 Millionen Jahren die Vorherrschaft zu. Damals durchliefen einige der fleischigen Verbindungen von Materie und Energie, die das Leben ausmachten, einen plötzlichen Prozess der Mineralisierung, und es entstand ein neues Material, aus dem sich lebendige Geschöpfe bilden ließen: Knochen. Es wirkt fast so, als hätte die mineralische Welt, die der Entstehung biologischer Geschöpfe als Grundlage gedient hatte, begonnen, eigene Ansprüche anzumelden.[30]

Mineralisierung bezeichnet die schöpferische Handlungsmacht, durch die Knochen entstanden sind; diese Knochen »ermöglichten Tieren neue Form der Bewegungsführung, befreiten sie von zahlreichen Zwängen und stießen buchstäblich ihre Eroberung der letzten Winkel von Luft, Wasser und Boden an«.[31] In der ausgedehnten, langsam verlaufenden Zeit der Evolution erscheint mineralisches Material somit als Verursacher, als die aktive Kraft, wohingegen sich die Menschen, mit ihrer viel gepriesenen Fähigkeit zur Selbsttätigkeit, als dessen Produkt darstellen.[32] Wernadski pflichtet dieser Sichtweise bei, indem er die Menschheit als besonders mächtigen Mineralienmix beschreibt:

> Was Wernadski besonders beeindruckte war die Tatsache, dass sich die Erdkruste zu einer Vielzahl beweglicher Wesen verdichtet hatte, deren Fortpflanzung und Wachstum eine Zersetzung der Materie im Weltmaßstab bewirkt. Beispielsweise vollzieht der Mensch eine Umverteilung und Verdichtung von Sauerstoff [...] sowie anderen Elementen aus der Erdkruste, aus der zweibeinige, aufrechte Gestalten hervorgehen, die eine erstaunliche Neigung aufweisen, die Erdoberfläche zu überqueren, in sie hineinzugraben und sie auf unzählige andere Weisen zu modifizieren. Wir sind wandelnde, sprechende Mineralien.[33]

Kafka, De Landa und Wernadski schlagen vor, menschliche Individuen als aus vitalen Materialien zusammengesetzt und unsere Fähigkeiten als Ding-Macht zu begreifen. Diese vitalen Materialisten leugnen nicht, dass Unterschiede bestehen zwischen Menschen und Knochen. Sie behaupten nur, dass diese Unterschiede nicht derart beschrieben werden müssen, dass Menschen in den ontologischen Mittelpunkt oder an die Spitze der Hierarchie gestellt werden. Vielmehr kann die Menschheit, einer Anregung Jean-François Lyotards folgend, als besonders reichhaltige und komplexe Sammlung von Materialien angesehen werden: »Die Menschheit wird als komplexes materielles System aufgefasst: Bewusstsein ist ein Effekt der Sprache, und Sprache ein hochgradig komplexes materielles System.«[34] Auf ähnliche Weise definiert Richard Rorty Menschen als hochkomplexe Tiere, und nicht etwa als Tiere »mit einem Zusatz namens ›Intellekt‹ oder ›rationale Seele‹«.[35] Man mag die Sorge äußern, solche Ansichten könnten, indem sie davon absehen, die Einzigartigkeit des Menschen herauszustreichen, die Behandlung von Menschen als bloße Dinge rechtfertigen. Wir bräuchten eine deutliche Unterscheidung zwischen Subjekten und Objekten, um die Instrumentalisierung des Menschen zu verhindern, sagen die Kritiker, die diese Position vertreten. Sicher, so fahren sie fort, Gegenstände verfügen über eine gewisse Handlungsmacht (wie sich etwa zeigt, wenn Bakterien oder Pharmazeutika innerhalb des menschlichen Körpers schädliche oder symbiotische Prozesse einleiten). Und ja, einige Objektivierungen von Subjekten sind zulässig (etwa wenn Personen dazu einwilligen, jemanden als Mittel des sexuellen Genusses zu benutzen beziehungsweise sich benutzen zu lassen). Dennoch muss die ontologische Kluft zwischen Personen und Dingen bestehen bleiben, wenn man nicht jeglicher moralischen Grundlage dafür verlustig gehen will, Menschen gegenüber Bazillen den Vorrang zu geben oder verderbliche Formen der Instrumentalisierung von Menschen durch Menschen zu verurteilen (etwa die Ausbeutung illegalisierter, armer, junger oder sonst wie schwächerer Menschen durch mächtige Personen).

Wie soll die vitale Materialistin auf diesen gewichtigen Einwand antworten? Erstens, indem sie anerkennt, dass das Subjekt/Objekt-Schema zuweilen tatsächlich zur Verhinderung oder Linderung menschlichen Leidens sowie zur Förderung menschlichen Glücks oder Wohlbefindens beigetragen hat. Zweitens mit dem Hinweis, dass diese Erfolge um den Preis einer Instrumentalisierung der nichtmenschlichen Natur erkauft werden, die ihrerseits der Ethik widersprechen und langfristigen menschlichen Interessen abträglich sein kann. Drittens, mit dem weiteren Hinweis, dass der kantische Imperativ, die Menschheit stets als Selbstzweck und niemals als bloßes Mittel zu behandeln, keine besonders herausragende Erfolgsgeschichte aufzuweisen hat, was die Verhinderung menschlichen Leids oder die Förderung menschlichen Wohlergehens angeht: Es ist wichtig, die Frage nach der tatsächlichen historischen Wirksamkeit dieses Imperativs zu stellen, um Raum zu schaffen für Formen ethischer Praxis, die nicht auf das Bild einer ihrem Wesen nach hierarchischen Ordnung der Dinge angewiesen sind. In diesem Zusammenhang spricht die Materialistin von der Förderung gesunder und ermächtigender Instrumentalisierung, und nicht davon, Menschen als Selbstzweck zu behandeln. Denn sobald man sich dem zusammengesetzten Wesen des menschlichen Selbst stellt, wird es schwierig, aus der Vorstellung eines einzelnen Selbstzwecks überhaupt noch klug zu werden. Was sich einem dann vielmehr zeigt, ist ein Schwarm miteinander wettstreitender Zwecke, die in jedem Individuum zeitgleich verfolgt werden und von denen einige dem Ganzen zuträglich, andere ihm abträglich sind. Die vitale Materialistin greift in diesem Zusammenhang eine Anregung aus den Ethiken Nietzsches und Spinozas auf und gibt physiologischen gegenüber moralischen Deskriptoren den Vorzug – fürchtet sie doch, der Moralismus könne sich selbst als Quelle vermeidbaren menschlichen Leids erweisen.[36] Wir sind nun besser befähigt, das andere Verfahren zur Förderung von Gesundheit und Glück des Menschen zu benennen: Es besteht darin, jener Materialität, aus der wir zusammengesetzt sind, einen höheren Status zu verleihen. Jeder Mensch ist eine heterogene Verbindung von wunderbar, ja gefährlich lebhafter Materie. Wenn die Materie selbst lebhaft ist, dann minimiert das nicht nur den Unterschied zwischen Subjekten und Objekten, sondern es verleiht auch der allen Dingen gemeinsamen Materialität einen höheren Stellenwert. Körper sind dann mehr als nur Objekte, denn die Ding-Mächte des Widerstands und der vielgestaltigen Handlungsmacht treten deutlich hervor. Der vitale Materialismus könnte insofern eine Art Sicherheitsnetz aufspannen für Menschen, die heute, in einer Welt, in der die kantische Moral die Norm ist, routinemäßig zu Leid verurteilt werden, weil sie nicht einem bestimmten (euro-amerikanischen, bürgerlichen, theozentrischen oder sonstigen) Modell der Person entsprechen. Das ethische Ziel besteht dann darin, großzügiger wertzuschätzen und Körpern als solchen Wert zuzuschreiben. Eine solche neu entdeckte Aufmerksamkeit für die Materie und ihre Kräfte wird das Problem menschlicher Ausbeutung oder Unterdrückung nicht lösen. Sie kann aber zu einem deutlicheren Bewusstsein des Ausmaßes einladen, in dem alle Körper verwandt sind – verwandt im Sinn von untrennbar in ein dichtes Beziehungsgeflecht verwoben. In einer verwobenen Welt lebhafter Materie kann es durchaus sein, dass man sich selbst Schaden zufügt, wenn man einen anderen Teil des Geflechts beschädigt. Eine solche aufgeklärte oder erweiterte Vorstellung von Eigeninteresse ist den Menschen förderlich. Wie ich im achten Kapitel näher ausführen werde, lehnt ein vitaler Materialismus das Eigeninteresse als Motiv ethischen Handelns keineswegs ab; er versucht aber, ein umfassenderes Verständnis sowohl des Eigenen als auch des Interesses zu befördern.

Ding-Macht V: Ding-Macht und das Nichtidentische bei Adorno

Vielleicht wird aber bereits mit den bloßen Vorstellungen von Ding-Macht und lebhafter Materie zu viel behauptet oder versucht zu wissen, was zu wissen unmöglich ist. Um diesen Einwand in der Begrifflichkeit Theodor Adornos auszudrücken: Sind diese Vorstellungen nicht Beispiele für die gewaltsame Hybris der abendländischen Philosophie, also einer Tradition, die durchweg daran gescheitert ist, auf den Abstand zwischen Begriff und Realität, Objekt und Ding zu achten? Adorno zufolge ist dieser Abstand niemals ganz aus der Welt zu schaffen. Mit Sicherheit sagen lasse sich über das Ding nur, dass es sich der Erfassung durch den Begriff entziehe, dass zwischen ihm und jeglicher Darstellung stets ein »Nichtidentisches« bleibe. Und doch hat, so werde ich hier zu zeigen versuchen, auch Adorno stets versucht, einen – wenn auch dunklen, schwerfälligen oder flüchtigen – Zugang zu dieser Außen-Seite zu finden. Eine Spur dieser Sehnsucht gibt sich im folgenden Zitat aus der *Negativen Dialektik* zu erkennen: »Was Sache selbst heißen mag, ist nicht positiv, unmittelbar vorhanden; wer es erkennen will, muß mehr, nicht weniger denken [...].«[37] Die Möglichkeit einer unvermittelten sinnlichen Erfassung lehnt Adorno eindeutig ab (die Sache selbst ist »nicht positiv, unmittelbar vorhanden«), doch weist er nicht alle Begegnungsmodi zurück, denn einer von ihnen – »mehr, nicht weniger denken« – bleibt vielversprechend. In diesem Abschnitt werde ich einigen der Berührungspunkte zwischen Adornos Nichtidentischem und meiner Ding-Macht sowie, allgemeiner, zwischen dem »spezifisch Materialistischen«[38] und dem vitalen Materialismus nachgehen.

»Das Nichtidentische« ist die Bezeichnung, die Adorno für das wählt, was kein Gegenstand der Erkenntnis ist, sich gegenüber allen Begriffen vielmehr »heterogen« verhält. Diese schwer fassbare Kraft liegt jedoch nicht vollends außerhalb des Bereichs menschlicher Erfahrung, denn Adorno beschreibt das Nichtidentische als eine Präsenz, die sich auf uns auswirkt: Wir Erkennenden werden, wie er sagt, von einem schmerzhaften, bohrenden Gefühl geplagt, dass etwas vergessen oder ausgelassen worden ist. Dieses verstörende Gefühl der Unzulänglichkeit von Repräsentation bleibt bestehen, ganz gleich, wie raffiniert oder analytisch präzise unsere Begriffe werden. »Negative Dialektik« ist die Methode, die Adorno entwirft, um uns zu zeigen, wie wir diese verstörende Erfahrung akzentuieren und ihr einen Sinn geben können. Richtig praktiziert, wird die negative Dialektik aus dem weißen Rauschen des Nichtidentischen eine eindrückliche Erinnerung daran machen, »daß die Gegenstände in ihrem Begriff nicht aufgehen«, sodass sich das Leben stets unserem Wissen und unserer Kontrolle entziehen muss. Das ethische Projekt schlechthin besteht nach Adorno darin, sich beständig dieser Tatsache zu entsinnen und zu lernen, sie zu akzeptieren. Erst dann können wir aufhören, einer Welt zu zürnen, die uns die »Versöhnung« verweigert, nach der wir uns Adorno zufolge sehnen.[39] Für die vitale Materialistin nimmt die Ethik jedoch weniger in der Akzeptanz der Unmöglichkeit von »Versöhnung« ihren Ausgang als vielmehr in der Anerkennung menschlicher Teilhabe an einer gemeinsamen, vitalen Materialität. Wir sind vitale Materialität und wir sind von ihr umgeben, auch wenn wir das nicht immer wahrnehmen. Die ethische Aufgabe, vor der wir in diesem Zusammenhang stehen, besteht darin, die Fähigkeit zu kultivieren, nichtmenschliche Vitalität zu erkennen, unsere Wahrnehmung für sie zu öffnen. Die Parallele zu Adornos »spezifischem Materialismus« liegt darin, dass auch dieser eine Reihe praktischer Techniken empfiehlt, durch die man sich selbst trainieren kann, Nichtidentisches besser zu bemerken und zu akzeptieren. Negative Dialektik ist, mit anderen Worten, die Adornos Materialismus innewohnende Pädagogik.

Diese Pädagogik beinhaltet sowohl intellektuelle als auch ästhetische Übungen. Die intellektuelle Praxis besteht im Versuch, den Vorgang der Begriffsbildung selbst zum ausdrücklichen Gegenstand des Denkens zu machen. Ziel ist es dabei, ein deutlicheres Bewusstsein dafür zu entwickeln, dass Begriffsbildung automatisch die Unzulänglichkeit ihrer Begriffe verschleiert. Adorno glaubt, kritische Reflexion könne diesen Mechanismus der Verschleierung aufzeigen, was wiederum die empfundene Präsenz des Nichtidentischen verstärke. Die Behandlung ist homöopathisch: Wir müssen einen Begriff des Nichtidentischen entwickeln, um die Hybris der Begriffsbildung zu heilen. Die Behandlung kann erfolgreich sein, weil Begriffe, so viel sie auch verzerren, dennoch »auf Nichtbegriffliches [gehen], weil sie ihrerseits Momente der Realität sind, die zu ihrer Bildung [...] nötigt«.[40] Begriffe können nie eine klare Sicht auf Dinge an sich eröffnen, doch wer differenziert denkt, ist besser befähigt, auf diese Dinge hinzuweisen: »Differenziert ist, wer an [der Sache] und in ihrem Begriff noch das Kleinste und dem Begriff Entschlüpfende zu unterscheiden vermag«.[41] Man bemerke, dass der differenziert Denkende (oder in negativer Dialektik Bewanderte) sowohl seine Begriffsbildungen zum Gegenstand von Reflexionen zweiter Ordnung macht, als auch den »qualitativen Momenten«[42] große ästhetische Aufmerksamkeit widmet, eröffnen diese doch eine Sicht auf das Nichtidentische.

Eine zweite Technik aus Adornos Pädagogik besteht darin, von der eigenen utopischen Fantasie Gebrauch zu machen. Der negative Dialektiker sollte in seiner Vorstellungskraft das neu erschaffen, was verzerrende Begriffsbildung aus dem Blickfeld gerückt hat: »Womit negative Dialektik ihre verhärteten Gegenstände durchdringt, ist die Möglichkeit, um die ihre Wirklichkeit betrogen hat und die doch aus einem jeden blickt.«[43] Das Nichtidentische liegt in solchen verleugneten Möglichkeiten: im unsichtbaren Feld, das die Welt der Gegenstände umgibt und durchdringt.

Eine dritte Technik besteht darin, das eigene Denken um ein »Moment des Spiels« zu erweitern und bereit zu sein, den Narren zu spielen. Der negative Dialektiker weiß, »wie wenig er ans Gedachte heranreicht, und muß doch immer so reden, als hätte er es ganz. Das nähert ihn der Clownerie. Er darf deren Züge um so weniger verleugnen, als sie allein ihm Hoffnung eröffnen auf das ihm Versagte.«[44] Die Selbstkritik der Begriffsbildung, sinnliche Aufmerksamkeit für die qualitative Einmaligkeit des Objekts, das Kultivieren unrealistischer Vorstellungen und der Mut, den Clown zu spielen – durch solche Praktiken lässt sich der »Zorn« auf das Nichtidentische womöglich durch einen Respekt ersetzen, der unseren Willen zur Herrschaft zähmt. Besagten Zorn begreift Adorno als treibende Kraft hinter zwischenmenschlichen Akten der Grausamkeit und Gewalt. Adorno geht sogar noch weiter und deutet an, negative Dialektik könne die Pein des Nichtidentischen in den Willen zu einem an der Verbesserung der Verhältnisse orientierten politischen Handeln verwandeln: Das Ding widersetzt sich unserem Wunsch nach begrifflicher und praktischer Herrschaft, und diese Verweigerung macht uns zornig; zugleich werden wir dadurch aber mit einer ethischen Aufforderung konfrontiert, der zufolge »Leiden nicht sein«, es vielmehr »anders werden solle. ›Weh spricht: vergeh.‹ Darum konvergiert das spezifisch Materialistische mit dem Kritischen, mit gesellschaftlich verändernder Praxis.«[45] Adorno begründet seine Ethik auf einer intellektuellen und ästhetischen Aufmerksamkeit, die zwar stets an der Aufgabe scheitern muss, ihr Objekt deutlich zu erkennen, sich dabei aber günstig auf die um Erkenntnis ringenden Körper auswirkt. Er spielt bereitwillig den Narren, indem er nach dem sucht, was ich als Ding-Macht bezeichnen würde, was er aber die »Präponderanz des Objekts« nennt.[46] Menschen haben es mit einer Welt zu tun, in der nichtmenschliche Materialitäten über Macht verfügen – eine Macht, die das »bürgerliche Selbst« mit seinem Autonomieanspruch verleugnet.[47] An diesem Punkt bestimmt Adorno negative Dialektik als eine Form von Materialismus: »Durch den Übergang zum Vorrang des Objekts wird Dialektik materialistisch.«[48] Adorno wagt es, so etwas wie Ding-Macht zu bejahen, will aber nicht allzu lange den Narren spielen. Schnell – zu schnell, aus Sicht der vitalen Materialistin – erinnert er seine Leser daran, dass Objekte stets mit menschlicher Subjektivität verbunden sind und er nicht den Wunsch hegt, »dem Objekt den verwaisten Königsthron des Subjekts [zu] verschaffen, auf dem das Objekt nichts wäre als ein Götze«.[49] Adorno zögert, zu viel über nichtmenschliche Vitalität zu sagen, denn je mehr über sie gesagt wird, umso mehr rückt sie in die Ferne. Dennoch versucht er, sich dieser kontaktscheuen Realität irgendwie anzunehmen, und zwar mittels negativer Dialektik. Diese weist eine gewisse Verwandtschaft zur negativen Theologie auf: Negative Dialektik erweist dem Nichtidentischen ihre Ehrerbietung, wie man es einem unbekannten Gott gegenüber tun würde; Adornos »spezifischer Materialismus« beinhaltet auch die Möglichkeit, dass es jenseits oder innerhalb der sich entziehenden Realität ein Göttliches gibt. Adorno lehnt jegliche naive Vorstellung von Transzendenz ab, etwa die eines liebenden Gottes, der die Welt entworfen hat (»Metaphysik« vermag nach Auschwitz nicht mehr »aufzuerstehen«).[50] Der Wunsch nach Transzendenz kann aber, wie er glaubt, nicht unterdrückt werden: »Gleichwohl könnte nichts als wahrhaft Lebendiges erfahren werden, was nicht auch ein dem Leben Transzendentes verhieße [...]. Es [das Transzendente] ist und ist nicht.«[51] Adorno ehrt das Nichtidentische als ein abwesendes Absolutes, als messianisches Versprechen.[52]

Adorno ringt mit der Aufgabe, eine Kraft zu beschreiben, die zwar in ihrem Widerstand gegen menschliche Begriffe materiell ist, die gleichzeitig aber auch einen spirituellen Charakter an den Tag legt, insofern sie die obskure Verheißung eines kommenden Absoluten sein könnte. Der vitale Materialismus ist in Fragen der Darstellung auf rigorosere Weise nichttheistisch: Die Außen-Seite birgt keinerlei messianisches Versprechen.[53] Dennoch teilen die Philosophie des Nichtidentischen und der vitale Materialismus den Drang, eine ausgeprägtere Aufmerksamkeit für die Außen-Seite zu kultivieren.

Der naive Ehrgeiz des vitalen Materialismus

Adorno erinnert uns daran, dass Menschen die Außen-Seite nur indirekt erfahren können, durch vage, aporetische oder instabile Bilder und Eindrücke. Wenn er aber feststellt, dass selbst irreführende Begriffe »auf Nichtbegriffliches [gehen], weil sie ihrerseits Momente der Realität sind, die zu ihrer Bildung [...] nötigt«,[54] dann erkennt er damit an, dass die menschliche Erfahrung trotz allem Begegnungen mit einer Außen-Seite beinhaltet, die aktiv, gewaltig und (quasi-)unabhängig ist. Diese Außen-Seite kann aus einem gewissen Abstand zu unseren Körpern oder auch, als fremde Macht, innerhalb unserer Körper wirken – so etwa, wenn wir das Unbehagen des Nichtidentischen verspüren, die verneinende Stimme des sokratischen Daimonion vernehmen oder von etwas »in unserer Brust« bewegt werden, das uns nach Lukrez zu Kampf und Widerstand befähigt.[55] Es gibt unter modernen, säkular eingestellten und gebildeten Menschen eine starke Neigung, derartige Zeichen auf eine menschliche Handlungsmacht zurückzuführen, die dann als deren erste Quelle gilt. Dieser Impuls in Richtung eines kulturellen, linguistischen oder historischen Konstruktivismus, der jede Äußerung der Ding-Macht als Auswirkung der Kultur oder des Spiels menschlicher Kräfte deutet, politisiert moralistische und repressive Appelle an die »Natur«. Das ist gut so. Die konstruktivistische Reaktion auf die Welt tendiert aber auch dazu, die Sicht auf alles zu verstellen, was es an Ding-Macht geben könnte. Es spricht also auch etwas für Momente methodologischer Naivität oder des Aussetzens einer genealogischen Kritik der Objekte.[56] Ein solches Aussetzen könnte eine grundlegende Welt nichtmenschlicher Vitalität greifbar werden lassen. »Greifbar werden lassen« bedeutet sowohl zu empfangen als auch die Gestalt des Empfangenen mitzugestalten. Das Greifbare gelangt durch Menschen in die Welt, aber nicht gänzlich aufgrund von ihnen.

Vitale Materialisten werden somit versuchen, in jenen Momenten zu verharren, in denen sie von Gegenständen fasziniert sind, und sie werden diese Momente als Hinweise auf die materielle Vitalität begreifen, die Menschen mit Gegenständen gemeinsam haben. Dieses Gefühl einer merkwürdigen und unvollständigen Gemeinsamkeit mit der Außen-Seite kann vitale Materialistinnen dazu führen, nichtmenschliche Wesen – Tiere, Pflanzen, Erde, selbst Artefakte und Waren – auf gründlichere, strategischere und ökologischere Weise zu betrachten.

Wie aber soll diese Fähigkeit zur Naivität entwickelt werden? Eine Taktik könnte darin bestehen, sich aufs Neue diskreditierten Naturphilosophien zuzuwenden und sich zeitweilig von ihnen infizieren zu lassen, dabei »den Makel des Aberglaubens, des Animismus, des Vitalismus, des Anthropomorphismus und anderer vormoderner Haltungen« riskierend.[57] Ich werde mich im fünften und im sechsten Kapitel in die Gefilde des Vitalismus begeben, möchte an dieser Stelle aber kurz Halt machen und mich dem antiken Atomismus des Lukrez, des römischen Anhängers Epikurs, zuwenden.

Lukrez erzählt uns von Körpern, die durch einen leeren Raum fallen. Diese Körper sind nicht lebloser Stoff, sondern Materie in Bewegung. Sie begeben sich in Gefüge und verlassen diese wieder, weichen seitwärts ab und prallen aufeinander:

> Dabei sollst du auch das, so wünsche ich, kennenlernen, da die Körper, wenn sie durch das Leere gerade abwärts getragen werden, durch ihr eigenes Gewicht zu ganz ungewisser Zeit und an unbestimmtem Ort ein klein wenig von ihrer Bahn abweichen, gerade

> so viel, daß du vom Wechsel ihrer Bahn sprechen könntest. Wären sie nicht gewohnt abzuweichen, würden alle wie die Regentropfen abwärts fallen durch das tiefe Leere, und es könnte kein Zusammenstoß entstehen und kein Stoß für die Urkörper; so hätte die Natur nie etwas geschaffen.[58]

Louis Althusser hat dies als einen »Materialismus der Begegnung« beschrieben, dem zufolge politische Ereignisse aus der zufälligen Begegnung von Atomen entstehen.[59] Der ursprüngliche Schwenk bedeutet, dass die Welt keinem Determinismus unterliegt, dass im Herzen der Dinge ein Element des Risikos liegt. Gleichzeitig wird damit bestätigt, dass unbeseelte Dinge über ein Leben verfügen, dass tief in ihnen eine unerklärliche Vitalität oder Energie liegt, ein Moment der Unabhängigkeit von und des Widerstands gegen uns und andere Körper: eine Art Ding-Macht.

Die Rhetorik von *De rerum natura* ist eine realistische. Es spricht eine Ehrfurcht gebietende Stimme, die vorgibt, eine Natur zu beschreiben, die älter ist als wir und uns überleben wird: Dies sind die kleinsten Bestandteile des Seins (die »*primordia*«) und dies sind die Assoziationsprinzipien, denen sie unterliegen.[60] Es ist wohlfeil, diesen Realismus zu kritisieren: Lukrez sucht nach dem Ding an sich, doch da ist nichts, oder zumindest gibt es für uns keine Möglichkeit, es zu begreifen oder zu erkennen, denn das Ding ist stets bereits vermenschlicht; in dem Moment, in dem wir seiner bewusst werden, nimmt es bereits den Status eines Objekts an. Adorno richtet diesen Vorwurf ausdrücklich an Martin Heideggers Phänomenologie, die er als einen philosophischen Realismus deutet: »Die Seinsphilosophie [...] möchte die Zwischenschicht zur zweiten Natur gewordener subjektiver Setzungen durchstoßen, die Wände, die Denken um sich herumgebaut hat.« Heideggers Vorhaben, »gleichsam ohne Form, rein aus den Sachen zu philosophieren«,[61] ist aus Adornos Sicht vergeblich und führt zu einem gewaltsamen Zorn auf das Nichtidentische.[62]

Das Gedicht des Lukrez weist aber – wie Kafkas Erzählungen, Sullivans Reisebericht, Wernadskis Spekulationen und meine Darstellung des Gullys auf der Cold Spring Lane – einen möglichen Nutzen auf: Es kann die sinnliche, sprachliche und imaginative Aufmerksamkeit auf eine Vitalität der Materie lenken. Der Vorteil solcher, durch ambitionierte Naivität sich auszeichnender Erzählungen liegt darin, dass sie zwar »die tropologische, psychologische und phänomenologische Arbeit [...] verweigern, die die Produktion von Materialität durch den Menschen beinhaltet«, dies aber »zugunsten einer Anerkennung der Bedeutung jener Fragen« tun, »die von gewohnteren Fetischisierungen allzu rasch ad acta gelegt werden – Fetischisierungen des Subjekts, des Bildes und des Wortes«.[63]

2. Die Handlungsmacht der Gefüge

Ding-Macht hat womöglich den rhetorischen Vorteil, an das kindliche Verhältnis zur Welt zu erinnern, das vorherrschte, als wir uns von allen möglichen beseelten Wesen umgeben sahen, einige davon menschlich oder zumindest organisch, andere nicht. Der Begriff richtet unsere Aufmerksamkeit auf eine Wirkmächtigkeit von Gegenständen, die einen Überschuss aufweist gegenüber den menschlichen Bedeutungen, Entwürfen und Zwecken, die die Gegenstände ausdrücken oder denen sie dienen sollen. Ding-Macht könnte insofern ein guter Ausgangspunkt sein, um in unserem Denken über die Dichotomie von Leben und Materie hinauszugehen, um also das unter Erwachsenen vorherrschende Organisationsprinzip von Erfahrung hinter uns zu lassen. Der Begriff hat aber auch den Nachteil, dass er dazu tendiert, die Dingheit, das Fixe oder die Stabilität der Materialität überzubetonen. Mein Ziel besteht jedoch in der theoretischen Erfassung einer Materialität, die Kraft und Entität, Energie und Materie, Intensität und Ausdehnung zugleich ist.

Hier könnte sich der Begriff der Außen-Seite als weiterführend erweisen. Spinozas Steine, das absolut Wilde, die triefenden Meadowlands, der wendige Odradek, der vielseitig anwendbare Deodand, eine prozesshafte Mineralität, ein unberechenbares Nichtidentisches – nichts davon ist passives Objekt oder stabile Entität (obgleich auch nichts davon intentionales Subjekt ist).[1] Alle diese Dinge verweisen vielmehr auf lebhafte Materialien.

Ein zweiter, damit zusammenhängender Nachteil des Begriffs Ding-Macht liegt in dessen latentem Individualismus. Ich denke dabei daran, wie sich die Figur des »Dings« eher für ein atomistisches als für ein an Zusammenschlüssen orientiertes Verständnis von Handlungsvermögen anbietet. Der kleinste oder einfachste Körper kann zwar sehr wohl einen vitalen Trieb zum Ausdruck bringen, den *conatus* oder das *clinamen* (den Schwenk der Atome), doch kein Aktant agiert jemals wirklich allein. Seine Wirkmächtigkeit oder sein Handlungsvermögen sind stets abhängig von der Zuarbeit, Zusammenarbeit und interaktiven Interferenz zahlreicher weiterer Körper und Kräfte. Der Begriff des Handlungsvermögens verändert sich auf bedeutende Weise, sobald man nichtmenschliche Dinge weniger als soziale Konstrukte denn als Akteure und Menschen nicht als autonom, sondern als vitale Materialitäten begreift.

In diesem Kapitel werde ich versuchen, eine Theorie verteilten Handlungsvermögens zu entwerfen, indem ich einen Effekt aus dem wirklichen Leben untersuche: den nordamerikanischen Stromausfall von 2003, von dem 50 Millionen Menschen betroffen waren. Ich werde eine Analyse des Stromnetzes als wirkmächtiges Gefüge vorlegen. Wie verhält sich das Handlungsvermögen von Gefügen zu vertrauteren Handlungstheorien? Ich denke etwa an jene Theorien, die den menschlichen Willen oder die Intentionalität in den Mittelpunkt stellen, die von der Intersubjektivität ausgehen oder den Akzent auf gesellschaftliche (das heißt menschliche), auf wirtschaftliche oder diskursive Strukturen legen. Wie würde sich ein Verständnis von Handlungsvermögen, das dieses als Zusammenschluss menschlicher und nichtmenschlicher Elemente begreift, auf gängige Vorstellungen von moralischer und politischer Verantwortung auswirken?

Zwei philosophische Begriffe sind für meine Antwort auf diese Fragen von Bedeutung: Spinozas »affektive« Körper und die »Gefüge« von Gilles Deleuze und Félix Guattari. Ich werde daher mit einer kurzen Erläuterung dieser Begriffe beginnen, bevor ich mich an einer Darstellung des Stromausfalls versuche, die der Außen-Seite Rechnung trägt und den verteilten Charakter von »Handlungsvermögen« ernst nimmt.

Spinozas konative Körper sind auch assoziationsfreudige oder (so könnte man sagen) soziale Körper, und zwar in dem Sinn, dass jeder von ihnen, schon aufgrund seiner körperlichen Natur, dauerhaft andere Körper beeinflusst (affiziert) sowie selbst von diesen beeinflusst wird. Deleuze erläutert es folgendermaßen: Das Vermögen eines Körpers, andere Körper zu affizieren, beinhaltet ein korrespondierendes und notwendiges Vermögen, selbst affiziert zu werden. Es besteht also eine »Korrelation zweier gleichermaßen wirklicher Vermögen, des Vermögens, tätig zu sein, und des Vermögens zu leiden, die im Wechselverhältnis variieren, deren Summe aber konstant und konstant verwirklicht ist«.[2] Spinozas konativer, begegnungsfreudiger Körper nimmt im Kontext eines ontologischen Entwurfs Gestalt an, dem zufolge alle Dinge »Modi« einer gemeinsamen »Substanz« sind.[3] Jedes Einzelding – »ein Schuh, ein Schiff, ein Kohlkopf, ein König« (so Martin Lins Aufzählung),[4] oder auch ein Handschuh, eine Ratte, ein Schraubverschluss und der Mensch, der von deren Vitalität berichtet (meine eigene Aufzählung) – ist weder Subjekt noch Objekt, sondern ein »Modus« dessen, was Spinoza »*Deus sive Natura*« (»Gott oder Natur«) nennt.[5]

Spinoza behauptet weiter, jeder Modus sei selbst ein Mosaik oder Gefüge aus vielen einfachen Körpern. Deleuze fasst dies zusammen, indem er sagt, für Spinoza gebe es keine »existierenden Modi«, deren »Existenz« nicht »aus extensiven Teilen zusammengesetzt« sei, »die ins Unendliche von außen bestimmt sind«.[6] Es ist interessant, dass auch Lukrez im Mosaikhaften die wesentliche Beschaffenheit der Dinge erkannt zu haben meinte: »Das auch ist richtig, in diesen Dingen sicher versiegelt zu haben und fest im Gedächtnis zu wahren, daß von den Dingen, deren Wesen offen vor unseren Augen liegt, es keines gibt, das nur aus einer einzigen Art der Urkörper geschaffen ist, und keines auch, das nicht aus vermischten Samen bestünde.« Lukrez setzt den Grad der Binnendiversität zur Macht in Beziehung, über die ein Ding verfügt: »Und je mehr [ein Ding] Kräfte und Mächte in sich besitzt, um so mehr zeigt es, daß in ihm sehr viele Arten und verschiedene Gestalten der Urkörper sind.«[7] Spinoza vertritt, wie wir sehen werden, eine ähnliche Position.

Konativ (vom *conatus*, dem Selbsterhaltungstrieb, bewegt) sind bei Spinoza nicht nur einfache Körper (die vielleicht eher als Proto-Körper zu bezeichnen wären), sondern auch die komplexen oder mosaikhaften Modi, zu denen sie sich zusammensetzen. Im Fall der einfachen Körper äußert sich der *conatus* in Form einer Sturheit oder trägen Neigung zum Fortdauern, im Fall komplexer Körper oder Modi meint der Begriff hingegen die Anstrengung, die erforderlich ist, um das besondere Verhältnis von »Bewegung und Ruhe« aufrechtzuerhalten, das zwischen den Komponenten des Modus vorherrscht und ihm seine Identität verleiht.[8] Bei dieser Aufrechterhaltung handelt es sich nicht um eine bloße Wiederholung des Gleichen. Sie beinhaltet vielmehr ein ständiges Erfinden: Da jeder Modus die Handlungen erleidet, die andere Modi an ihm vornehmen, und da diese Handlungen das Verhältnis von Bewegung und Ruhe stören, das ihn charakterisiert, muss er, so er fortdauern soll, nach neuen Begegnungen streben, um auf kreative Weise die Veränderungen oder Affektionen zu kompensieren, die er erleidet. Ein »Modus« zu sein bedeutet also, Bündnisse ein- und in Gefügen aufzugehen: Es bedeutet, zu modi-fizieren und von anderen modi-fiziert zu werden. Der Vorgang der Modifizierung unterliegt nicht der Kontrolle irgendeines einzelnen Modus; kein Modus ist ein Akteur im hierarchischen Sinne. Auch ist der Vorgang nicht frei von Spannungen. Jeder Modus wetteifert mit und widersetzt sich den (im Wandel begriffenen) Affektionen (einer ebenfalls der Veränderung unterliegenden Ansammlung) anderer Modi. Dabei unterliegt er dem Moment des Zufalls oder der Kontingenz, das jeder Begegnung innewohnt.[9] Konative Substanz verwandelt sich in einen Körperbund, also in komplexe Körper, die sich ihrerseits umeinander versammeln, bestrebt, ihre Macht auszuweiten. Spinoza zufolge ist es für einen Körper vorteilhaft, sich mit möglichst vielen Arten von Körpern zu verbünden: »[J]e fähiger der Körper ist, auf vielfache Weise affiziert zu werden und äußere Körper seinerseits auf vielfache Weise zu affizieren, umso fähiger ist der Geist zu denken.«[10] Der Kerngedanke, den ich Spinozas reichhaltiger (und anfechtbarer) Philosophie entnehmen möchte, um ihn in den Dienst eines vitalen Materialismus zu stellen, ist folgender: Körper erweitern ihre Macht innerhalb heterogener Gefüge oder als solche Gefüge. In Hinblick auf den Begriff des Handlungsvermögens bedeutet dies, dass die Wirkmächtigkeit oder Effektivität, auf die dieser Begriff traditionellerweise verwiesen hat, über ein ontologisch heterogenes Feld verteilt wird, sodass es sich nicht länger um ein Vermögen handelt, das in einem menschlichen Körper verortet ist, oder in einem (ausschließlich) aufgrund menschlicher Bestrebungen entstandenen Kollektiv. Auch die Sätze in diesem Buch sind aus der gebündelten Handlungsmacht vieler strebender Makro- und Mikroaktanten hervorgegangen: aus »meinen« Erinnerungen, Absichten, Behauptungen, Darmbakterien, aus meinen Brillengläsern und meinem Blutzuckerspiegel, aber auch aus der Plastiktastatur des Computers, dem Vogelgesang, der durch das offene Fenster dringt, sowie aus der Luft oder den Luftpartikeln im Zimmer – um nur einige der Beteiligten zu nennen. Was hier am Werk ist, ist eine tierisch-pflanzlich-mineralisch-klangliche Anhäufung mit einem bestimmten Machtgrad und einer bestimmten Machtdauer. Die Rede ist von dem, was Deleuze und Guattari als Gefüge bezeichnen.

Was ist ein Gefüge?

Ende des 20. Jahrhunderts schien es vielen Beobachtern, als habe sich der Schauplatz, auf dem Dinge geschehen – das, was im Militär als »Einsatzgebiet« (*theater of operations*) bezeichnet wird –, dramatisch erweitert. Die »Globalisierung« hatte sich vollzogen; die gesamte Erde war zum Ereignisraum geworden. Die Teile dieses riesigen

Ganzen waren aufs Engste, aber auch auf hochgradig konfliktträchtige Weise miteinander verbunden. Diese Tatsache – die Gleichzeitigkeit von wechselseitiger Abhängigkeit einerseits und Reibung/Gewalt andererseits – verlangte nach einem neuerlichen Nachdenken über das Verhältnis des Ganzen zu seinen Teilen. Organizistische Modelle, in denen jedes Glied fügsam dem Ganzen dient, hatten sich eindeutig erledigt. Zur Bezeichnung des Verhältnisses der Teile eines unbeständigen, aber doch funktionalen Ganzen wurden vielerlei Begriffe vorgeschlagen: Netzwerk, Netz, Empire.[11] Der Begriff, den ich bevorzuge, um diesen Ereignisraum und seinen Strukturierungsstil zu beschreiben, ist der von Deleuze und Guattari geprägte Begriff des Gefüges.

Gefüge sind ad hoc entstehende Gruppierungen unterschiedlicher Elemente, lebhafter Materialien aller Art. Gefüge sind lebendige, pulsierende Bündnisse, die fortbestehen trotz der dauerhaften Anwesenheit von Energien, die sie von innen heraus in Unordnung bringen. Sie weisen unebene Topografien auf, da einige der Punkte, an denen sich die Wege der verschiedenen Affekte und Körper kreuzen, stärker frequentiert werden als andere. Es gibt also keine gleichmäßige Verteilung von Macht entlang der Oberfläche des Gefüges. Gefüge werden nicht von irgendeinem zentralen Oberhaupt gelenkt: Keine einzelne Materialität und kein einzelner Materialtyp verfügt über hinreichende Kompetenz, um durchgehend den Entwicklungsverlauf oder die Auswirkung der Gruppe bestimmen zu können. Bei den durch ein Gefüge herbeigeführten Wirkungen handelt es sich vielmehr um emergente Eigenschaften – emergent in dem Sinn, dass ihre Fähigkeit, etwas herbeizuführen (eine neue Variante des Materialismus, einen Stromausfall, einen Orkan, einen Krieg gegen den Terrorismus), etwas anderes ist als die Summe der Lebenskraft jeder einzelnen Materialität. Jeder Bestandteil und jeder Proto-Bestandteil des Gefüges hat eine bestimmte Lebenskraft, doch die Gruppierung als solche weist auch eine eigene Wirkmächtigkeit auf: das Handlungsvermögen des Gefüges. Gerade weil jeder Bestandteil/Aktant sich einen energetischen

Puls bewahrt, der ein wenig von dem des Gefüges »abweicht«, ist ein Gefüge niemals ein schwerfälliger Block, sondern ein Kollektiv, dessen weitere Entwicklung offen ist, eine »nicht zu totalisierende Summe«.[12] Somit zeichnet sich jedes Gefüge nicht nur durch eine eigene Entstehungsgeschichte aus, sondern auch durch eine begrenzte Lebensspanne.[13]

Das Stromnetz ist ein gutes Beispiel für ein Gefüge. Es handelt sich um eine materielle Ansammlung elektrisch geladener Teile, die sich zusammengeschlossen und ausreichende Grade von Nähe und Koordinierung entwickelt haben, um charakteristische Wirkungen zu zeitigen. Die Elemente des Gefüges arbeiten zusammen, auch wenn sie nicht den Koordinierungsgrad eines Organismus erreichen. Der Zusammenhalt des Gefüges bleibt erhalten, auch wenn Energien und Abspaltungen aus ihm herausschießen oder es von innen heraus stören. Für meine Zwecke am wichtigsten ist, dass Menschen und deren (soziale, rechtliche, linguistische) Konstrukte zwar zu den Elementen dieses Gefüges zählen, andere sehr aktive und mächtige Elemente aber nichtmenschlicher Natur sind: Elektronen, Bäume, Winde, Feuer, elektromagnetische Felder.

Das Bild affektiver Körper, die sich zu Gefügen zusammensetzen, wird es mir erlauben, einige Defizite anthropozentrischer Handlungstheorien zu unterstreichen. Außerdem wird es mir ermöglichen, einige der praktischen Konsequenzen zu erkunden, die sich für sozialwissenschaftliche Untersuchungen – aber auch für unsere öffentliche Kultur – aus einer Theorie des Handelns und der Verantwortung ergeben, die quer zur Unterscheidung zwischen Menschlichem und Nichtmenschlichem liegt.

Der Stromausfall

Am Tag nach dem Stromausfall berichtete die *International Herald Tribune:*

> Das gewaltige, aber undurchsichtige Geflecht aus Leitungen, Kraftwerken und Umspannwerken, das wir als Stromnetz bezeichnen, ist das größte Ding, das je gebaut wurde. [...] Am Donnerstag [dem 14. August 2003] hat es Herzflattern bekommen. [...] Durch seine Komplexität entzieht sich [das Stromnetz] dem Verständnis, selbst dem von Experten – es lebt, und stirbt zuweilen auch, nach seinen eigenen mysteriösen Gesetzen.[14]

Zu behaupten, das Stromnetz habe »Herzflattern« bekommen, oder dass es »nach seinen eigenen mysteriösen Gesetzen« lebe und sterbe, bedeutet, es zu anthropomorphisieren. Anthropomorphisierung hat allerdings, wie ich im achten Kapitel darlegen werde, ihre Vorzüge. Hier dient sie als Hinweis auf die Unangemessenheit unserer Vorstellungen vom Stromnetz als bloßer Maschine oder als Werkzeug, also als Reihe feststehender, von außen organisierter und einem äußerlichen Zweck dienender Teile.

Aus Sicht der vitalen Materialistin stellt sich das Stromnetz eher dar als flüchtige Mischung aus Kohle, Schweiß, elektromagnetischen Feldern, Computerprogrammen, Elektronenströmen, Gewinnmotiven, Hitze, Lebensweisen, Kernbrennstoff, Plastik, Herrschaftsfantasien, Reibungselektrizität, Rechtsprechung, Wasser, Wirtschaftslehren, Draht und Holz – um nur einige der beteiligten Aktanten zu nennen. Zwischen den Teilen besteht immer eine gewisse Reibung. In den USA und in Kanada war die Dissonanz während einiger Tage im August 2003 allerdings derart ausgeprägt, dass jegliche Kooperation verunmöglicht wurde. Der nordamerikanische Stromausfall war der Endpunkt einer Kaskade aus Spannungszusammenbrüchen, zum Zweck des Selbsterhalts unternommenen Rückzügen und menschlichen Beschlüssen beziehungsweise Unterlassungen. Das Netz verfügt über verschiedene Sicherungen, die Teile des Gefüges abkoppeln, wenn diese drohen, sich zu stark zu erhitzen. Beispielsweise schalten sich Elektrizitätswerke ab, kurz bevor sie den Zustand »vollständiger Erregung« erreichen;[15] dasselbe tun sie, wenn »die Systemspannung zu stark absinkt, um die Hilfssysteme des Werks zu betreiben, etwa die Belüftungsanlage, die Feinmühlen für Kohle und die Pumpen«.[16] An jenem Augusttag scheinen mehrere zunächst unzusammenhängende Generatorausfälle in Ohio und Michigan eine Veränderung des Elektronenflusses entlang der Übertragungsleitungen bewirkt zu haben. Nach einer Reihe weiterer Ereignisse – darunter ein Buschbrand, bei dem eine Übertragungsleitung verbrannte, und mehrere Unfälle, bei denen Bäume und Kabel im Spiel waren –, kam es zur schrittweisen Überlastung anderer Leitungen und schließlich zu einem ganzen Strudel von Ausfällen. Ein Kraftwerk nach dem anderen koppelte sich vom Netz ab, wodurch die verbliebenen Elemente immer stärker belastet wurden. In einem Zeitraum von nur zwanzig Minuten »flogen entlang des Eriesees zwanzig mit 2 174 Megawatt belastete Generatoren aus dem Netz«.[17]

Die Ermittler verstehen bis heute nicht, warum sich die Kaskade selbst aufgehalten hat, nachdem sie sich auf 50 Millionen Menschen in einem ungefähr 24 000 Quadratkilometer großen Gebiet ausgewirkt und mehr als hundert Kraftwerke stillgelegt hatte, darunter 22 Atomreaktoren.[18] In einem weniger unsicheren Ton gehalten sind jene Abschnitte des Abschlussberichts der US-Canada Power Outage Task Force, in denen es um die Frage geht, wie die Kaskade begann. Die Verfasser verorten die entsprechende Handlungsmacht an einer Vielzahl von Stellen.[19] Dazu gehören: die Elektrizität in ihren verschiedenen Ausprägungen, insbesondere denen der »Wirk-« und »Blindleistung« (ich komme darauf zurück); die Kraftwerke, wo es an menschlichem Personal fehlte, aber überzogene Sicherheitsvorkehrungen galten; die Übertragungsleitungen, die nur ein gewisses Maß an Hitze ertragen, bevor sie die weitere Beförderung des Elektronenflusses verweigern; ein Buschbrand in Ohio; Enron FirstEnergy und andere Energiekonzerne, die aus dem Stromnetz mit legalen und illegalen Mitteln herausgeholt hatten, was sie nur konnten, ohne für den Erhalt der Infrastruktur zu sorgen; eine wachsende, von der Regierung ohne Rücksicht auf die Folgen beförderte Stromnachfrage der Verbraucher; und die *Federal Energy Regulatory Commission*, die amerikanische Energiebehörde, deren Energiegesetz von 1992 das Stromnetz dereguliert, die Stromerzeugung von der Stromübertragung und -verteilung abgekoppelt und die Privatisierung des Elektrizitätssektors vorangetrieben hat. Über den ersten und den letzten dieser zu einem Gefüge verschränkten konativen Körper möchte ich mich etwas ausführlicher äußern.

Zunächst einmal zum nichtmenschlichen Aktanten: der Elektrizität. Elektrizität ist ein Elektronenstrom, dessen Stärke in Ampere gemessen wird; die Stromspannung (die Kraft, mit der dieser Strom durch die Kabel gepresst wird) misst man in Volt. In einem System wie dem nordamerikanischen Stromnetz oszillieren Stromstärke und Stromspannung ständig, wie zwei Wellen.[20] Sind die beiden Wellen phasengleich (steigen und sinken sie also genau gleichzeitig), dann ergibt sich eine sogenannte Wirkleistung: die Art von Strom, die vor allem für den Betrieb von Lampen, Trocknern und anderen Geräten benötigt wird. Manche Geräte (etwa die Elektromotoren in Kühlschränken und Klimaanlagen) nutzen aber auch die sogenannte Blindleistung. Diese entsteht, wenn die Wellen nicht phasengleich verlaufen. Die Blindleistung trägt zwar selbst nichts dazu bei, einen Motor in Bewegung zu setzen, sie ist aber von großer Bedeutung für die Wirkleistung, weil sie die Voltstärke erhält, die für den Erhalt des elektromagnetischen Feldes erforderlich ist, auf das das System als Ganzes angewiesen ist. Verlangen zu viele Geräte nach Blindleistung, dann entsteht ein Blindleistungsdefizit. Dies war eine der Ursachen des Stromausfalls. Um zu verstehen, wie es dazu kam, müssen wir die übrigen Aktanten, darunter die Energiebehörde, in unsere Betrachtung miteinbeziehen.

Im Jahr 1992 hat der US-Kongress einem von der Energiebehörde formulierten Gesetz zugestimmt, das die Stromproduktion von der Stromverteilung abkoppelte: Die Konzerne konnten nun Strom aus einem Kraftwerk in einem Landesteil erwerben und an Verbraucher in geografisch weit entfernten Gegenden verkaufen. Damit weitete sich der über große Entfernungen getätigte Handel mit Strom erheblich aus – was wiederum zu einer erheblich stärkeren Belastung der Übertragungsleitungen führte. Der Haken an der Sache: »In dem Maß, in dem eine Übertragungsleitung stärker belastet wird, verbraucht sie mehr Blindleistung, denn diese gewährleistet die Stromspannung, die für die Stromübertragung nötig ist.«[21] Blindleistung ist wenig reisefreudig: Sie zerstreut sich, wenn sie längere Distanzen zurücklegen muss, und wird also am besten in der Nähe des Ortes generiert, an dem sie zum Einsatz kommen soll.[22] Rein technisch sind Elektrizitätswerke durchaus in der Lage, zusätzliche Blindleistung zu erzeugen, doch fehlt den Betreibern der finanzielle Anreiz, das zu tun, denn die Blindleistungs- geht auf Kosten der Wirkleistungsproduktion – und verkauft wird die Wirkleistung. Hinzu kommt noch, dass es den für die Stromverteilung zuständigen Unternehmen unter dem neuen Gesetz nicht erlaubt ist, die Elektrizitätswerke zur Produktion der erforderlichen Mengen von Blindleistung zu verpflichten.[23]

Blindleistung ist also für das Stromnetz als Ganzes von ausschlaggebender Bedeutung. Da sie sich aber als Ware erwies, aus der sich kein Gewinn schlagen lässt, wurde sie knapp. Hier trat das in Kraft, was Garrett Hardin als Tragik der Allmende bezeichnet hat. Es ist zwar für jeden einzelnen Nutzer von Blindleistung rational, die eigene Nachfrage nach dieser kostenlosen Ware auszuweiten, insgesamt ist dies jedoch irrational, da es die Quelle der Blindleistung versiegen lässt. In einer Welt begrenzter Ressourcen gilt: »Die Freiheit des in die Logik des Allmende-Denkens eingeschlossenen Individuums besteht lediglich darin, den Ruin aller herbeizuführen.«[24] Das Blindleistungsdefizit war eine von den Befürwortern des neuen Gesetzes unvorhergesehene Wirkung. Indem das Gesetz zur Entstehung eines gewaltigen, den gesamten Kontinent umspannenden Energiemarktes führte, zeitigte das Handeln der Gesetzesbefürworter unerwartete Folgen. Oder, um es im Vokabular des vitalen Materialismus zu sagen: Diese Menschen erfuhren die »leichte Überraschung« des Handelns. Der Ausdruck stammt von Bruno Latour und meint eine Wirkmächtigkeit, die der Handlung selbst zu eigen ist, die erst beim Handeln selbst hervortritt und somit prinzipiell unabhängig ist von sämtlichen

Zielen, Tendenzen oder Eigenschaften der Aktanten: »Nein, hier gibt es kein Subjekt, kein Objekt. [...] Aber es gibt Ereignisse. Ich *handle* nie; immer werde ich leicht überrascht von dem, was ich tue.«[25]

Die leichte Überraschung des Handelns beschränkt sich, so Latour, nicht auf menschliches Handeln: »Was durch mich handelt, ist ebenfalls überrascht davon – durch die Chance zur Veränderung, zum Wandel und zur Verzweigung«.[26] Bezogen auf den Stromausfall bedeutet dies, dass die Elektrizität auch ein Aktant war und dass ihre Bestrebungen aleatorische Auswirkungen zeitigten. Zum Beispiel: »Im Fall der Stromübertragung vom Pazifischen Nordwesten nach Utah verlaufen 33 Prozent der Elektrizität durch Südkalifornien und 30 Prozent durch Arizona – also entlang von Routen, die in keinem rationalen Verhältnis zur geografischen Lage der Vertragsparteien stehen.«[27] Im August 2003, als sich »die Übertragungslinien entlang der Südküste des Eriesees vom Stromnetz abkoppelten«, änderte die bis dahin auf diesem Weg verschickte Elektrizität auf dramatische und überraschende Weise ihr Verhalten: »[Sie] wechselte augenblicklich die Richtung und begann, in einer riesigen Schleife gegen den Uhrzeigersinn von Pennsylvania über New York und Ontario nach Michigan zu strömen.«[28] Auf den FirstEnergy-Konzern aus Ohio wurde bald mit dem Finger gezeigt, da dessen Elektrizitätswerk in Eastlake einer der ersten Aktanten innerhalb der Ereignisfolge war. Eine Sprecherin des Konzerns versuchte die Rolle, die ihr Unternehmen beim Stromausfall gespielt hatte, durch folgende Bemerkung herunterzuspielen: Jede Analyse müsse »beträchtliche, ungeplante Elektrizitätsbewegungen vom Süden nach Norden in Rechnung stellen, die auf ein als *loop flows* bekanntes Phänomen zurückgehen. Zu *loop flows* kommt es, wenn die Elektrizität auf dem Weg vom Produzenten zum Abnehmer einen anderen als den vorgesehenen Weg einschlägt.«[29] Elektrizität, oder der Strom jener lebhafter Materialitäten, die wir als Elektronen bezeichnen, ist ständig in Bewegung, ständig irgendwohin unterwegs, obgleich sich das Ziel nie genau vorhersagen lässt. Manchmal geht die Elektrizität dorthin, wo wir sie hinschicken, und manchmal wählt sie ihren Pfad ad hoc, in Reaktion auf andere Körper, denen sie begegnet, sowie auf die überraschend sich ergebenden Möglichkeiten der Aktion und Interaktion, die diese Körper eröffnen.

In dieser unvollständigen, selektiven Darstellung des Stromausfalls habe ich Handlungsfähigkeit als etwas aufgefasst, das sich entlang eines Kontinuums verteilt. Sie geht von verschiedenen Orten, von einer Vielzahl von Positionen aus – angefangen bei einem eigenwilligen Elektronenstrom und einem spontan ausbrechenden Brand, bis hin zu neoliberalen Kongressabgeordneten, die auf die Selbstregulierung des Marktes vertrauen. Wie verhält sich diese Sichtweise zu anderen Auffassungen darüber, was ein Akteur ist und zu tun vermag?

Das wollende Subjekt und das intersubjektive Feld

Ich habe angedeutet, dass hinter der Handlung (dem Stromausfall) weniger ein einzelner Handelnder (ein Akteur) steht als vielmehr das Handeln und Wirken eines menschlich/nichtmenschlichen Gefüges. Dieser Aktantenverbund ist etwas, auf das sich der Begriff moralischer Verantwortung nur lose anwenden lässt und das sich nicht sinnvoll beschuldigen lässt: An es gerichtete Vorwürfe prallen gleichermaßen ab. Etwas Loses und Ausweichendes eignet, wenngleich unbemerkt, auch Handlungsvorstellungen, bei denen der Mensch im Mittelpunkt steht. Beispielsweise hat Augustinus moralisches Handeln zum freien Willen in Beziehung gesetzt, doch dieser frei Wille ist, wie Augustinus in seinen *Bekenntnissen* verrät, seit dem Sündenfall innerlich zerrissen: Der Wille strebt nach etwas, und zugleich bekämpft ein anderer Teil des Willens dieses Streben. Hinzu kommt, dass wollende Akteure nur dann frei handeln können, wenn sie das Böse befördern: Nie sind sie in der Lage, Gutes zu tun, denn das erfordert stets den Eingriff der göttlichen Gnade, also einer Kraft, die sich menschlicher Verfügung entzieht. Die Handlungsfähigkeit ist bei Augustinus somit kein ganz eindeutiger Begriff und auch keine eigenständige Kraft.[30]

Das ist sie auch bei Immanuel Kant nicht. Dieser war bemüht, die Handlungsfähigkeit zum autonomen Willen jener Person in Beziehung zu setzen, die sich dem moralischen Gesetz (dessen Form dem menschlichen Verstand eingeschrieben ist) unterordnet. Doch auch Kant gelangte, wie William Connolly gezeigt hat, schließlich zu dem Befund, der Wille sei innerlich gespalten, in diesem Fall aufgrund eines inhärenten »Hangs« zum Bösen, der bewirkt, dass der Wille stets jenen Maximen folgt, die aus seinen Neigungen folgen.[31] Es geht dabei nicht etwa darum, dass der Wille gegen die Impulse ankämpft, die von einer willensfreien »Empfindung« ausgehen: Der Hang zum Bösen ist vielmehr eine Eigenschaft des Willens selbst. Auch hier erscheint die menschliche Handlungsfähigkeit als sperriger Begriff, obgleich sich die Tücken und Dilemmata dieses Begriffs leicht vermeiden lassen, wenn man aufhört, von der Alternative freies menschliches Handlungsvermögen *versus* passive, deterministische Materie auszugehen.

Einige neokantianische Darstellungen geben der Intentionalität (der Fähigkeit, Ziele zu formulieren und zu erreichen) gegenüber dem moralischen Willen den Vorrang. Dann stellt sich aber die Frage, ob andere Kräfte in der Welt etwas mit dem intentionalen oder zweckgerichteten Handeln von Menschen Vergleichbares aufweisen.[32] Die Anerkennung, dass etwas derartiges der Fall ist, dass es also so etwas wie Ding-Macht gibt, könnte in der sozialwissenschaftlichen Debatte um Handlungsfähigkeit und Struktur am Werk sein, denn dort werden Strukturen als mächtige Entitäten beschrieben, die menschliche Zwecke befördern, ihnen aber auch entgegenwirken können. Die Kategorie »Struktur« genügt jedoch letztlich nicht, um der Macht der Dinge Rechnung zu tragen: Strukturen können nur negativ handeln, indem sie menschliches Handlungsvermögen begrenzen, oder aber sie wirken passiv, als befähigender Hintergrund oder Kontext. Aktives Handeln oder Handlungsfähigkeit gibt es einzig beim Menschen: »Es herrscht Einigkeit darüber, dass Handlungsfähigkeit jene bewussten Entscheidungen meint, die Männer und Frauen fällen, wenn sie auf die Verwirklichung ihrer Ziele hinarbeiten«; als »Akteure« seien diese Männer und Frauen »sozial konstituierte Wesen und in eine soziokulturelle und ökologische Umwelt eingebettet«, eine Umwelt, die »sowohl die Ziele der Akteure definiert als auch deren Handeln einschränkt«.[33] Akteure sind zwar »sozial konstituiert«, die »konstituierende« oder produktive Macht von Strukturen leitet sich jedoch von den menschlichen Vorhaben oder Absichten ab, die ihnen eingeschrieben sind. Den Gefügen selbst ist keinerlei Handlungsfähigkeit zu eigen, sondern gleichsam nur der Schaum der Handlungsfähigkeit von Individuen, die für sich allein oder gemeinsam handeln. Strukturen, Umgebungen und Kontexte wirken sich zwar darauf aus, welche Ergebnisse eine Entwicklung zeitigt, sie sind aber nicht ganz das, was ich unter lebhafter Materie verstehe.

Die gleiche Feststellung gilt, wie ich meine, auch für die von Maurice Merleau-Ponty vorgelegte phänomenologische Theorie der Handlungsfähigkeit. In seiner *Phänomenologie der Wahrnehmung* ist Merleau-Ponty bemüht, dem Willen, der Intentionalität oder der Vernunft der Menschen keine allzu große Bedeutung zuzuschreiben. Stattdessen wird der Akzent auf den verkörperten Charakter menschlichen Handelns gelegt: über den Begriff der Bewegungsintentionalität[34] und über den Hinweis auf die handlungsförmigen Beiträge des intersubjektiven Feldes.[35] Diana Coole hat Merleau-Pontys Vorhaben aufgegriffen und den eigenständigen Akteur mit seinem »Rest an Individualismus« ersetzt durch ein »Spektrum« verschiedener »Handlungsvermögen«, die ihren Sitz in einzelnen Personen, aber auch in physiologischen Vorgängen des Menschen (»Bewegungsintentionalität«) oder in Strukturen der menschlichen Gesellschaft (»Zwischenwelt«) haben können:

> An einem Pol [des Spektrums der Handlungsfähigkeit] verorte ich vorpersönliche, nichtkognitive Körpervorgänge, am anderen transpersonale, intersubjektive Vorgänge, die eine Zwischenwelt herbeiführen. Dazwischen sind die Singularitäten: Phänomene mit einer vergleichsweise individuellen oder kollektiven Identität.[36]

Cooles Versuch, die Handlungsfähigkeit von ihrer ausschließlichen Verankerung im individuellen, rationalen Subjekt zu lösen, bietet einen wichtigen Prüfstein für meine Bemühungen, das Spektrum noch stärker zu erweitern – über menschliche Körper und intersubjektive Felder hinaus bis hin zu den vitalen Materialitäten und den von ihnen gebildeten menschlich/nichtmenschlichen Gefügen. Cooles Spektrum privilegiert zwar in keiner Weise das menschliche Individuum, erkennt aber nur menschliche Kräfte an: menschliche biologische und neurologische Vorgänge, menschliche Persönlichkeiten sowie Praxen und Institutionen der menschlichen Gesellschaft. Coole begrenzt das Spektrum auf diese Weise, weil ihr Interesse einer spezifisch politischen Form der Handlungsfähigkeit gilt und weil Politik für sie eine rein menschliche Angelegenheit ist. Ich bin in diesem Punkt anderer Meinung. Wie ich im siebten Kapitel darlegen werde, gibt es Gründe, nichtmenschliche Wesen in den Demos miteinzubeziehen. Die Vermeidung zukünftiger Stromausfälle wird beispielsweise auf eine Vielzahl kooperativer Bemühungen angewiesen sein: Der Kongress wird den Mut aufbringen müssen, sich jenen Forderungen der Industrie zu widersetzen, die dem Gemeinwohl entgegenstehen, aber auch die Blindleistung wird ihren Beitrag leisten müssen, unter der Bedingung, dass man ihr keine allzu weiten Reisen abverlangt. Vitaler Materialismus versucht sich an einer Ausklammerung des menschlichen Subjekts, die radikaler ist als die von der Phänomenologie vorgenommene, auch wenn Merleau-Ponty sich in seinem unabgeschlossenen Buch *Das Sichtbare und das Unsichtbare* in diese Richtung bewegt zu haben scheint.

Merleau-Pontys Buch beginnt die selbstgefällige Annahme zu hinterfragen, die Menschheit sei der einzige oder ultimative Springquell der Handlungsfähigkeit. Dasselbe tut auch Latours *Aramis*, in dem gezeigt wird, wie außer den Aktivitäten menschlicher und intersubjektiver Körper, sowie denen von Wörtern und Regulierungen, auch Autos, Elektrizität und die Magneten eines experimentellen Pariser Systems der Massenverkehrsmittel positiv (also nicht nur begrenzend) agieren.[37] Auch in seinen späteren Arbeiten fordert Latour uns auf, uns für das Ding andere Rollen vorzustellen als die eines bloßen Trägers von Notwendigkeiten, die eines »formbaren« Vehikels für die Handlungsfähigkeit »menschlicher Findigkeit« oder die einer »einfachen weißen Leinwand als Hintergrund der gesellschaftlichen Differenzierung«.[38]

Die vitale Materialistin muss zugeben, dass verschiedene Materialitäten, da sie aus verschiedenen Gruppen von Proto-Körpern zusammengesetzt sind, auch verschiedene Kräfte zum Ausdruck bringen werden. Menschen können sich beispielsweise als Absichten formulierend erleben und als von ihren Handlungen Abstand nehmend, um über diese nachzudenken. Doch selbst in solchen Fällen lohnt womöglich der Hinweis darauf, wie sehr intentionale Reflexivität unter anderem auch ein Produkt des Zusammenspiels menschlicher und nichtmenschlicher Kräfte ist.

Genau diesen Hinweis liefert Bernard Stiegler in seiner Studie der durch den Werkzeuggebrauch bedingten Entstehung eines Wesens mit Innenraum, das heißt mit einer psychologischen Landschaft der Innerlichkeit. Stiegler vertritt die These, die bewusste Reflexion sei im (Proto-)Menschen aufgrund des Einsatzes von Steinwerkzeug entstanden, da die Materialität des Werkzeugs als äußerliche Markierung eines vergangenen Bedürfnisses, als »Archiv« der eigenen Funktion fungiert habe. Das steinerne Werkzeug (seine Beschaffenheit, seine Farbe, sein Gewicht) richten die Aufmerksamkeit auf seine geplante und erinnerte Verwendung, wodurch der erste Hohlraum der Reflexion entsteht.[39] Menschheit und Nichtmenschheit haben stets einen komplizierten Tanz miteinander getanzt. Es hat nie eine Zeit gegeben, zu der menschliche Handlungsfähigkeit irgendetwas anderes war als eine wechselseitige Verschränkung von Menschheit und Nichtmenschheit. Heute ist es schwieriger geworden, diese Vermengung zu ignorieren.

Wirkmächtigkeit, Verlauf, Kausalität

Theodor Adorno hat behauptet, es sei nicht möglich, einen Begriff zu »entsiegeln« oder in seine Bestandteile aufzulösen. Man könne ihn nur »umkreisen«, vielleicht bis einem schwindlig wird oder man den Punkt erreicht, an dem sich das Nichtidentische, die Nichtentsprechung mit dem Realen nicht länger ignorieren lässt. Was bei der Umkreisung eines Begriffs außerdem geschieht, ist, dass eine Reihe verwandter Termini ins Blickfeld rücken, ein Schwarm verwandter Begriffe. Im Fall der Handlungsfähigkeit sind dies (unter anderen) die Begriffe der Wirkmächtigkeit, des Verlaufs und der Kausalität.[40]

Der Begriff der Wirkmächtigkeit verweist auf die Kreativität der Handlungsfähigkeit, auf die Fähigkeit, etwas Neues erscheinen oder eintreten zu lassen. Innerhalb der Tradition, die Handlungsfähigkeit als moralisches Vermögen definiert, werden solche neuen Effekte als Ergebnisse eines vorherigen Plans oder einer Absicht verstanden, denn die Handlungsfähigkeit »beinhaltet nicht einfach Bewegung, sondern gewollte oder intendierte Bewegung, wobei Bewegung nur von einem Subjekt gewollt oder intendiert werden kann«.[41] Dagegen postuliert eine Theorie verteilter Handlungsfähigkeit kein Subjekt als letzte Quelle eines Effekts. Vielmehr ist stets ein Schwarm von Vitalitäten im Spiel. Die Aufgabe besteht darin, die Konturen dieses Schwarms zu bestimmen und die Beziehungen zwischen seinen Bestandteilen. Sich die schöpferische Quelle von Effekten als Schwarm vorzustellen bedeutet, menschliche Absichten als stets mit vielen anderen Bestrebungen konkurrierend zu begreifen oder auch als mit ihnen verbündet, denn eine Absicht ist wie der Kieselstein, der in einen Teich geworfen wird, oder wie die Elektrizität, die durch ein Kabel oder ein Nervensystem geleitet wird: Sie vibriert und verbindet sich mit anderen Strömungen, um zu affizieren und selbst affiziert zu werden.

Dieses Verständnis von Handlungsfähigkeit leugnet nicht die Existenz jener treibenden Kraft, die wir Intentionalität nennen, schreibt ihr aber einen bescheideneren Einfluss auf den Ausgang von Entwicklungen zu. Die Verbindungen zwischen Wirkmächtigkeit und dem moralischen Subjekt werden gelockert, sodass Wirkmächtigkeit eher in der Macht besteht, eine Veränderung herbeizuführen, die dann wiederum nach einer Reaktion verlangt. Diese Macht, so behaupte ich mit Spinoza und anderen, ist eine, über die auch nichtmenschliche Körper verfügen.

Der Begriff der Handlungsfähigkeit hängt aber nicht nur mit dem der Wirkmächtigkeit, sondern auch mit dem der Entwicklung zusammen, also dem einer Ausrichtung oder einer Bewegung fort von einem bestimmten Punkt, selbst wenn der Punkt, auf den sich zubewegt wird, dabei unklar bleibt oder sogar gänzlich fehlt. In der Moralphilosophie wird der Verlauf als eine Zielgerichtetheit vorgestellt, die mit einem (menschlichen oder göttlichen) Geist zusammenhängt, der wiederum zu Entscheidungen und zur Formulierung von Absichten in der Lage ist. Jacques Derrida bietet jedoch eine Alternative zu dieser bewusstseinszentrierten Denkfigur, indem er den Verlauf als »Messianität« begreift. Messianität ist der offene, gleichsam ein Versprechen enthaltende Charakter einer Behauptung, eines Bildes oder einer Entität. In diesem unbestimmten Versprechen liegt nach Derrida die eigentliche Möglichkeitsbedingung des Phänomenalen: Die Dinge in der Welt erscheinen uns nur deshalb, weil sie uns reizen und im Ungewissen lassen, indem sie auf eine anderweitige Fülle verweisen, auf eine Zukunft, die näher zu rücken scheint. Nach Derrida wird dieser Wechsel nie eingelöst und kann es auch nicht: Die »Erwartung eines Ereignisses« wird niemals befriedigt. Leben ist Erwartung: »die Erwartung eines Ereignisses, eines ›Ankünftigen‹, das, um ›anzukommen‹, jede bestimmte Antizipation übersteigen und überraschen muss«.[42] Indem er das unerfüllbare Versprechen als die Bedingung dafür bestimmt, dass überhaupt etwas in Erscheinung tritt, erlaubt Derrida es der vitalen Materialistin, die Existenz eines bestimmten Verlaufs oder eines Triebs hin zu Gefügen anzunehmen, ohne dadurch irgendeine Intentionalität oder Zielgerichtetheit zu suggerieren.

Ein drittes Element in dem handlungsmächtigen Schwarm ist vielleicht das unbestimmteste von allen: die Kausalität. Wenn die Handlungsfähigkeit eine verteilte oder auf Bündnissen beruhende ist, dann werden Fälle, in denen sich eine einfache Bewegungsursache oder eine Folge einfacher Körper ausmachen lässt, von denen jeder den alleinigen Anstoß für die nächste Wirkung darstellt, unvorstellbar selten sein. Ist George W. Bush die Bewegungsursache des amerikanischen Einmarsches in den Irak? Oder ist es Osama bin Laden? Wenn man den Zeitrahmen der Handlung über den eines einzigen Augenblicks hinaus erweitert, versagt die Billardkugel-Kausalität. Neben und innerhalb von singulären menschlichen Akteuren existiert eine heterogene Reihe von Aktanten mit partiellen, sich wechselseitig überlagernden und konfligierenden Macht- und Wirkmächtigkeitsgraden.

Kausalität ist, so betrachtet, eher emergent als effizient, eher fraktal als linear. Statt eines Effekts, der einer Determinante gehorcht, hat man es mit Kreisläufen zu tun, in denen Ursache und Wirkung ihre Positionen tauschen und wechselseitig aufeinander einwirken. Die Vorstellung einer Bewegungsursache beinhaltet das Bemühen, die beteiligten Aktanten in einer Rangordnung zu organisieren, sodass einige als äußerliche Ursachen, andere als abhängige Wirkungen behandelt werden können. Bei der emergenten Kausalität liegt der Akzent auf dem Prozess, der selbst Aktant ist, selbst über Grade von Handlungsmacht verfügt. Connolly schreibt:

> Emergente Kausalität ist in dem Sinn kausal [...], dass eine Bewegung auf [einer] [...] Ebene Auswirkungen auf einer anderen hat. Emergent ist sie aber erstens in dem Sinn, dass der Charakter der [...] Aktivität nicht [...] in allen Einzelheiten erkennbar ist, bevor keine Wirkungen auf der zweiten Ebene gezeitigt werden. [Hinzu kommt zweitens, dass sich] die neuen Auswirkungen in die [...] Struktur der zweiten Ebene einschreiben, sodass [...] man nicht sagen kann, die Ursache sei etwas völlig anderes als der von ihr bewirkte Effekt. [...] [Drittens] sind zwischen der ersten und der zweiten Ebene mehrere [...] Rückkopplungsschleifen wirksam, um das stabile Ergebnis herbeizuführen. Das emergente Neue ist

> nicht nur von ihm äußerlichen Kräften geprägt, die sich ihm einschreiben, sondern auch von seinen bis dahin nicht völlig ausgeschöpften Möglichkeiten der Rezeption und Selbstorganisierung.[43]

Diese Vorstellung von ineinander übergehenden Ursachen und Wirkungen kommt auch im alltäglichen Gebrauch des englischen Begriffs *agent* (»Akteur«) zum Ausdruck. Dieser kann sich auf ein menschliches Subjekt beziehen, das der einzige und originäre Urheber einer Wirkung ist (etwa im Fall eines moralischen Subjekts – *moral agent*), aber auch auf jemanden oder etwas, der beziehungsweise das ein bloßes Vehikel oder passives Instrument eines fremden Willens ist (beispielsweise ein Literatur- oder Versicherungsagent).

In der Alltagssprache gibt es also eine Ahnung von der Existenz eines nichtlinearen, nichthierarchischen und nicht subjektzentrierten Modus der Handlungsfähigkeit. Hannah Arendt formuliert diese Einsicht ausdrücklich, indem sie, in ihren Erörterungen zum Totalitarismus, zwischen »Ursache« und »Ursprung« unterscheidet. Ursachen sind singuläre, dauerhafte und wirkmächtige Urheber von Wirkungen, wohingegen Ursprünge komplexe, bewegliche und heteronome Bündler von Kräften sind:

> Die Elemente des Totalitarismus bilden dessen Ursprünge, sofern wir unter Ursprüngen nicht »Ursachen« verstehen. Die Kausalität, d.h. die Bestimmung einer Ereignisfolge, derart, dass ein Ereignis stets ein anderes verursacht und dieses sich aus jenem erklären lässt, ist im Bereich der historischen und politischen Wissenschaften wahrscheinlich eine gänzlich fremde und irreführende Kategorie. Elemente verursachen an und für sich wahrscheinlich nie irgend etwas. Sie werden zum Ursprung von Ereignissen, wenn sie zu fixen und endgültigen Formen gerinnen, Dann und nur dann können wir ihre Geschichte zurückverfolgen. Das Ereignis wirft ein Licht auf seine eigene Vergangenheit, lässt sich aber nie aus ihr ableiten.[44]

Nach Arendt ist es unmöglich, die Ursache des Totalitarismus im Vorhinein zu erkennen. Vielmehr lassen sich, wie bei allen politischen Phänomenen, nur rückblickend dessen Ursprünge aufzeigen. Diese Ursprünge sind notgedrungen vielfach und bestehen aus Elementen, die unverbunden waren, bevor es zur »Gerinnung« kam. Tatsächlich ist es gerade das kontingente Zusammentreffen einer Reihe von Elementen, das das Ereignis herbeiführt. In diesem Punkt deckt sich Arendts Auffassung mit der Vorstellung verteilter Handlungsfähigkeit. Fragen wir aber, was solche Gerinnungsprozesse Arendt zufolge auslöst, dann stellen wir fest, dass sie zu einer traditionelleren, subjektzentrierten Auffassung zurückkehrt. Die Theoretikerin verteilter Handlungsfähigkeit würde sagen, dass alles Mögliche den Kristallisationsprozess in Gang setzen könnte (ein Geräusch, ein letzter Tropfen, der das Fass zum Überlaufen bringt, ein Schuh, ein Stromausfall, eine menschliche Absicht). Arendt gelangt hingegen zu dem Schluss, dass zwar die »Bedeutung« eines Ereignisses über die »Absichten, die letztlich zur Gerinnung führen«, hinausgehen könne, Absichten aber nichtsdestotrotz der Schlüssel zum Ereignis bleiben. Auch hier wird also die menschliche Intentionalität als der wichtigste aller Handlungsfaktoren gesetzt und damit zum Träger einer außerordentlichen Form von Macht erklärt.[45]

Shi

Wozu überhaupt von Handlungsfähigkeit sprechen, anstatt sich damit zu bescheiden, auf die Fähigkeit der Gefüge hinzuweisen, eine »Kultur« zu bilden, sich »selbst zu organisieren« oder an Wirkungen »teilzuhaben«? Weil die Rubrik materieller Handlungsfähigkeit verspricht, uns ein stärkeres Gegenmittel zum menschlichen Exzeptionalismus zu liefern, also zur menschlichen Neigung, das Ausmaß herunterzuspielen, in dem Menschen, Tiere, Artefakte, Technologien und Elementarkräfte Macht teilen und in dissonanten Zusammenschlüssen agieren. Niemand kann wirklich erklären, was menschliche Handlungsfähigkeit ausmacht oder was Menschen eigentlich tun, wenn man von ihnen sagt, sie würden als Akteure auftreten. Die menschliche Handlungsfähigkeit bleibt, allen Analysen zum Trotz, ein Stück weit rätselhaft. Wenn wir nicht wissen, wie genau sie funktioniert, wie können wir uns dann so sicher sein, dass die Vorgänge, durch die Nichtmenschliches wirkt, qualitativ anderer Natur sind?

Gefüge verdanken ihr Handlungsvermögen der Vitalität der Materialitäten, aus denen sie sich zusammensetzen. In der chinesischen Tradition bezeichnet der Begriff »Shi« so etwas wie diese auf Bündnissen beruhende Handlungsfähigkeit. *Shi* trägt dazu bei, »ein Licht auf etwas zu werfen, das sich in der Regel nicht ohne Weiteres diskursiv fassen lässt, nämlich die Art von Potenzial, die ihren Ursprung nicht in menschlicher Initiative hat, sondern vielmehr aus der Anordnung der Dinge selbst resultiert«.[46] *Shi* meint den Stil, die Energie, die Neigung, den Entwicklungsverlauf oder den Elan, der einer bestimmten Anordnung von Dingen innewohnt. Als Begriff aus der Militärstrategie bezeichnete *Shi* zunächst die Eigenschaft eines guten Feldherren, der in der Lage ist, das *Shi* eines bestimmten Zusammenspiels von Stimmungen, Winden, historischen Tendenzen und Waffensystemen zu deuten und es sich zunutze zu machen. *Shi* meint also die dynamische Kraft, die aus einer raumzeitlichen Anordnung hervorgeht und nicht etwa aus irgendeinem bestimmten Element dieser Anordnung.

Um es noch einmal zu sagen: Das *Shi* eines Gefüges ist schwingend. Es ist die Stimmung oder der Stil eines offenen Ganzen, das im Laufe der Zeit seine Bestandteile wechselt und dessen Bestandteile selbst innere Veränderungen durchlaufen. Jeder Bestandteil »weist autonome, emergente Eigenschaften auf, die zu unabhängiger Abweichung fähig sind, somit auch nicht miteinander phasengleich sein müssen«.[47] Sobald ein Bestandteil/Aktant im Zuge eines Prozesses der Selbstveränderung aufhört, mit sich selbst (seinem früheren Selbst) in Einklang zu sein, sobald er sich sozusagen im Modus der Blindleistung befindet,[48] kann er innerhalb des Gefüges neue Arten von Verhältnissen eingehen und sich zu einer anderen Gruppe von Verbündeten hingezogen fühlen. Die Bestandteile eines offenen Ganzen verschmelzen nie zu einem kollektiven Körper, vielmehr erhalten sie sich eine dem *Shi* potenziell entgegengesetzte Energie. Deleuze hat den Begriff der »Adsorption« geprägt, um dieses Verhältnis der Teile zum Ganzen zu beschreiben: Gemeint ist ein Zusammentreffen von Elementen, bei dem es einerseits zu einem Bündnis kommt, andererseits aber auch etwas von dem Handlungsantrieb jedes einzelnen Elements bewahrt bleibt.[49] Die kreative Tätigkeit innerhalb der Aktanten ist der Grund, weshalb die Begrifflichkeit gesellschaftlicher Strukturen nicht die bestgeeignetste ist, um die Handlungsfähigkeit von Gefügen zu beschreiben, verweist eine solche Ausdrucksweise doch auf ein schwerfälliges Ganzes, dessen Wirkmächtigkeit einzig in seiner konditionierenden Widerspenstigkeit oder in der Fähigkeit zur Behinderung beruht.

Das *Shi* eines Milieus kann offenkundig oder subtil sein. Es kann an den Grenzen der menschlichen Wahrnehmung oder auf brachialere Weise wirken. Kaffeehäuser oder Schulen sind bewegliche Konfigurationen von Personen, Insekten, Gerüchen, Tinte, elektrischen Strömen, Luftzügen, Koffein, Tischen, Stühlen, Flüssigkeiten und Geräuschen. Ihr *Shi* könnte zu einem Zeitpunkt im milden und flüchtigen Schimmer einer guten Stimmung, zu einem anderen aber auch in einer dramatischeren Kraft bestehen, die eine philosophische oder politische Bewegung hervorzubringen vermag, wie das etwa in den Pariser Cafés zur Zeit von Jean-Paul Sartre und Simone de Beauvoir der Fall war oder auch in den islamistischen Schulen Pakistans im ausgehenden 20. Jahrhundert.

Politische Verantwortung und die Handlungsfähigkeit von Gefügen

Indem es die Lichter ausgehen ließ, hat das Stromnetz einiges aufscheinen lassen: den maroden Zustand der öffentlichen Infrastruktur, die Gesetzestreue der Einwohner von New York im Dunkeln, den unverhältnismäßigen und immer rascher steigenden Energieverbrauch der Nordamerikaner, aber auch das Unvorhersagbare von Gefügen, deren Elemente sich überschneiden und wechselseitig in Schwingung versetzen. Also sprach das Stromnetz. Man könnte sogar sagen, dass es ein kommunikatives Interesse an den Tag gelegt hat. Dagegen wird eingewandt werden, dass eine solche Kommunikation nur durch ein menschliches Medium hindurch möglich sei. Ist das aber wirklich ein Einwand, wo doch selbst die sprachliche Verständigung auf Vermittlungen angewiesen ist? Meine Rede ist beispielsweise abhängig von dem Graphit in meinem Bleistift und von Millionen lebendiger und verstorbener Personen aus meiner indogermanischen Sprachgemeinschaft, ganz zu schweigen von der Elektrizität in meinem Gehirn und meinem Laptop. (Richtig verkabelt, vermag das menschliche Gehirn eine 15-Watt-Glühbirne zum Leuchten zu bringen.) Menschliches und Nichtmenschliches ist gleichermaßen angewiesen auf die »phantastische Komplexität« einer Reihe von Sprachprothesen.[50]

Noortje Marres hat zu Recht bemerkt, dass »es oft schwerfällt, die genauen Quellen der Handlungsmacht zu ermitteln, die ein bestimmtes Ereignis herbeiführen«; bei dieser Schwierigkeit handle es sich womöglich um »eine [wesentliche] Eigenschaft des Handlungsvermögens«.[51] Es ist keine allzu gewagte Ausgangshypothese, dass es sich beim Ort politischer Verantwortung um ein menschlich/nichtmenschliches Gefüge handelt. Bei näherer Betrachtung erweist sich die produktive Kraft, die eine Wirkung gezeitigt hat, als Kräftebündnis, und die menschlichen Aktanten darin werden sich selbst wiederum als Bündnisse von Werkzeugen, Mikroben, Mineralien, Geräuschen und anderen »fremden« Materialitäten erweisen. Menschliche Intentionalität vermag erst dank einer solchen Verteilung als handlungsmächtig hervorzutreten. Die Handlungsfähigkeit von Gefügen ist nicht die emphatische, autonome Sorte von Handlungsfähigkeit, die Augustinus und Kant (oder auch ein allmächtiger Gott) vor Augen hatten, denn das Verhältnis von Tendenzen und Ergebnissen, oder auch von Entwicklungsverläufen und Wirkungen, ist als poröses, unsicheres und damit auch als indirektes zu denken.

Cooles Darstellung eines Spektrums handlungsfähiger Vermögen, beispielsweise der Art von Handlungsfähigkeit, die strukturellen Zwängen unterliegt, verkennt die Handlungsfähigkeit menschlich/nichtmenschlicher Gefüge. Das ist unter anderem auf die Schwierigkeit zurückzuführen, menschliche Handlungsfähigkeit theoretisch zu fassen, ohne auf die Ansicht zu rekurrieren, Menschen seien insofern besonders, als sie, zumindest teilweise, außerhalb der Ordnung der materiellen Natur existieren würden. Die Behauptung einer Vitalität, die entlang eines Kontinuums ontologischer Typen verteilt ist, beinhaltet, wie die Bestimmung des menschlich/nichtmenschlichen Gefüges als Ort der Handlungsfähigkeit, eine Infragestellung dieser Ansicht. Muss aber die Vorstellung einer verteilten, zusammengesetzten Handlungsfähigkeit bereits deswegen die Preisgabe des Anspruchs bedeuten, Individuen für ihr Handeln verantwortlich zu machen oder Amtsträger gegenüber der Öffentlichkeit zur Rechenschaft zu ziehen? Die Geschäftsführer des FirstEnergy-Konzerns waren im Bericht der Untersuchungskommission sehr bemüht, zu diesem Ergebnis zu gelangen: Im Grunde sei niemand schuld. Es ist zwar unwahrscheinlich, dass die Stromhändler meinen vitalen Materialismus teilen. Dennoch fällt es mir schwer, ihnen moralische Verantwortung im emphatischen, auf die Notwendigkeit von Strafe hinauslaufenden Sinn zuzuschreiben. Autonomie und Verantwortung im emphatischen Sinn scheinen mir empirisch falsche Vorstellungen zu sein; der Bezugnahme auf sie scheint mir etwas Ungerechtes anzuhaften. Indem sie die plurale Natur des Handelns und die Verbundenheit von Personen und Dingen betont, stellt die Theorie lebhafter Materie Individuen derart dar, dass diese als schlichtweg unfähig erscheinen, die volle Verantwortung für die von ihnen gezeitigten Wirkungen zu schultern.

Tatsächlich beinhaltet die Vorstellung einer von Bündnissen ausgehenden Handlungsfähigkeit, dass Praxen der Schuldzuschreibung abzumildern sind. Damit wird aber nicht das Vorhaben aufgegeben, zu bestimmen, was Arendt als die Ursprünge schädlicher Wirkungen bezeichnet hat. Im Gegenteil: Eine solche Vorstellung erweitert das Spektrum dessen, was als Ursprung infrage kommt. Wir sollten langfristige Ereignisketten ins Auge fassen: eigennützige Absichten; eine Energiepolitik, die dem Energiehandel lukrative Gelegenheiten bietet, während sie zugleich die Tragödie der Allmende herbeiführt; psychischen Widerstand gegen die Anerkennung eines Zusammenhangs von amerikanischer Energienutzung, amerikanischem Imperialismus und Antiamerikanismus. Zugleich sollten wir die sture Ausrichtung der gesellschaftlichen Infrastruktur am Hochkonsum, instabile Elektronenflüsse, konative Lauffeuer, die Zwänge des stadtnahen Wohnungsbaus und die daraus resultierenden Gefüge ins Auge fassen. An jedem dieser Faktoren sind Menschen und ihre Absichten beteiligt, und doch sind Menschen nicht die einzigen und auch nicht immer die wichtigsten Aktanten des Gefüges.

Ich würde zwar gern bekräftigen, Deregulierung und die Habgier von Konzernen seien die wirklichen Schurken in der Geschichte des Stromausfalls, doch kann ich redlicherweise nur behaupten, dass Konzerne einer der Punkte sind, an denen menschliche Reformbemühungen anzusetzen hätten, dass also die Regulierung von Konzernen ein Bereich ist, an dem Absichten eine Kaskade von Wirkungen herbeiführen könnten. Möglicherweise liegt die ethische Verantwortung des einzelnen Menschen heute in dessen Verhalten gegenüber den Gefügen, an denen er teilhat: Versuche ich mich aus Gefügen zurückzuziehen, deren Ausrichtung Schaden zu verursachen droht? Nähere ich mich Gefügen an, deren geballte Wirkmächtigkeit zur Verwirklichung hehrer Ziele tendiert? Handlungsfähigkeit ist, wie ich glaube, über ein Mosaik verteilt, und doch ist es möglich, Aussagen über das Streben eines Menschen innerhalb des Gefüges zu machen. Dieses Streben ist vielleicht am ehesten mit einer Fahrradfahrt auf einem Kiesweg zu vergleichen. Man kann das eigene Körpergewicht in diese oder in jene Richtung verlagern, das Fahrrad in eine bestimmte Richtung lenken oder einer bestimmten Bewegung folgen lassen. Dennoch bleibt der Fahrradfahrer stets ein einzelner Aktant, der innerhalb des in Bewegung befindlichen Ganzen wirkt.

In einer Welt verteilter Handlungsfähigkeit wird Zaghaftigkeit beim Zuschreiben ausschließlicher Schuld tendenziell zur Tugend.

Natürlich gibt es Fälle, in denen moralische Empörung, dem verwandt, was Platon *Thymos* nennt, für demokratische und gerechte Politik unverzichtbar ist. Dies sind einige der Dinge, die mich in den Jahren vor der Veröffentlichung dieses Buches empört haben: die Doktrin des Präventivkriegs; die in Guantánamo zu verzeichnenden Verstöße gegen die Menschenrechte und das Genfer Abkommen; die Folter von Gefangenen im Irak sowie im Rahmen einer Politik sogenannter außerordentlicher Auslieferungen; das Verweisen von Protestkundgebungen anlässlich der öffentlichen Auftritte von Präsident Bush in eine sogenannte »Zone der freien Meinungsäußerung«, fernab der Fernsehkameras; die politische Entscheidung des US-Militärs, keine Statistik über die zivilen Opfer des Irakkriegs zu führen. Empörung wird nicht verschwinden und sollte es auch nicht, doch eine Politik, die sich zu sehr der moralischen Verurteilung verschreibt und darüber vergisst, aufmerksam auf das Geflecht der Handlungsvermögen zu achten, wird wenig Gutes bewirken. Eine moralisierende Politik von Gut und Böse, die nur singuläre Akteure kennt, die für ihre Sünden bezahlen sollen (bin Laden, Saddam Hussein, Bush), nimmt insofern unethischen Charakter an, als sie Rache legitimiert und Gewalt zum Mittel erster Wahl macht. Ein Verständnis der Handlungsfähigkeit als verteilt und auf Bündnissen beruhend erinnert uns an die Notwendigkeit, Ethik von Moralismus abzugrenzen und Handlungsrichtlinien zu formulieren, die einer Welt vitaler, ineinander verschränkter Kräfte angemessen sind.

Diese Aussagen sind anfechtbar, und andere Aktanten, die in andere Gefüge eingebettet sind, werden zu abweichenden Diagnosen des Politischen und seiner Probleme gelangen. Letztlich ist es eine Frage politischen Urteilsvermögens, was heute eher vonnöten ist: Sollten wir den verteilten Charakter der Handlungsfähigkeit anerkennen, um uns der Macht menschlich/nichtmenschlicher Gefüge zu stellen und eine Politik der Schuldzuweisung abzulehnen? Oder sollten wir an einer strategischen Untertreibung der Bedeutung materieller Handlungsfähigkeit festhalten, in der Hoffnung, dadurch einzelne Menschen besser zur Rechenschaft ziehen zu können?

3. Essbare Materie

Es ist keine kontroverse Behauptung, dass Abfall, Apparaturen, Strom und Feuer politisch relevant sind oder dass solche Dinge zwar keine politischen Interesseneigner sind, dafür aber das Milieu menschlichen Handelns bilden und sich den Handelnden als zu gebrauchende Mittel oder als Hindernisse darstellen. Werden die Kategorien des Kontextes, des Mittels und des Zwangs aber dem ganzen Spektrum der Kräfte gerecht, über die nichtmenschliche Körper verfügen? In diesem Kapitel werde ich mich auf eine Untergruppe dieser Körper konzentrieren, nämlich auf die Sorte, die man verspeisen kann. Ich werde Nahrungsmittel als konative Körper auffassen, die neben und innerhalb eines anderen komplexen Körpers (des »eigenen« Körpers der Person) miteinander wetteifern. Den Rollen des Kontextes, des Mittels und des Zwangs (oder auch des Hintergrunds, der Ressource und der Begrenzung) werde ich die des Aktanten hinzufügen. Nahrung wird als Aktant erscheinen, der innerhalb und neben Menschen wirkt, die Absichten formulieren, moralischen Vorgaben gehorchen oder auch nicht, Sprache gebrauchen, über Reflexivität verfügen und Kultur schaffen; außerdem wird sich Nahrung als bedeutende öffentliche Effekte zeitigend erweisen. Das von diesen menschlichen und nichtmenschlichen Körpern gebildete Gefüge können wir als das des »amerikanischen Konsums« bezeichnen und eine seiner Auswirkungen als »Fettleibigkeitskrise«.

Es gibt zwei Gründe, weshalb ich meine, Nahrungsmittel sollten als an diesem Gefüge teilhabend begriffen werden. Zum einen fühle ich mich durch Studien bestätigt, die sich mit den Auswirkungen von Nahrungsfett auf die Stimmung und kognitive Verfassung von Menschen befassen (und nicht etwa nur mit denen auf Körpergröße oder -volumen). Zum anderen wende ich mich den energisch ausgetragenen

Diskussionen über die moralische und politische Wirkmächtigkeit von Ernährungsweisen zu, die im 19. Jahrhundert geführt wurden. In diesem Zusammenhang richte ich mein Augenmerk auf Motive aus den Werken Friedrich Nietzsches und Henry David Thoreaus, denen zufolge die Nahrungsaufnahme eine Reihe von Transformationen beinhaltet, die menschliche und nichtmenschliche Materialien wechselseitig aneinander vornehmen. Schließen möchte ich mit einigen Überlegungen dazu, wie eine erhöhte Aufmerksamkeit für essbare Materie zu einer Theorie vitaler Materialität beitragen kann – einer Theorie, die sich Vorstellungen von Materie als eines »homogenen, unorganisierten und fügsamen Zeugs« widersetzt.[1]

Die Wirkmächtigkeit des Fettes

1917 schrieb der englische Physiologe W. M. Bayliss: »Man kann davon ausgehen, dass jeder aufrichtig bemüht ist, unnötige Nahrungsaufnahme zu vermeiden.«[2] Dieser Annahme scheint in vielen Teilen der entwickelten Welt die Berechtigung abhandengekommen zu sein. In einer kürzlich veröffentlichten Erhebung des Roper-Instituts gaben 70 Prozent der befragten Amerikaner an, sie würden »so ziemlich alles essen, worauf sie Lust haben«, was an einem durchschnittlichen Tag auf 52 Teelöffel Zucker und Süßmittel,[3] mehr als ein halbes Pfund (227 Gramm) Fleisch[4] sowie ein Fünftelpfund (90 Gramm) Butter und Öl hinausläuft.[5] Insgesamt verbrauchen Amerikaner gern zwischen 500 und 800 Kalorien mehr als noch 1950.[6] Das erklärt, weshalb die Körper der Amerikaner größer und schwerer sind als jemals zuvor. Wir stoßen hier auf einen banalen Fall dessen, was Michel Foucault vielleicht die »produktive Kraft« genannt hätte: Sobald Essen aufgenommen wird, sobald es also mit der Hand zusammenwirkt, die es in den Mund einführt, sowie mit den Stoffwechselfunktionen von Darm, Bauchspeicheldrüse und Nieren, außerdem mit kulturellen Praxen körperlicher Betätigung, kann es neues menschliches Gewebe hervorbringen. Im Fall einiger Lebensmittel, etwa Kartoffelchips, mag es angemessen sein, die Handbewegungen als nur teilweise intentional anzusehen, scheinen doch die Chips selbst die Handarbeit hervorzurufen oder zu provozieren und anzutreiben. Chips essen bedeutet, sich in ein Gefüge hineinzubegeben, in dem das Ich nicht unbedingt der entscheidende Akteur ist. Chips stellen die der Roper-Umfrage implizit zugrunde liegende Annahme infrage, bei dem, was Menschen »wollen«, handle es sich um eine persönliche Vorliebe, die gänzlich auf die Menschen selbst zurückgehe.

Essen erweitert den Körperumfang von Menschen: Das ist eine so banale und offenkundige Tatsache, dass es schwerfällt, sie als Beispiel für das Wirken einer nichtmenschlichen Handlungsfähigkeit anzusehen. Die These gewinnt vielleicht an Überzeugungskraft, wenn wir uns die bislang verkannten Vermögen von Nahrungsfetten bewusst machen, etwa die, nicht nur eine quantitative, sondern auch eine qualitative Veränderung herbeizuführen. Mehrere jüngere Studien legen den Schluss nahe, Fett (nicht das Fett in Kartoffelchips, sondern die Omega-3-Fettsäuren in einigen Wildfischen) könne Gefängnisinsassen weniger gewalttätig, Schulkinder konzentrierter und Manisch-Depressive weniger depressionsanfällig machen. Aus einer viel zitierten »placebo-kontrollierten Doppelblindstudie, bei der verglichen wurde, wie viele Disziplinarverstöße Gefängnisinsassen im jungen Erwachsenenalter vor und während der Einnahme von Nahrungsergänzungsmitteln begehen«, geht hervor, dass britische Gefängnisinsassen, denen Omega-3-Fettsäuren verabreicht wurden, weniger Verstöße begingen.[7] Eine ähnlich angelegte Studie zur Wirkung von Fettsäuren auf Kinder mit »Lernschwierigkeiten, Verhaltensstörungen und psychosozialen Anpassungsschwierigkeiten« hat »bedeutende Verbesserungen« mit Bezug auf Schriftkundigkeit, Rechtschreibung und Verhalten konstatiert.[8] Eine Zeitschrift für Neuropsychopharmakologie berichtet, eine einunddreißigjährige Schwangere, die an chronischer Schizophrenie leidet, habe im Anschluss an ihre Teilnahme an einer offenen Studie mit Omega-3-Nahrungsergänzungsmitteln eine »dramatische Verbesserung sowohl ihrer positiven als auch ihrer negativen Schizophrenie-Symptome« erfahren.[9] Die zwischen verschiedenen Ländern zu verzeichnenden

> sechzigfachen Schwankungen in der jährlichen Häufigkeit schwerer Depression weisen eine deutliche umgekehrte Korrelation mit dem landesweiten Fischverbrauch auf. [...] Was die bipolare affektive Störung angeht [...], nimmt die Häufigkeit dieser Erkrankung merklich zu, sobald der mutmaßliche jährliche Fischverbrauch unter die Schwelle von etwa 75 Pfund (34 Kilo) pro Person fällt: Die Häufigkeit beträgt [...] in Taiwan 0,04 Prozent (81,6 Pfund oder 37 Kilo pro Person), in Deutschland 6,5 Prozent (27,6 Pfund oder 12,6 Kilo pro Person). (Amerikaner aßen im Jahr 2000 durchschnittlich ungefähr 15 Pfund oder 6,8 Kilo Fisch pro Person.)[10]

Andere Fette scheinen sich negativ auf die kognitiven Fähigkeiten auszuwirken: Verzehren »Ratten mittleren Alters« hohe Mengen gehärteter Fette, dann schwächt das ihre Gedächtnisleistung und führt zur »Produktion entzündlicher Substanzen im Gehirn«.[11]

Befunde wie diese können stets durch weitere Untersuchungen revidiert werden und lassen sich unterschiedlich auslegen. Dennoch stützen sie die Annahme, dass einzelne Lipide im Menschen bestimmte Stimmungen und affektive Zustände befördern. Dies sollte man sich nicht als mechanische Kausalität vorstellen, und ich will auch keineswegs suggerieren, wir könnten eines Tages eine Ernährungswissenschaft entwickeln, die in der Lage ist zu beweisen, dass bestimmte Fette die Ursache quantifizierbarer und konstanter kognitiver Effekte oder von Verhaltenseffekten sind. Wahrscheinlicher ist, dass hier eine emergente Kausalität am Werk ist: Bestimmte Fette, die in verschiedenen Körpern auf unterschiedliche Weise und selbst innerhalb desselben Körpers zu verschiedenen Zeiten unterschiedlich stark wirken, können ein bestimmtes Muster an Wirkungen hervorrufen, allerdings nicht auf restlos prognostizierbare Weise. Das liegt daran, dass eine geringe Veränderung im Komplex von Essen und Esser die Charakteristik und die Wirkungsweise des Essens auf bedeutende Weise verändern kann.[12] Das Gefüge, an dem Menschen und Fette teilhaben, sollte man sich als nichtlineares System vorstellen:

> In einem linearen System entspricht die kombinierte Wirkung zweier unterschiedlicher Ursachen lediglich der [Summe] [...] der einen und der anderen Ursache. In einem nichtlinearen System können sich aber daraus, dass zu einer bereits vorhandenen Ursache eine weitere, auch geringfügige, hinzukommt, dramatische Wirkungen ergeben, die zum Maßstab der hinzugekommenen Ursache in keinem Verhältnis stehen.[13]

In nichtlinearen Gefügen agieren »Wirkungen« mit und gegen ihre »Ursachen«, sodass sich die Zugabe eines weiteren Faktors (Omega-3-Fettsäuren), oder auch einer Reihe von Faktoren (fischreiche Ernährungsweise), nicht auf den ersten Blick einschätzen lässt. Die Wirkungsweise des hinzugefügten Faktors, beziehungsweise der Faktoren, »gibt sich nur allmählich zu erkennen, wenn sich das Gefüge durch die wechselseitige Anpassung seiner heterogenen Komponenten stabilisiert«.[14]

Ein bestimmtes Element kann in einem Gefüge durch Zufall so günstig platziert sein, dass seine Macht, die Ausrichtung oder Funktion des Ganzen zu verändern, ungewöhnlich ausgeprägt ist. Wie im ersten Kapitel vermerkt bezeichnen Gilles Deleuze und Félix Guattari ein solches besonders wirkmächtiges Element als »Operator«. Als Beispiel nennen sie den Grashalm, den ein Fink sowohl zum Nestbau als auch für seinen Balztanz verwendet. Dieser Grashalm »wirkt als eine Komponente des Übergangs von einem territorialen Gefüge zum Gefüge des Werbens. [...] Der Grashalm ist eine deterritorialisierte Komponente [...]. Er ist weder ein Archaismus noch ein Partial- oder Übergangsobjekt. Er ist ein Operator, ein Vektor. Er ist ein *Gefüge-Konverter.*«[15]

Ein bestimmter essbarer Gegenstand kann ebenfalls als »Gefüge-Konverter« wirken: eine Vorstellung, die dem gleicht, was Michel Serres als »thermischen Erreger« bezeichnet. Serres zufolge bewirkt ein thermischer Erreger keine revolutionäre Transformation des Gefüges, in das er sich einfügt. Vielmehr

> bringt er es dazu, seinen Zustand in kleinen Schritten zu verändern. Er bringt ein Gefälle hinein. Er bringt das Gleichgewicht oder die Energieverteilung des Systems zum Fluktuieren. Er dopt es. Er irritiert es. Er entzündet es. Oft hat dies Gefälle keine Wirkung. Es kann Wirkungen hervorrufen – und durch Verkettung oder Reproduktion sogar gewaltige.[16]

Die Wirkmächtigkeit nichtmenschlichen Fetts ernst zu nehmen beinhaltet also nicht nur, die eigenen Vorstellungen darüber, was einen Akteur ausmacht, zu revidieren; man muss die Aufmerksamkeit auch weniger auf Individuen und mehr auf Aktanten innerhalb von Gefügen richten. Das Problem der Fettleibigkeit würde dann nicht nur auf stämmige Menschen und ihre ökonomisch-kulturellen Prothesen verweisen (die Agrarindustrie, Imbissautomaten, Insulinspritzen, Adipositaschirurgie, Portionsgrößen, Lebensmittelvermarktungs- und -vertriebssysteme, Mikrowellenherde), sondern auch auf die Tendenzen und Entwicklungsverläufe von Fetten, die das Vermögen des menschlichen Willens sowie menschlicher Gewohnheiten und Ideen schwächen oder stärken können.

Nietzsche, Krieger-Kost und Wagner'sche Musik

Die meisten Belege für die aktive Kraft von Nahrung (ein Potenzial, das aktiviert wird, sobald das Lebensmittel mit einer kraftsteigernden Reihe weiterer vitaler Materialitäten zusammentrifft) stammen, wie im Fall der oben zitierten Studien, aus den Naturwissenschaften und insbesondere aus der Biologie. Wenn die Sozial- und Geisteswissenschaften Ernährungsfragen aufgreifen, dann neigen sie dazu, sich auf menschliche Handlungen zu konzentrieren, etwa auf die soziokulturellen Rituale, mittels derer bedeutsame essbare Gegenstände produziert werden, die Rhetorik kulinarischen Selbstausdrucks oder die ästhetisch-kommerziellen Techniken, durch die der Wunsch nach einem neuen Lebensmittelprodukt geweckt wird. Abgesehen von Kochbuchautoren oder Restaurantkritikern, die auf Farbe, Beschaffenheit und Aroma der Zutaten eingehen, würdigen Autoren von Schriften über das Essen nur selten die Kraft der Materialität. Wie David Goodman in seiner Kritik soziologischer Studien zur Ernährungswirtschaft schreibt, wird Nahrung nur sehr selten als »ontologisch real und als aktive, lebhafte Präsenz« anerkannt.[17]

Im 19. Jahrhundert war es jedoch recht einfach, Philosophen zu finden, die an die Macht des Essens glaubten, die Verfassung von Personen und Nationen zu prägen. Diese Denker untersuchten die gelebte Erfahrung der Nahrungsaufnahme und entdeckten eine tiefgreifende Wechselseitigkeit im Verhältnis von Essen und Esser. Nietzsche behauptete etwa (ohne dabei auf randomisierte Doppelblindstudien zurückgreifen zu können), psychologische, kognitive, ästhetische und moralische Eigenschaften würden durch die eingenommene Nahrung beeinflusst und verändert. Er verwies auf »[eine falsche] Diät (Alkoholismus des Mittelalters; der Unsinn der Vegetarians [...])« als eine Quelle der »tiefe[n] Depression, [der] bleierne[n] Ermüdung, [der] schwarze[n] Traurigkeit der Physiologisch-Gehemmten«.[18] Er glaubte: »Dass [die] Einzelnen [...] anders empfinden und ›schmecken‹, das hat gewöhnlich seinen Grund in einer Absonderlichkeit ihrer Lebensweise, Ernährung, Verdauung, vielleicht in einem Mehr oder Weniger der anorganischen Salze in ihrem Blute und Gehirn [...].«[19] Und er gab diese »Hinweise« aus seiner Moral zum Besten: »Keine Zwischenmahlzeiten, keinen Café: Café verdüstert. [...] Thee sehr nachtheilig und den ganzen Tag ankränkelnd, wenn er nur um einen Grad zu schwach ist.«[20] Die »Saft- und Kraft-[Sprüche]« und »neue[n]

Begierden« des Zarathustra speisten sich nicht aus »Bläh-Gemüse«, sondern aus einer (nicht näher bezeichneten) »Krieger-Kost«, einer »Eroberer-Kost«.[21] (Womöglich rohes Fleisch?)

In diesen Zitaten wendet sich Nietzsche einer Art von materiellem Handlungsvermögen zu, das nicht nur Suchtmitteln wie Alkohol und Koffein, sondern allen Lebensmitteln eignet. In dem Bild, das sich aus Nietzsches verstreuten Bemerkungen zu Lebensmitteln ergibt, erscheint essbare Materie als mächtiger Akteur: als Stoff, der die menschliche Materie verändert, mit der er in Berührung kommt. (Hier besteht möglicherweise ein Bezug zum spinozistischen Schema konativer Körper, die miteinander interagieren müssen, wenn ihre Macht gesteigert werden soll.)

Die Wirkmächtigkeit eines Lebensmittels variiert, so Nietzsche, je nachdem, welche anderen Lebensmittel die Diät enthält, wie der spezifische menschliche Körper beschaffen ist, der diese Lebensmittel aufnimmt, und in welcher Kultur oder Nation die Diät befolgt wird. So äußert sich Nietzsche beispielsweise zu einem seinerzeit populären Ernährungsratgeber, Luigi Cornaros *La vita sobria* (»Kunst des maßvollen Lebens«). Cornaro (1464–1566) wurde 102 Jahre alt, indem er täglich nur zwölf Unzen feste Kost (»Brot, Eidotter, Fleisch und Suppe«)[22] sowie vierzehn Unzen Wein zu sich nahm (»denn die veränderten und zubereiteten Wasser sind mir nicht bekömmlich«).[23] Nietzsche beklagt, dass Cornaro zwar »seine schmale Diät als Recept zu einem langen und glücklichen Leben – auch tugendhaften – anräth«, eine solche Diät aber nur die Vitalität bestimmter Körper befördern könne. Es gibt keine für alle Menschen richtige Diät, so Nietzsche. Für jemanden der, wie Cornaro, eine »ausserordentliche Langsamkeit des Stoffwechsels« aufweist, wird sich kärgliche Kost günstig auswirken, doch: »Ein Gelehrter unsrer Tage, mit seinem rapiden Verbrauch an Nervenkraft, würde sich mit dem régime Cornaro's zu Grunde richten.«[24]

Die Wirkmächtigkeit von Lebensmitteln variiert also von einem Körper zum anderen. Noch interessanter an Nietzsches Bemerkungen zu Cornaro ist jedoch der Hinweis, die Wirkmächtigkeit »derselben« Nahrung im »selben« Körper werde im Laufe der Zeit variieren, da einige Aktanten hinzukommen und andere wegfallen. Wenn »Krieger-Kost« Krieger hervorbringen soll, dann muss sie sich mit einem ganzen Heer weiterer Aktanten verbünden. In seinen Erörterungen zur Verbreitung des Antisemitismus im Bismarck'schen Deutschland verweist Nietzsche auf die Handlungsfähigkeit des Gefüges aus Essen, Personen, Klang und Nation: Er nennt Bier als ursächlich wirksam, allerdings Bier als Bestandteil einer Diät, die außerdem aus »Zeitungen, Politik [...] und Wagnerischer Musik« besteht.[25] Ähnlich bestimmt er die »Vermeidung des Fleisches« als Quelle des Ressentiments im Priester; dies gelte allerdings nur, wenn der katholische Vegetarismus auf eine spezifische Reihe weiterer Akteure treffe, das heißt nur, wenn blähendes Gemüse mit »Fasten, [...] geschlechtliche[r] Enthaltsamkeit, [...] Flucht ›in die Wüste‹« und der »ganze[n] sinnenfeindliche[n], faul- und raffinirtmachende[n] Metaphysik der Priester« zusammenwirkt.[26]

Nietzsche vertritt die Ansicht, die Macht eines Lebensmittels entfalte sich in der Gegenwart der Materialität bestimmter Zeitungen, Wagner'scher Musik sowie asketischer Körperpraktiken; diese entsprechen alle dem, was Donna Haraway als »materiell-semiotische Akteure« bezeichnet.[27] Die Diätwissenschaft muss sich also nicht nur damit befassen, wie Lebensmittel mit anderen Körpern, etwa Verdauungssäften oder Mikroorganismen, zusammenwirken, sondern auch damit, wie sie mit jenen Intensitäten interagieren, die oft als Wahrnehmung, Glaube und Gedächtnis bezeichnet werden. Nietzsche warnt davor, sich Letztere als »höhere« Formen vorzustellen: »Ernährung, Ort, Clima [...] sind über alle Begriffe hinaus wichtiger als Alles, was man bisher wichtig nahm«, wichtiger etwa als »›Gott‹, ›Seele‹, ›Tugend‹, ›Sünde‹, ›Jenseits‹, ›Wahrheit‹, ›ewiges Leben‹«.[28]

Wie eine russische Matroschkapuppe enthält jedes Gefüge eine Reihe weiterer, stetig kleiner werdender Gefüge: funktionale Gruppierungen von Aktanten innerhalb von umfassenderen, komplexeren

Ansammlungen. In einem gewissen Sinn hat sich Nietzsche die Gefüge der Ernährung aber auch als Urheber von berechenbaren und nicht etwa nur von emergenten Ergebnissen vorgestellt – von Ergebnissen also, deren Vorhersagbarkeit zunimmt, je mehr man über detaillierte, auf dem neuesten Stand befindliche und umfassende Kenntnisse des Gesamtsystems verfügt. Nietzsche neigte dazu, in ein mechanistisches Schema der Physiologie zurückzufallen. Ich frage mich, ob die Annahme eines zuverlässig arbeitenden Mechanismus nicht eine notwendige Illusion ist: eine, auf die man nicht verzichten kann, sofern man ein durchdachtes Ernährungsregime befolgen will: einen Aktionsplan, in dem einige Körperteile (das Auge, der Wille) anderen (Glieder, Mund, Finger) Befehle erteilen, was und wie viel sie einnehmen sollen.

Thoreau, totes Fleisch und Beeren

Indem er über den Zusammenhang von Essen, Trinken, menschlicher Verdauung, Stoffwechsel und gedanklicher Intensität nachdachte, ging Nietzsche an die Ausarbeitung eines Programms kunstvoller Ernährung. Am fernen Ufer des Atlantik war Thoreau mit seinem eigenen Ernährungsregime beschäftigt, das er entworfen hatte, um eine andere Reihe von Wirkungen zu zeitigen. Beide Experimentatoren waren bestrebt, Geist und Körper durch die vitalen, aktiven Kräfte der Nahrung zu befördern. Nietzsche lehnte Gemüse ab, wenn es sich mit asketischen Praktiken und priesterlichem Ressentiment verband. Gemüse konnte gefährlich sein. Thoreau behauptete ebenfalls eine pflanzliche Vitalität, verortete sie allerdings in einem anderen Gefüge, dessen Wirkung auf seinen Körper nicht die von Nietzsche beschriebene war, sondern in gesteigerter Wachheit und ausgeprägterer Widerstandskraft gegenüber den Pathogenen gesellschaftlicher Konventionen bestand.

Eines Nachts, mit seinen »auf einem Faden aufgereihten Fischen« nach Hause wandernd, erblickt Thoreau ein Murmeltier:

> Es war schon ganz dunkel, ich bemerkte aber noch eben, wie ein Murmeltier sich über meinen Weg stahl. Eine seltsame, wilde Freude durchschauerte mich, und beinahe hätte ich es gepackt und roh verzehrt; nicht daß ich hungrig gewesen wäre; nur diese Wildheit, die sich in ihm verkörperte, tat es mir an.[29]

Hungrig nach dem Wilden versucht Thoreau zunächst, das Murmeltier zu verschlingen, um sich dessen Vitalität anzueignen. Dann hält er jedoch inne, um sich zu fragen: Wie kann es zu einem solchen Transfer kommen? Nachdem er jahrelang materielle Körper verzehrt hat, fragt er sich nun, wie die Nahrungsaufnahme genau funktioniert. Was geschieht tatsächlich, wenn sich diese Körper mit meinem verbinden? Walt Whitman sollte später eine ähnliche Überlegung anstellen, als er in *Grashalme* schrieb: »Wer geht da? Gierig, grob, mystisch, nackt; / Wie kommt es, daß ich Stärke ziehe aus dem Rindfleisch, das ich esse?«[30] Thoreau gelangte zu dem Ergebnis, der Verzehr wilden Fleisches bewirke tatsächlich keine Steigerung seiner eigenen Vitalität, sondern vielmehr die Abtötung – die Verwesung – seiner Vorstellungskraft.

Den ersten diesbezüglichen Warnhinweis erhielt Thoreau von seinem Bauch: Von Jahr zu Jahr sagt ihm Fisch körperlich weniger zu. Schließlich stellte er den Verzehr »tierischer Nahrung« (sowie von Tee und Kaffee) gänzlich ein, unter dem Eindruck, es sei »mit aller Fleischnahrung eine recht unreinliche Sache«.[31] Aus der unwiderstehlichen Wildheit eines lebhaften Murmeltiers wird die abstoßende Unreinheit (im Sinne von schmutzig, schleimig, klebrig) von dessen Kadaver. Thoreau schreibt:

> Der Haupteinwand gegen die Fleischkost war in meinem Fall die damit verknüpfte Unreinlichkeit. Außerdem fühlte ich mich nicht recht gesättigt, wenn ich meine Fische gefangen, gesäubert, gekocht und verzehrt hatte. Es war etwas Unbedeutendes, Unwichtiges gewesen, das mehr kostete, als es wert war. Ein wenig Brot und

ein paar Kartoffeln hätten es auch getan und weniger Müll und Schmutz verursacht.[32]

Es geht dabei jedoch um mehr als nur um Hygiene: »Ich glaube, daß jeder Mensch, dem ernstlich daran liegt, sich seine höheren oder dichterischen Fähigkeiten lebendig zu bewahren, sich der Fleischkost und zu reichlicher Nahrung zu enthalten geneigt ist.«[33]

Man könnte in Thoreaus Ekel vor Fleisch eine platonische Abneigung gegen das sehen, was der Veränderung unterliegt: eine gewisse Bevorzugung der ewigen Ideen gegenüber der vergänglichen Materie. Dem widerspricht allerdings sein Lob anderer Lebensmittel, die nicht weniger vergänglich oder für Verwesung anfällig und auch nicht weniger materiell sind als tierisches Fett, die sich auf ihn aber positiv auswirken. Er meidet es, den zähflüssigen Schleim verwesender Tierkadaver zu verzehren, lobt aber Lebensmittel, die sein eigenes Fleisch beleben und seine Vorstellungskraft verfeinern. Dazu gehören etwa »ein paar Kartoffeln oder etwas Brot«, vor allem aber Beeren: »kleine Dinge sind nicht klein, sondern fein: ein paar Heidelbeeren«.[34] Thoreau ist »aufs äußerste ergriffen«, als er merkt, dass »ein paar Beeren, die ich am Abhang eines Hügels verzehrt hatte, meinem Geiste zur Nahrung dienten«.[35]

Thoreau ist bestrebt, sich mit einer Reihe teils fester, teils zarter Körper zu verbinden, die seinen eigenen Körper feiner, schlanker und scharfsichtiger machen – besser befähigt, die Kraft der Dinge zu erspüren. Er entdeckt beispielsweise, dass das Potenzial der Beeren in unterschiedlichem Ausmaß verwirklicht ist: Die Heidelbeeren und Blaubeeren, die auf dem Markt verkauft werden, halten dem Vergleich mit denen, die er auf dem Fair Haven Hill unmittelbar vom Busch pflückt, nicht stand, denn

> [v]on dem eigentlichen Aroma der Früchte wissen weder die Marktleute noch die Käufer etwas. [...] Es ist jedenfalls ein Irrtum, anzunehmen, daß jemand wisse, wie Heidelbeeren schmecken, der

> sie nicht selbst gepflückt hat. [...] Der ambrosische und wesentliche Gehalt der Frucht geht mit dem Flaum, der sich im Marktkarren abreibt, verloren, sie ist dann nur noch Futter.[36]

Wir würden heute vielleicht sagen, die Beeren in unserem industriell verarbeiteten Frühstücksgebäck schmecken anders als ihr Pendant aus der Wildnis oder dass industriell verarbeiteter Käse und steril filtrierter Wein durch ihre Zubereitung passiver, weniger vital und schlichtweg langweiliger werden als ihre nicht pasteurisierten und unfiltrierten Gegenstücke.[37]

Die hungrige Seele

Für Nietzsche und Thoreau ist der Verzehr von Lebensmitteln keine Einbahnstraße, sondern eine Begegnung menschlicher und nichtmenschlicher Körper. Tee, Kaffee, Gemüse, Bier, Musik, Beeren, Fisch, ein Murmeltier, Thoreaus schlanker und Nietzsches kränklicher Körper – sie verfügen alle über eine Art vitaler Kraft. Das kontrastiert deutlich mit dem Bild der Nahrungsaufnahme, das Leon Kass entwirft. In seinem populären Buch *The Hungry Soul: Eating and the Perfecting of Our Nature* (»Die hungrige Seele: Ernährung und die Vervollkommnung unserer Natur«) vertritt Kass die These, der alltägliche Akt der Nahrungsaufnahme offenbare etwas über die Ordnung der Schöpfung: Es zeige sich darin eine natürliche Hierarchie der Körper, wobei die Materie ihren Platz ganz unten habe, Organismen mittig angesiedelt seien und der Mensch ganz oben stehe.

Kass beginnt mit der Aussage: »Wir werden nicht zu jenem Etwas, das wir essen. Vielmehr wird das Essbare dem eingegliedert, was wir sind. [...] Der essbare Gegenstand wird durch den Essenden vollständig verwandelt, in ihn hineintransformiert.«[38] Wie kann es sein, dass ein menschlicher Körper, der ja selbst essbare Materie ist, so vollständig über alle übrigen Körper triumphiert? Kass zufolge rührt dieser ausgesprochene Machtvorteil daher, dass es sich beim menschlichen Körper um einen Organismus handelt (obgleich das, wie wir gleich noch sehen werden, die Sache nicht zur Gänze erklärt). Organismen definiert Kass als materielle Körper, denen ein immaterieller Zusatz innewohnt, nämlich »Leben«. »Leben« sei eine Kraft, die sich qualitativ von den rein mechanischen Vorgängen der Materie unterscheide: Es sei »nicht das Ergebnis des Stoffwechsels, sondern dessen Ursache, denn der über die Nahrungsaufnahme gesicherte Fortbestand ist eine Leistung des Organismus als eines organisierten Ganzen und nicht etwa nur seiner Materialien«.[39] Alle Organismen, nicht nur der Mensch, seien von einer Lebenskraft beseelt, und so hätten alle Organismen auch die Macht, anorganischer Materie oder totem Fleisch »Form« zu verleihen. Diese rätselhafte Kraft namens »Leben« erlaube es, »den essbaren Gegenstand [...] vollständig in den Esser zu transformieren«.

Der menschliche Organismus sei, so Kass weiter, besonders großzügig mit dieser Lebenskraft versehen worden. Er sei sozusagen besonders lebendig, da er, als höchster der von Gott entworfenen Organismen, über eine »Seele« verfüge. Als beseelter Organismus vermöge er, »vom höchsten Punkt der Spirale aus auf die Gesamtheit der Welt sowie auf seinen eigenen sonderbaren Aufstieg hinabblickend«, beispielsweise »jene Formen zu bejahen, die seine Nahrungsaufnahme heiligen«.[40]

Kass vertritt eine emphatische Variante der Dichotomie von organischem Leben und anorganischer Materie. Er bekräftigt inbrünstig die Existenz einer immateriellen Lebenskraft, die die bloße Materie in Bewegung versetze, und zelebriert die Einzigartigkeit der menschlichen Variante dieser Lebenskraft, die Seele. Damit bekennt er sich zu einer Art Vitalismus. Als Evangelikaler formuliert Kass in *The Hungry Soul* Aussagen von besonderer Klarheit, Kühnheit und Unverfrorenheit. Dadurch hilft er uns, die milderen und nuancierteren Versionen vitalistischer Aussagen zu erkennen, die innerhalb unserer Kultur weiter verbreitet sind. Ich werde im fünften und im sechsten Kapitel auf den Vitalismus zurückkommen. Dort werde ich mich mit den Varianten dieses Ansatzes auseinandersetzen, die Immanuel Kant,

Hans Driesch und Henri Bergson vertreten haben, um diese Vitalismen dann mit einer Theorie der Materialität zu konfrontieren, die diese selbst als aktive, lebhafte Kraft begreift.

Kass legt ein Modell menschlicher Ernährung vor, das am Konzept der Eroberung orientiert ist. Die verzehrten Tierkörper, Pflanzen, Bakterien, Metalle, synthetischen Hormone und Spurenelemente, das Dioxin und die übrigen industriellen Abfallprodukte werden als inaktive, formbare Materialien aufgefasst, die menschlicher Verwendung harren. Thoreau, Nietzsche und die jüngeren Studien zu Omega-3-Fettsäuren und gehärteten Fetten stellen dieses Modell und seine zentrale Form/Materie-Dichotomie infrage. Sie richten die Aufmerksamkeit auf eine den Lebensmitteln innewohnende produktive Kraft, die es essbarer Materie erlaubt, die Vorstellungskraft abzustumpfen oder zu verfeinern und das Temperament eines Menschen für Ressentiment, Depression, Hyperaktivität, Stumpfheit oder gewaltsames Verhalten mehr oder weniger anfällig zu machen. Nahrungsaufnahme wird als die Herausbildung eines Gefüges aus menschlichen und nichtmenschlichen Elementen erfahren, die sämtlich über ein gewisses Handlungsvermögen verfügen. Dieses Vermögen beinhaltet die negative Macht, menschlichen Vorhaben entgegenzuwirken oder sie zu behindern, aber auch die aktivere Fähigkeit, zu affizieren und Wirkungen zu zeitigen. In diesem Modell der Nahrungsaufnahme erneuern menschliche und nichtmenschliche Körper im Austausch miteinander ihre jeweilige Körperlichkeit; sie verfügen jeweils über gestalterische Kraft und erscheinen zugleich als zu bearbeitende Materie. Die Nahrungsaufnahme stellt sich somit als Reihe wechselseitiger Transformationen dar, die die Grenze zwischen Innen und Außen verwischen: Meine Mahlzeit ist zugleich meine und nicht meine; du bist das, was du isst, und bist es zugleich nicht.

Vagabundierende Materie

Wenn das Gegessene zu Essen werden soll, dann muss es für die Außen-Seite, in die es sich begibt, verdaulich sein. Ebenso muss sich der

Esser, wenn er genährt werden soll, der verinnerlichten Außen-Seite anpassen. In der Begegnung, die die Nahrungsaufnahme darstellt, erweisen sich sämtliche Körper als vorübergehende Gerinnung einer Materialität, die ein Prozess des Werdens, eine Betriebsamkeit und ein Fließen ist, interpunktiert durch Ablagerung und Substanz. Emma Roes Phänomenologie britischer Ernährungspraktiken unterstreicht, wie Essen um die Schwelle herumtänzelt, jenseits derer es als eigenständige Entität gilt. Wird eine Möhre zuerst in den Mund eingeführt, ist sie eine vollgültige Entität, mit einem charakteristischen Geschmack, einer Farbe, einem Geruch und einer bestimmten Konsistenz; ist die Möhre aber einmal geschluckt worden, verliert sie allmählich ihre Konsistenz. Würde man sie über eine winzige, in den Verdauungstrakt eingeführte Kamera weiter beobachten, dann vermöchte man Möhre und Esser nicht mehr zu unterscheiden.[41] Auch Maud Ellman beschreibt das vielfache Kommen und Gehen des Essens:

> Die Zersetzung [des Essens] im Magen, seine Assimilierung im Blut, seine Diaphorese in der Epidermis und seine Metempsychose im Dickdarm; seine Zähflüssigkeit im Fall von Okraschoten, Gumbo, Austern; seine Elastizität als Gelee und sein Wegschmelzen als Pudding; sein Anschwellen im Rachen von Schlangen, seine langsame Abtragung im Bauch von Haifischen; seine Odysseen durch Weideland, Obstplantagen, Weizenfelder, Viehhöfe, Supermärkte, Küchen, Schweinebottiche, Müllhalden, Entsorgungsanlagen; die Industrien, die damit beschäftigt sind, es zu säen, zu jagen, zu kochen und zu mahlen, zu verarbeiten und in Büchsen einzulegen; die Zauberei seiner Mutationen und die Art, wie es sich beim Brotbacken aufbläht, bei der Zubereitung eines Soufflés zusammenfällt; roh und gekocht, fest und schmelzend, pflanzlich und mineralisch, Fisch, Fleisch und Geflügel, das ganze Kompendium lebendiger Substanz umfassend.[42]

Kurzum: Lebensmittel offenbaren das, was Deleuze und Guattari als eine gewisse »vagabundierende« Qualität der Materialität bezeichnet haben, eine Tendenz zur fortlaufenden Variation, die in »all den Erzählungen über Materie und Form« ausgespart bleibt.[43] Die Tätigkeit der Verstoffwechselung, bei der sich Außen und Innen vermengen und neu verbinden, lässt die Vorstellung einer vitalen Materialität plausibler erscheinen. Sie offenbart die Betriebsamkeit unterhalb und innerhalb formierter Körper und widerspenstiger Dinge: eine Vitalität, die von unserer Denkgewohnheit, die Welt in anorganische Materie und organisches Leben zu unterteilen, verschleiert wird.

Essen und Materie: Warum Essen von Bedeutung ist

Mein abschließendes Beispiel raffinierten Verbrauchs ist die Slow-Food-Bewegung, die 1986 in Italien gegründet wurde, um gegen die McDonaldisierung, die ökologische Unhaltbarkeit und den Petrozentrismus des globalen Systems der Produktion, Vermarktung und Auslieferung von Essen anzutreten. Ihrem Manifest zufolge verschreibt sich die Slow-Food-Bewegung

> dem Hüten des Bodens und einer ökologisch vernünftigen Lebensmittelproduktion; der Wiederentdeckung von Küche und Esstisch als Zentren des Genusses, der Kultur und der Gemeinschaft; der Förderung und Verbreitung regionaler, saisonaler kulinarischer Traditionen; der Schaffung einer auf Zusammenarbeit beruhenden, ökologisch ausgerichteten und rechtschaffenen Globalisierung sowie der Kultivierung eines langsameren und harmonischeren Lebensrhythmus.[44]

Was diese Bewegung auszeichnet und ihr erlauben könnte, zu einem besonders mächtigen Gefüge zu werden, ist ihre Eigenschaft, sowohl die »Körnerfresser« als auch die »Gourmets« anzusprechen.

Sie zelebriert, gleichsam auf einen Schlag, ökologische Nachhaltigkeit, kulturelle Eigenart, das Haushalten in Ernährungsfragen, den ästhetischen Genuss und die Kunstfertigkeit, die es erfordert, eine Mahlzeit ohne Fertigprodukte zuzubereiten. Indem sie diese Bilder und Praktiken versammelt, sie zu einem bestimmten Verbund zusammenschließt, könnte es der Slow-Food-Bewegung gelingen, jene Öffentlichkeit neu zu konstituieren, die einmal unter dem Banner des »Umweltbewusstseins« agiert hat. Möglicherweise kann uns der dieser Bewegung eigene Mix von Belangen – schmackhaftes Essen, Energieeinsparung und Liebe zur Erde – aus dem erwecken, was Barbara Kingsolver als unsere »halluzinatorische Massenfantasie« beschreibt,

> der zufolge die Megatonnen an Abfall, die wir in unseren Flüssen und Buchten versenken, das Wasser nicht vergiften, die Kohlenwasserstoffe, die wir in die Luft pumpen, das Klima nicht verändern, Überfischung die Ozeane nicht auszehrt, fossile Brennstoffe niemals ausgehen werden, Kriege, bei denen massenhaft Zivilisten getötet werden, ein angemessenes Mittel sind, um uns zu sichern, was noch übrig bleibt, wir unser Umweltkonto nicht hoffnungslos überzogen haben und eigentlich alles paletti ist.[45]

Das Slow-Food-Programm beinhaltet, sich Zeit zu nehmen nicht nur für die Zubereitung und den Genuss von Essen, sondern auch für ein Nachdenken über die wirtschaftlichen, arbeitsbezogenen, landwirtschaftlichen und logistischen Ereignisse, die dem Eintreffen von Lebensmitteln auf den Märkten vorausgehen. Auf diese Weise bekennt sich das Programm zu einem an Zulieferketten orientierten Ansatz, der die »Lebensgeschichte« von Nahrungsmitteln verfolgt und den »Verbindungen zwischen Menschen und Orten entlang der Ketten« nachspürt.[46] Eine solche Praxis bietet Verbrauchern einen genaueren Einblick in das, was auf ihren Gaumen vorgeht: nicht nur mit Bezug auf Zutaten wie Pestizide, tierische Hormone, Fette, Zucker, Vitamine, Mineralien und dergleichen, sondern auch in Hinblick auf das

Leid der in der Lebensmittelindustrie beschäftigten Arbeiter sowie die Habgier dieser Industrie und ihrer parlamentarischen Handlanger.[47] Das Slow-Food-Gefüge ließe sich, wie ich glaube, weiter festigen, wenn es seine Aufmerksamkeit nicht allein auf die Aktivitäten von Menschen richtete. Die Bewegung neigt dazu, Essen als Ressource oder Mittel anzusehen, und schreibt dadurch die Vorstellung fest, bei nichtmenschlicher Materialität handle es sich im Grunde um eine passive Angelegenheit, gänzlich auf der einen Seite einer ontologischen Unterscheidung von Leben und Materie angesiedelt. In dem Ausmaß, in dem wir die Handlungsfähigkeit des Essens anerkennen, richten wir auch unsere persönliche Erfahrung der Nahrungsaufnahme neu aus. Was würde geschehen, wenn die Slow-Food-Bewegung ein ausgeprägteres Bewusstsein der aktiven Vitalität von Lebensmitteln entwickeln würde? Wenn meine These zutrifft, dass die Vorstellung von Materie als träge zu unseren aggressiv verschwenderischen, den Planeten gefährdenden Konsumpraktiken beiträgt, dann könnte das Erfahren von Materialität als lebhafte Kraft mit eigenem Handlungsvermögen die Entstehung einer ökologisch nachhaltigeren Öffentlichkeit befördern.

In Abgrenzung zur Vorstellung, Lebensmittel seien ein Instrument, von dem »Besitz zu ergreifen ist, so sich Leben fortsetzen soll«, habe ich Nahrung hier als eigenständigen Aktanten in einem handlungsmächtigen Gefüge dargestellt, das meinen Stoffwechsel, mein Denken und meine moralischen Empfindungen zu seinen weiteren Bestandteilen zählt. Menschliche Intentionalität ist zweifellos ein bedeutender Faktor in der Öffentlichkeit, die sich in Zusammenhang mit Vorstellungen von Ernährungsweise, Fettleibigkeit und Ernährungssicherheit herausbildet. Sie ist aber weder der einzige Akteur noch zwingend der ausschlaggebende Operator. Das Essen selbst spielt, als sich selbst verwandelnde und zerstreuende Materialität, ebenfalls eine Rolle. Es ist eine der vielen Kräfte, die sich auf die Stimmungen, kognitiven Ausrichtungen und moralischen Empfindungen auswirken, die im Spiel sind, wenn wir uns fragen, was wir essen sollten, wie viel davon und wann es Zeit ist, wieder aufzuhören.

4. Ein Leben des Metalls

In Franz Kafkas Erzählung »Ein Bericht für eine Akademie« spricht eine stark behaarte, aber weltgewandte Figur namens Rotpeter zu einem gespannt lauschenden menschlichen Publikum:

> Hohe Herren von der Akademie! Sie erweisen mir die Ehre, mich aufzufordern, der Akademie einen Bericht über mein äffisches Vorleben einzureichen. [...] [Mein offenes Wort] soll die Richtlinie zeigen, auf welcher ein gewesener Affe in die Menschenwelt eingedrungen ist und sich dort festgesetzt hat.[1]

Im Zuge eines Programms beschleunigter Evolution ist es Rotpeter gelungen, durch Nachäffung der Menschen Zugang zu deren Lebenswelt zu erhalten: Er hat gelernt, Pfeife zu rauchen und Schnaps zu trinken; begeistert von diesen Errungenschaften und »weil ich nicht anders konnte, weil mir die Sinne rauschten«, hat er »kurz und gut« ein »Hallo!« ausgerufen. Er ist »in Menschenlaut [ausgebrochen]« und »in die Menschengemeinschaft [gesprungen]«, um sogleich deren »Echo« zu vernehmen: »Hört nur, er spricht!«[2]

Rotpeter gibt einen Bericht über sein »Leben« zum Besten. Der Begriff meint hier eine biologische Verfassung, die mit den Möglichkeiten der Empfindung, der Geselligkeit und der Reflexion einhergeht. Ein solches Leben, das macht Kafka deutlich, haben Affen und Menschen gemeinsam, denn der Unterschied zwischen ihnen ist nur der zweier Punkte auf derselben »Linie«. Seit Kafkas Zeit hat sich der Abstand zwischen Mensch und Tier eher noch verringert, sind die Eigenschaften oder Talente, von denen man dachte, sie fänden sich einzig beim Menschen, doch nach und nach auch bei Tieren nachgewiesen worden.[3] Es ist keine so kontroverse Aussage mehr, dass Tiere über ein biosoziales, kommunikatives und selbst begriffliches Leben verfügen. Können aber anorganische Körper ebenfalls ein Leben haben? Kann die Materialität als solche vital sein?

In den vorangegangenen Kapiteln waren mit »Vitalität der Materie« gemeint: der konative Trieb oder die Motilität von einfachen beziehungsweise Proto-Körpern; die Tendenz von Kräften, handlungsfähige Gefüge zu bilden; die Fähigkeit pflanzlicher und tierischer Materie, in den menschlichen Körpern, die sie verzehren, Wirkungen zu zeitigen. In diesem Kapitel richte ich meine Aufmerksamkeit explizit auf die Figur des »Lebens«, um zu ermitteln, wie weit sich diese Figur von ihrer Zuordnung zum Physiologischen und Organischen ablösen lässt. Ist dieser Begriff nur sinnvoll, wenn man ihn als eine Hälfte des Begriffspaars Leben/Materie begreift, oder gibt es so etwas wie mineralisches und metallisches Leben, vielleicht sogar ein Leben des »Es« in der Aussage »Es regnet«? Ich glaube, dass diese Fragen mit Ja zu beantworten sind und dass es gute ökologische und biotechnologische Gründe gibt, sich mit dem derart beschaffenen Leben näher vertraut zu machen.[4]

Ein Leben

In seinem kurzen Aufsatz »Die Immanenz: Ein Leben« entwickelt Gilles Deleuze den Begriff »eines« Lebens. Wie der unbestimmte Artikel andeutet, handelt es sich um eine nicht näher bestimmte Vitalität, einen »reine[n] a-subjektiven Bewußtseinsstrom«.[5] »Ein Leben« gibt sich nur flüchtig zu erkennen, denn es ist »ein reines Ereignis [...], frei [...] von der Subjektivität und Objektivität dessen, was geschieht«.[6] »Ein Leben« ist in jener unheimlichen Nichtzeit angesiedelt, die zwischen den verschiedenen Augenblicken biografischer oder morphologischer Zeit existiert. Wenn es sich ins Bild schiebt, erhaschen wir einen Blick auf das Virtuelle, das Rotpeters Lebenswelt zugrunde liegt. Als ein Beispiel dieser unpersönlichen Vitalität nennt

Deleuze sehr kleine Kinder, die zwar noch keine Individuen, aber dennoch »Singularitäten« sind, insofern als sich jedes von ihnen, entsprechend den zufälligen Umständen seiner Begegnungen, mit genau diesem Lächeln, dieser Geste oder dieser Grimasse äußert. Diese kleinen Wesen »werden von einem immanenten Leben durchdrungen, das reines Vermögen ist und sogar Glückseligkeit [...]. Die Indefiniten eines Lebens.«[7] Die reine Macht eines Lebens kann sich als Seligkeit manifestieren oder als unaussprechliche, blanke Gewalt. Ich möchte vorschlagen, Deleuzes Begriff zu erweitern, um auch die dunkle Seite »eines Lebens« zur Kenntnis zu nehmen. In ihrer ethnografischen Studie zu Menschen, die ihre Existenz nach Erfahrungen »weltvernichtender« Gewalt (etwa nach den Massenmorden im Anschluss an das Attentat auf Indira Gandhi) wieder zusammenzusetzen versuchen, verweist Veena Das auf die »statische, an ein Diabild erinnernde Qualität der [...] Nicht-Erzählungen«, in denen über solche Gewalt berichtet wird. Worte wirken gleichsam »betäubt« oder scheinen »die Verbindung zum Leben verloren zu haben«. Damit ist gemeint, dass ihnen der Bezug zu einer kulturellen Lebenswelt abhandengekommen ist.[8] Könnte es sein, dass solche Aussagen gerade durch diesen Verlust »ein Leben« zum Ausdruck bringen? Dann erschiene »ein Leben« allerdings weniger reizvoll. Die Studie von Das scheint mir darauf hinzuweisen, dass das Hervortreten eines Lebens nicht ausschließlich durch Metaphern des Überflusses und der Vitalität beschrieben werden sollte. Zuweilen wird »ein Leben« weniger als Seligkeit denn als Schrecken erfahren, weniger als Fülle des Virtuellen denn als radikal sinnlose Leere.

»Ein Leben« meint somit eine ruhelose Aktivität, eine destruktiv-kreative Kraft/Präsenz, die nicht vollständig mit einem bestimmten Körper zusammenfällt. »Ein Leben« zerreißt das Geflecht des Aktuellen, ohne sich jemals ganz in einer Person, einem Ort oder einem Ding zu »äußern«. »Ein Leben« verweist auf das, was in *Tausend Plateaus* als »Materie-Bewegung« oder »Materie-Energie« beschrieben wird: eine »Materie in Variation [...], die in die Gefüge einfließt und sie wieder verlässt«.[9] »Ein Leben« ist eine Vitalität, die keinem Individuum, sondern der »reinen Immanenz« angehört, jenem vielgestaltigen Schwarm, der nicht aktuell, aber dennoch real ist: »Ein Leben enthält nur Virtuelles. Es besteht aus Virtualitäten [...].«[10] »Ein Leben« ist »a-subjektiv«: An anderer Stelle beklagt Deleuze die Neigung französischer Romanschriftsteller, »ein Leben« auf etwas »Persönliches« zu reduzieren, wo doch der wirkliche Schriftsteller danach strebe, zu einem »großen Lebenden« zu werden.[11] In diesem Ausspruch hallt der besondere Vitalismus Friedrich Nietzsches nach, wie er beispielsweise in *Der Wille zur Macht* zum Ausdruck kommt:

> Und wißt ihr auch, was mir ›die Welt‹ ist? [...] [E]in Ungeheuer von Kraft [...], eine feste, eherne Größe von Kraft, [...] die sich nicht verbraucht, sondern nur verwandelt [...]. [Ein] Spiel von Kräften und Kraftwellen zugleich eins und vieles [...], ein Meer in sich selbst stürmender und flutender Kräfte, ewig sich wandelnd.[12]

Das tote Gewicht von »Ketten, hart aus Stahl«

In *Der gefesselte Prometheus*, dem Drama von Aischylos, sind die Ketten, die den Helden fesseln, so tot, starr und aktuell, wie »ein Leben« schwingend, flüssig und virtuell ist. Im ersten Bild ruft Kratos (»Macht«) Hephaistos (den Metallurgen) dazu auf, diese Ketten anzulegen:

> An einem fernen Erdstrich sind wir angelangt,
> im Skythenland, in menschenleerer Einsamkeit.
> Hephaistos, du hast jetzt den Auftrag auszuführen,
> den dir der Vater gab, den Übeltäter hier
> am hohen Fels, der steil hinabstürzt, anzuschmieden
> in unlöslichen Banden, Ketten, hart aus Stahl.[13]

Hephaistos, ein Freund des Prometheus, fügt sich Kratos widerwillig, ganz so, wie sich Prometheus dem Metall fügen muss, denn die Kerzen sind in der Tat *adamantinos*: aus dem härtesten Metall, wie Eisen oder Stahl. Der »Übeltäter« kämpft machtvoll gegen sie an, doch sein Fleisch ist dem harten und reglosen Metall und dessen kategorischem Nein nicht gewachsen.

Die Assoziation von Metall mit Passivität oder einem toten Dingsein hält sich: Die »erzene Kette« ist nur eines aus einer langen Reihe literarischer Bilder, zu denen im Laufe der Zeit noch der eiserne Käfig, der stählerne Blick, der eiserne Wille und dergleichen mehr hinzukommen sollten. Wer würde auf die Idee kommen, Metall als Symbol der Vitalität zu gebrauchen? Deleuze und Félix Guattari natürlich: In einem kurzen Abschnitt in *Tausend Plateaus* zur »Nomadologie« verweisen sie auf Metall als Paradebeispiel vitaler Materialität; Metall offenbart dieses rastlose Sprudeln am besten; Metall, strotzend vor Lebendigkeit (der »eines« Lebens), ruft die »wunderbare Idee eines anorganischen Lebens« hervor.[14] Ich folge Deleuze und Guattari darin, mit der »wunderbaren« Idee zu experimentieren, Aktivität sei das »vage Wesen« der Materie.[15] Doch um welche Art von Aktivität handelt es sich genau? Thomas Hobbes bestand vor langer Zeit darauf, Leben sei nichts als Materie in Bewegung: Es gebe seitens der Körper »eine stetige Ortsveränderung, nämlich das Verlassen eines Ortes und das Erreichen eines andern«.[16] Ist dies die »materielle Vitalität«, von der bei Deleuze und Guattari die Rede ist? Nicht ganz, denn Hobbes' Aufmerksamkeit gilt der Tätigkeit geformter Körper, die sich durch den leeren Raum bewegen, wohingegen Deleuze und Guattari das Augenmerk auf eine Aktivität richten, die weder ganz körperlich noch ganz räumlich ist, da ein Körper-im-Raum nur eine ihrer möglichen Modalitäten ist. Von dieser Aktivität macht man sich eher ein Bild, wenn man mit Begriffen wie denen des Flackerns und Schwindens oder auch mit dem einer unbestimmten oder zweckfreien Ungewissheit arbeitet. Diese bebende Vitalität geht formierten Körpern voraus. Sie wirkt in ihnen fort oder ist vielleicht einfach etwas anderes. *Tausend Plateaus* ist voll von Proto- und Nichtkörpern, die zum Leben erwachen und zu sprudeln beginnen: Tier-Werden, der Körper ohne Organe. Diese Proto- und Nichtkörper lassen sich am ehesten in einer spinozistischen Begrifflichkeit beschreiben: als »ein Ensemble von Schnelligkeiten und Langsamkeiten zwischen ungeformten Partikeln [mit der] Individuation eines Tages, einer Jahreszeit, *eines Lebens*«.[17] Dies ist eher die Aktivität von Intensitäten als die von Dingen mit räumlicher Ausdehnung: Es ist die »reine Produktivität« von »virtueller« Materie oder »Materie-Energie«.[18] Deleuze und Guattari schreiben von einem »materiellen Vitalismus, der sicher überall vorhanden ist, aber normalerweise nur verborgen oder verdeckt, unkenntlich gemacht, vom hylemorphischen Modell ausgeschieden«.[19]

Das »hylemorphe« Modell (den Begriff übernehmen Deleuze und Guattari vom französischen Technikphilosophen Gilbert Simondon) ist ein Erklärungsansatz, der Aufschluss darüber geben soll, wie sich Körper verändern oder entwickeln. Diesem Modell zufolge kann eine als passiv, unorganisiert oder roh vorgestellte Materie ihre organische »Form« einzig durch die Wirkung von etwas erhalten, das nicht selbst materiell ist. Das hylemorphe Modell ist somit eine Spielart des Vitalismus: Es wird ein immaterieller Zusatz angenommen, der die Macht hat, aus bloßer Materie verkörpertes Leben zu machen. Leon Kass, dessen Ansichten ich im dritten Kapitel verhandelt habe, hat eine hylemorphe Theorie der Ernährung vorgelegt: Der Stoffwechsel, verstanden als mechanische Bewegung bloßer Materie, vermag das »Leben« des Organismus nicht zu erklären, weil dieses Leben »ein immaterielles ›Etwas‹« voraussetzt, das den Organismus »vereinheitlicht und prägt«.[20] Kass räumt ein, dass diese geistige Kraft »vollständig angewiesen ist auf Materielles« (»Nirgends stößt man auf eine abgelöst vom Löwenleib existierende Form des Löwen«); dennoch verfügt sie über eine Realität, die sowohl vom Leib unabhängig als auch grundlegender und wahrer ist als dieser. So erklärt sich, Kass zufolge, »dass der Organismus fortdauert, obgleich seine materiellen Bestandteile vergehen«.[21] Hylemorphen Ansätzen zufolge muss jegliche »formgebende« Kraft der rohen, mechanischen Materie äußerlich sein. Das Modell kann das Vorhandensein dessen, was John Marks die »impliziten topologischen Formen« innerhalb der Materialität nennt, weder zugeben noch erkennen. Anstatt einfach nur der Tätigkeit externer Akteure passiv Widerstand zu leisten, streben diese topologischen Tendenzen aktiv danach, sich auszudrücken: Sie sind konativ, ohne gänzlich »körperlich« zu sein. Das hylemorphe Modell verkennt, worum Holzarbeiter und Metallurgen längst wissen: Es gibt »variable, intensive Affekte« und »hervortretende Eigenschaften« der Materie, die von »äußeren Formen [lediglich] hervorgekehrt und begünstigt werden können«.[22] Handwerker (aber auch Mechaniker, Köche, Bauarbeiter, Putzkräfte sowie alle anderen Menschen, die mit Dingen eng vertraut sind) kennen keine formgebende Kraft, die sich von der Materie ablösen ließe, sondern sie haben es mit einer kreativen Materialität zu tun, die aufkeimende Tendenzen und Neigungen an den Tag legt; diese können wiederum in unterschiedlichem Ausmaß verwirklicht werden, je nachdem, mit welchen anderen Kräften, Affekten oder Körpern sie in engen Kontakt treten.

Um es zusammenzufassen: Wenn Deleuze und Guattari von materieller Vitalität sprechen, wollen sie nicht einfach auf eine »Hobbes'sche« Bewegung von Körpern im Raum aufmerksam machen. Sie stellen auch nicht die vertraute Beobachtung zur Geschichtlichkeit der Gegenstände an, also zur Art und Weise, auf die sich Form und Bedeutung der Dinge ändern, wenn diese Dinge altern und sich von einem gesellschaftlichen Ganzen ablösen oder neue Beziehungen zu neuen Dingen eingehen. (Dem geht die anthropologische, soziologische und wissenschaftstheoretische Tradition der Erforschung des »gesellschaftlichen Lebens der Dinge« nach.) Deleuze und Guattari fassen etwas anderes ins Auge: ein rastloses Überschäumen, das jeder räumlichen Anordnung vorangeht und sie überdauert: die besondere »Motilität« einer Intensität. Oder auch das, was nichtrepräsentative Ansätze verfolgende Geografen wie Alan Latham und Derek McCormack als die »prozesshaft emergente« Qualität von Materie-Energie bezeichnen. Der Philosoph Brian Massumi nennt es die »pressierende Menge von Aufkeimendem und Tendenzen«, das die Materie sei.[23] Es geht darum, an der stählernen Kette zu rütteln, die Materialität und träge Substanz aneinandergefesselt, aber Organisches und Anorganisches wie durch eine Kluft getrennt hat. Es geht darum, die schwer fassbare Idee einer Materialität zu formulieren, die selbst heterogen, ein Intensitätsgefälle, »ein Leben« ist. In diesem eigenartigen, vitalen Materialismus gibt es keinen Punkt vollkommener Ruhe, kein unteilbares Atom, das nicht selbst vor virtueller Kraft bebt.

Michel Foucault war womöglich auch bemüht, diese Art von Aktivität zu benennen, als er von einer »unkörperlichen« Dimension der Körper sprach: einer bebenden Spannung, die sich innerhalb eines an Körpern-im-Raum orientierten philosophischen Begriffsrahmens nicht darstellen lasse und so lange undenkbar bleibe, wie Materie bloß als räumliche Ausdehnung verstanden werde. In seiner Schrift »Theatrum Philosophicum« führt Foucault die Idee einer »unkörperlichen Materialität« ein, indem er an die epikureische Idee der Simulakren erinnert, also an jene nur eine Lage dicken Atomschichten, die beständig aus den dickeren und schwerfälligeren, zusammengesetzten Körpern der Dinge ausgeschieden werden. Diese dünnen Häute sind es, die die menschliche Wahrnehmung stimulieren, nicht der volle, dreidimensionale Gegenstand. Es sind die mobilen, schwebenden Atomschichten, die auf unseren Wahrnehmungsapparat treffen, um auf die Gegenwart eines Außen hinzuweisen. Simulakren, sagt Foucault, sind eine merkwürdige Art von Materie: Sie sind ganz Oberfläche, ohne Tiefe, »Ströme«, die »wie Nebelfetzen aufsteigen«.[24] Foucault bezeichnet dies als unkörperliche Materialität, weil es sich nicht ganz um einen für sich allein stehenden Körper, einen substanziellen *corpus* handelt. Aber auch, weil diese mobile Aktivität der materiellen Welt immanent, eben Materialität bleibt.[25] Wie wären solche ontologischen Vorstellungen mit dem in Einklang zu bringen, was uns alltäglich als stabile Körper begegnet? Hier kann sich die vitale Materialistin auf eine Art Relativitätstheorie berufen: Die Steine, Tische, Technologien, Wörter und essbaren Gegenstände, die uns als feststehend begegnen, sind tatsächlich bewegliche, innerlich heterogene Materialien, deren Bewegungsgeschwindigkeiten und Tempi der Veränderung gering sind im Vergleich zur Dauer und zum Tempo der menschlichen Körper, die an ihnen teilnehmen und sie wahrnehmen. »Gegenstände« erscheinen uns als solche, weil sich ihr Werden in einem Tempo oder auf einer Ebene vollzieht, die unterhalb der Schwelle menschlicher Wahrnehmung liegt. Es ist schwierig, eine Materialität zu denken, die sich nicht auf räumliche Ausdehnung reduzieren lässt, schwierig, sich an die Vorstellung des Inkorporellen, das heißt eines Intensitätsgefälles zu gewöhnen. Das liegt daran, dass Menschen, um leben zu können, die Welt reduktiv als Serie stillgestellter Gegenstände interpretieren müssen – ein Bedürfnis, das in der rhetorischen Funktion zum Ausdruck kommt, die dem Wort »Material« erteilt wird. Das Substantiv »Material« bezeichnet wie das Adjektiv »materiell« etwas Stabiles, eine letztgültige Realität, etwas Stählernes. Sich auf »materielle Interessen« zu beziehen bedeutet beispielsweise, sich selbst als Realisten zu positionieren und von denen abzugrenzen, die nur leere Abstraktionen und naive Hoffnungen im Angebot haben.[26] Der historische Materialismus beruht ebenfalls auf diesem Topos des Stillgestellten: Ben Anderson verweist auf eine lange »Tradition strukturalistischer und historisch-materialistischer Arbeiten, die ›das Materielle‹ als grundlegenden, prä-diskursiven Raum auffassen, der dem Bereich der Kultur vorgeordnet ist und diesen ›in letzter Instanz‹ bestimmt«.[27]

Ein Leben des Metalls

Aischylos hat die Ketten des Prometheus als fixierte Materie dargestellt. Die Ketten sind stark, weil ihr Metall gleichförmig und homogen ist, weil es jeglicher Binnendifferenzierung entbehrt, die Prometheus sich hätte zunutze machen können, um es zu zerbrechen (beispielsweise Unterschiede in der Beschaffenheit, der Dehnbarkeit oder den Verfallszeiten). Die Ketten sind unbezwinglich, so erfahren wir, weil ihre Materie über die eigene Oberfläche oder Tiefe hinweg keinerlei Variation aufweist.

Dabei scheint es sich jedoch um keine empirisch fundierte Darstellung der Mikrostruktur von Metallen zu handeln, bestehen diese doch aus Kristallen unterschiedlicher Gestalt, die sich nicht nahtlos zu einem Ganzen zusammenfügen. Beim Wissenschaftshistoriker Cyril Smith finden wir folgende Beschreibung:

> Metalle sind, wie fast alle anorganischen Stoffe, polykristalliner Natur, das heißt sie bestehen aus einer Vielzahl winziger, aneinandergepresster Kristalle. Die Form dieser Kristalle ist nicht die eines schönen [Edelsteins], sondern [...] sie haben runde Oberflächen, weil jeder Kristall das Wachstum seines Nachbarn stört und diese Interaktion sich stärker auf die Form auswirkt als die Binnenstruktur. [...] Trennt man die Kristalle voneinander, dann sieht man, dass sie wenig flache und viele runde Oberflächen haben. Es sind keine planflächigen Polyeder, und sie unterscheiden sich in Größe und Form: Gleichförmig sind nur die Winkel, in denen die Flächen aufeinandertreffen, um die Kanten zu bilden. Jeder Kristall hat im Durchschnitt ungefähr vierzehn Flächen und fünf und ein Siebtel Seiten.[28]

Die Kristalle, aus denen sich beispielsweise Eisen zusammensetzt, weisen eine Vielzahl von Größen und Gestalten auf, je nach den »räumlichen Ansprüchen ihrer Nachbarn«.[29] Die Atome innerhalb eines jeden Kristalls sind zwar »in regelmäßiger Anordnung auf einem Raumgitter verteilt«.[30] Es gibt aber auch »Abweichungen in der Anordnung«.[31] Diese sind vor allem durch die Anwesenheit loser Atome an den »Schnittstellen« der Kristalle bedingt. Die hier anzutreffenden Atome »gehören« zu keinem bestimmten Kristall,[32] und sie sorgen dafür, dass die Grenzen eines jeden Kristalls porös werden und beben: Ein Eisenkristall ist nicht »eine Art von eingehülltem Ding« wie ein »Weizenkorn«.[33] Das bedeutet, dass die kristalline Struktur des Metalls voller Löcher oder »interkristalliner Räume« ist.[34] Diese »Leerstellen« können bei der Bestimmung der Eigenschaften eines bestimmten Metalls »ebenso bedeutend sein wie das Atom«.[35] Metallurgen machen sich die heterogene Topologie eines Metallstreifens oder -rohrs zunutze, wenn sie beispielsweise Hitze einsetzen, um eine Legierung herzustellen oder Eisen zu Stahl zu verarbeiten.

Eine metallische Vitalität, ein (unpersönliches) Leben zeigt sich im Beben dieser freien Atome an den Rändern der Elemente des polykristallinen Baus. Manuel De Landa verweist auf einen weiteren Fall »eines Lebens« des Metalls: die »komplexe Dynamik sich ausbreitender Risse«. Auch diese Risse sind das Ergebnis »bestimmter Defekte [...] der Kristallelemente«, nämlich »linearer Defekte«. Die Verlaufslinien der Risse lassen sich nicht deterministisch vorherbestimmen, sondern sie bringen eine emergente Kausalität zum Ausdruck: Einzelne Kristalle reagieren auf der Stelle und in Echtzeit auf die eigenwilligen Bewegungen ihrer Nachbarn, und dann darauf, wie diese Nachbarn auf die Reaktion reagieren, und so weiter, in einer Reihe von Rückkopplungsschleifen.[36]

Diese Dynamik sich ausbreitender Risse könnte ein Beispiel für das sein, was Deleuze und Guattari den »Nomadismus« der Materie nennen. In einem Wortspiel, das auf die stromleitenden Eigenschaften von Metall abhebt, sagen Deleuze und Guattari, Metall »leite sich« (*se conduit*) durch eine Reihe von Selbstverwandlungen; dies sei keine sequenzielle Bewegung von einem Fixpunkt zum nächsten, sondern ein Taumel fortlaufender Variationen ohne klare Umrisse. Hinzu kommt, dass dieser Taumel nicht nur aus den Eingriffen resultiert, die Metallurgen am Metall vornehmen, sondern auch aus der vielgestaltigen Aktivität des Metalls selbst:

> Im sumerischen Reich gibt es Dutzende von Kupfersorten, die nach ihrem Ursprungsort und Grad der Veredelung benannt sind. Daraus entsteht [...] eine fortlaufende Melodie des Kupfers, und der Handwerker wird sagen: Das ist es, was ich brauche. Trotz der vom Handwerker bewirkten Brüche gibt es jedoch keine feste Ordnung der Legierungen. Vielfalt der Legierungen, ständige Veränderlichkeit der Legierungen.[37]

Henri Bergson folgend und neuere Befunde aus der Komplexitätstheorie vorwegnehmend postulieren Deleuze und Guattari einen Modus des Werdens, der sowohl materiell als auch kreativ ist und nicht etwa mechanisch und zum Gleichgewicht tendierend. Der Vorgang der Materialbildung ist zwar einen Großteil der Zeit hindurch ein regelmäßiger und vorhersagbarer, zuweilen bringt die Aufstellung unterschiedlicher Intensitäten aber auch bewegliche Spaltungslinien und Energieströme hervor, die sich nicht im Voraus berechnen lassen. Möglicherweise spielen Deleuze und Guattari auf diesen Aspekt des freien Spiels »eines Lebens« an, wenn sie (in einem Oxymoron) von einem materiellen »*esprit de corps*« sprechen.[38]

Manchmal hat natürlich Aischylos recht: Metallische Materialität kann als kategorisches Nein wirken, etwa wenn Blech sich weigert, Strom zu leiten, oder wenn die Glieder einer stählernen Kette stärker sind als die Muskeln eines Menschen. Aber Cyril Smith und andere Schmiede (englisch *smith*) wissen, dass sich die Geschichte »eines Lebens« des Metalls darin nicht erschöpft.

Ein Leben der Menschen

Bis hierhin habe ich vom Metall gesprochen, als existiere es unabhängig von anderen Materialien. Metall ist jedoch stets metallurgisch: eine Legierung aus den Bestrebungen vieler Körper, etwas von geologischen, biologischen und häufig auch menschlichen Handlungsvermögen Bearbeitetes. Und menschliche Metallarbeiter sind selbst emergente Effekte der vitalen Materialität, mit der sie umgehen. »Wir sind«, sagt Wladimir Wernadski, »wandelnde, sprechende Mineralien.«[39] Auf dieses Thema des »es« im Inneren des »Ich« werde ich am Ende meiner Untersuchung zurückkommen. Die Kernthese von Smiths *A History of Metallography* (»Geschichte der Metallografie«) lautet, dass es die ausgeprägte Vertrautheit menschlicher Metallarbeiter mit ihrem Material war, dank derer sie, und nicht etwa die (weniger praktisch arbeitenden) Wissenschaftler, als Erste die polykristalline Struktur anorganischer Materie entdeckt haben. Der Wunsch des Handwerkers, herauszufinden, was ein Metall leisten kann, und nicht etwa der Wunsch des Wissenschaftlers, zu wissen, was ein Metall ist, hat Ersterem erlaubt, im Metall »ein Leben« zu erkennen und dadurch schließlich auf produktivere Weise mit ihm zusammenzuarbeiten.[40]

In den letzten zehn Jahren haben zahlreiche Politikwissenschaftler, Geografinnen, Kunsthistoriker, Philosophinnen, Soziologen, Tänzer, Literaturwissenschaftlerinnen und andere den Beitrag des Affekts zur öffentlichen Kultur untersucht. »Affekt« meint die Art und Weise, auf die Stimmungen und ästhetische Empfindsamkeit sich nicht weniger auf Ethik und Politik auswirken als Worte, Argumente und Begründungen. Ich glaube zwar ebenfalls, dass der menschliche Affekt eine ausschlaggebende Rolle spielt, konzentriere mich in diesem Buch aber auf einen Affekt, der sich nicht nur ein Stück weit rationaler Analyse oder sprachlicher Darstellung entzieht, sondern darüber hinaus auch keine Besonderheit von Menschen, Organismen oder auch nur Körpern ist: den Affekt von Technologien, Winden, Pflanzen, Mineralien. Die Sozialwissenschaften erkennen seit einiger Zeit an, dass sich ein Gefüge (der Kapitalismus, der militärisch-industrielle Komplex, Gender), ganz gleich, wie »kulturell« es ist, kultureller Kontrolle widersetzen und entziehen kann. Man ist sich weitgehend darüber einig, dass soziale Konstrukte ein negatives Eigen-»Leben« führen. Die Deleuze'sche Denkfigur »ein Leben« unterstreicht diese Einsicht. »Ein Leben« ist erstens nicht nur eine negative Widerspenstigkeit, sondern auch eine positive, aktive Virtualität: ein bebender Proto-Klumpen kreativen Elans. »Ein Leben« verweist zweitens nicht auf eine Lebenswelt aus menschlichen Vorhaben oder auch aus der Summe der zufälligen Auswirkungen dieser Vorhaben, sondern auf einen Zwischenbereich unpersönlicher, nichtmenschlicher Kräfte, Flüsse, Tendenzen und Verläufe.

Mein Vorhaben besteht also darin, eine Art von Geo-Affekt oder materieller Vitalität theoretisch zu fassen. Die Theorie folgt dabei aus dem methodologischen Vorsatz, Anthropozentrismus und Biozentrismus zu meiden. Vielleicht wäre es aber zutreffender zu sagen, dass sie aus einer irrationalen Liebe zur Materie erwächst. Hier drängt sich eine weitere »wunderbare Idee« auf: Mario Perniolas »Sex-Appeal des Anorganischen«. Perniola geht davon aus, dass im Menschen eine »neutrale Sexualität« existiert, »eine abstrakte und endlose Erregung, [...] die sich für Schönheit, Alter oder allgemeine Form nicht weiter interessiert«. Diese neutrale Sexualität bewirkt, dass sich menschliche Körper zu scheinbar toten Dingen hingezogen fühlen: zu Gegenständen, Steinen, Bruchstücken von Materie. Menschen fühlen sich, unerklärlicherweise, durch das »erregt«, was wir sonst für »völlig unzureichende Reize« halten würden.[41] Wie in »einem Leben«, so kommt auch im »Sex-Appeal« des Anorganischen zum Ausdruck, was ich für eine schimmernde und potenziell gewaltsame Vitalität, eine der Materie innewohnende Materialität halte.

Auch Vitalisten haben auf der Existenz einer Art energetischer, freier Handlungsmacht bestanden, deren Spontaneität sich der Denkfigur »Körper« ebenso entziehe wie mechanistischen Naturkonzeptionen. Wenn aber Vitalisten wie Bergson und Hans Driesch annahmen, die Materie benötige einen nicht ganz materiellen Zusatz, einen *élan vital* oder eine Entelechie, um beseelt und beweglich zu werden, dann liegt für Deleuze und Guattari auf der Hand, dass Materialität keinerlei belebender Ergänzung bedarf. Sie wird vielmehr selbst als »aktives Prinzip« gedacht.

5. Weder Vitalismus noch Mechanismus

In den vorangegangenen Kapiteln habe ich damit experimentiert, Ereignisse (Begegnungen mit Abfall, Elektrizität, Lebensmitteln, Metall) derart zu erzählen, dass nichtmenschliche Materialitäten als genuine Teilnehmer erscheinen und nicht bloß als widerspenstige Gegenstände, soziale Konstrukte oder instrumentell zu Gebrauchendes. Was würde mit unserem Nachdenken über die Natur geschehen, wenn wir Materialitäten als Aktanten erfahren würden, und welche Neuausrichtung der Politik würde daraus folgen, dass politische Entscheidungsträger sorgfältiger auf die Entwicklungsverläufe und Kräfte von Materialitäten achten? Ich bin auf der Suche nach einem Vitalismus, in dem Materie als eine Vitalität gedacht wird, die sowohl innerhalb als auch außerhalb unserer selbst wirkt und eine ernst zu nehmende Kraft darstellt, auch ohne dass sie im emphatischen Sinn zweckmäßig, also zielgerichtet wäre.

Ein solcher vitaler Materialismus würde parallel zu einem historischen Materialismus wirken, der sich stärker auf die wirtschaftlichen und sozialen Strukturen menschlicher Macht konzentriert. Er wäre teilweise etwas ad hoc Entwickeltes, teilweise würde er Elemente aus einer früheren Denktradition versammeln, der Epikur, Lukrez, Thomas Hobbes, Baruch Spinoza, Denis Diderot, Friedrich Nietzsche, Henry David Thoreau und andere zuzurechnen sind. Innerhalb dieser Tradition verweist die Unterscheidung zwischen Leben und Materie, organisch und anorganisch, menschlich und nichtmenschlich oder menschlich und göttlich nicht immer auf die relevanteste oder bedeutendste Differenz.

Heute würde ein vitaler Materialismus meiner Ansicht nach gut daran tun, sich erneut mit den sogenannten Vitalisten auseinanderzusetzen, insbesondere mit jenen, die sich im frühen 20. Jahrhundert als »kritisch« oder »modern« bezeichnet haben.[1] Beispielsweise grenzten sich Henri Bergson und Hans Driesch von jenen »naiven« Vitalisten ab, die von einer spirituellen Kraft oder Seele ausgingen, die sich jeglicher wissenschaftlichen oder experimentellen Forschung entziehe. Die kritischen Vitalisten wandten sich auch gegen die mechanistische Naturkonzeption der »Materialisten« ihrer Zeit. Die Natur war für Bergson und Driesch keine Maschine, und Materie galt ihnen als prinzipiell unberechenbar: Etwas entzieht sich stets der Quantifizierung, Prognose und Kontrolle. Sie bezeichneten dieses Etwas als *élan vital* (Bergson) und Entelechie (Driesch). Ihr Bestreben, wissenschaftlich zu bleiben, aber dennoch von einer gewissen Unberechenbarkeit der Dinge auszugehen, ist für mich beispielhaft.

In diesem Kapitel möchte ich darlegen, dass Driesch und Bergson im Zuge ihrer Bemühungen, die Vitalität der Dinge philosophisch zur Sprache zu bringen, beinahe einen vitalen Materialismus formuliert hätten. Sie sind allerdings nicht weit genug gegangen: Sie konnten sich keinen Materialismus vorstellen, der jener Vitalität gerecht wird, die ihnen in Naturvorgängen begegnete. (Stattdessen träumten sie von einer nicht ganz materiellen Lebenskraft.) Ihre Vitalismen faszinieren mich: zum Teil, weil wir im mechanistischen oder deterministischen Materialismus einen gemeinsamen Gegner haben, zum Teil, weil die wunderbar vitale Materialität, von der ich träume, diesen Vitalismen so eng verwandt ist.

Kritischer Vitalismus

Kurz vor dem Ersten Weltkrieg gab es in den Vereinigten Staaten eine neue Auffassung vom Universum als lebhaft und unberechenbar, als »Welt ständigen und unvorhersehbaren Wandels, eine Welt, die stets zu werden im Begriff ist«.[2] Es gab, kurzum, einen Ausbruch von Vitalismus. Angestoßen wurde das neuerliche Interesse am Vitalismus von Bergsons *L'évolution créatrice* (1907; englisch 1910 als *Creative*

Evolution; deutsch 1921 als *Schöpferische Entwicklung*) und den populären Gifford Lectures von Driesch, einer Vorlesungsreihe mit dem Titel *The Science and Philosophy of the Organism* (»Philosophie des Organischen«, 1907–1908). Von zentraler Bedeutung war für das Vitalismus-Revival die Vorstellung, Leben lasse sich nicht auf mechanische oder deterministische Materie reduzieren. Es müsse ein Lebensprinzip geben, das die Materie (unter gewissen Umständen) belebe, aber nicht selbst materiell sei, obgleich es erst im Verhältnis zur Materie zu existieren beginne. »[Ich meine], daß wir den Begriff der Natur *erweitern* müssen, so daß also ›Natur‹ [...] aus einem vollständig räumlichen und aus einem nur teilweise räumlichen Teile besteht.«[3] Die Lebenskraft, jener »nur teilweise räumliche Teil« der Natur, sei es, die die morphologischen Veränderungen im Embryo anrege. Die kritischen Vitalisten schrieben ihr darüber hinaus die schrittweise Entwicklung von Persönlichkeit und Geschichte zu: Insofern als Pflanzensamen, Embryos, Persönlichkeiten und Kulturen jeweils ein organisches Ganzes seien, gebe es einen Isomorphismus der physischen, psychologischen und zivilisatorischen Ordnungen.

Eine gewisse Uneinigkeit herrschte unter den kritischen Vitalisten darüber, wie die Lebenskraft genau darzustellen sei: Bergsons *élan vital* konkurrierte beispielsweise mit der Entelechie von Driesch. Darüber, was Materie sei, waren sie sich jedoch einig. Ihre gemeinsame Vorstellung von Materie entsprach der ihrer materialistischen Gegner: Materie sei unfrei, mechanisch und deterministisch (aber auch in dem Sinn »dynamisch«, dass sie ihren Zustand in regelmäßigen Abständen verändern könne). Die Vitalisten wollten das Leben in seinen verschiedenen Ausformungen dem Bereich dieser mechanischen Welt enthoben wissen, wohingegen die Materialisten darauf bestanden, dass jede Entität oder Kraft, wie komplex auch immer – und sei sie »organisch« oder subtil –, letztlich oder prinzipiell mechanisch oder, wie sie sagten, »physikalisch-chemisch« erklärt werden könne.

Bergson und Driesch meinten jeweils eine nicht vollständig berechenbare, nicht gänzlich materielle Triebkraft erkannt zu haben, die für Wachstum und Entwicklung verantwortlich sei: die Lebenskraft oder das Lebensprinzip. Ein Grund für die Beliebtheit, derer sie sich in Amerika erfreuten (der Vortrag, den Bergson 1913 an der Columbia University hielt, führte zu einem der ersten New Yorker Verkehrsstaus), war, dass sie als Fürsprecher der Freiheit oder einer gewissen Offenheit des Lebens rezipiert wurden, und das angesichts einer neuzeitlichen Wissenschaft, deren pragmatische Erfolge das Bild des Universums als gottlose Maschine zu bestätigen drohten.[4]

Der Star dieses Kapitels ist der faszinierende, aber wenig bekannte Vitalismus von Driesch, obgleich ich mich auch mit dem Vitalismus seines berühmteren Zeitgenossen Bergson befasse. Ich werde mich auf die verschiedenen Denkfiguren der Lebenskraft, des eine ansonsten passive Materie durchdringenden Lebensprinzips, konzentrieren, die von den beiden Philosophen entworfen worden sind. Weil Kants Überlegungen zu Leben und Materie auf beide solch großen Einfluss ausgeübt haben,[5] werde ich auch untersuchen, wie Kant (in der *Kritik der Urteilskraft*) mit der Idee eines »Bildungstriebs« (eines formgebenden Triebs) kokettiert hat; dieser Bildungstrieb unterscheidet Kant zufolge träge Materie von organischem Leben. Driesch und Bergson haben sich, an Kant anschließend, bemüht, ihre Antworten auf die Frage »Was ist Leben?« mit den Erkenntnissen zu verknüpfen, zu denen die experimentelle Wissenschaft ihrer Zeit gelangt war. Die Lebensphilosophien von Driesch und Bergson haben zwar Kants emphatische Unterscheidung zwischen Leben und Materie abgeschwächt, doch keiner der beiden hat sich gänzlich von der kantischen Vorstellung träger Materie frei gemacht. Die Assoziation von Materie und Passivität treibt sich, wie ich meine, noch heute in unserem Denken um, damit unsere Aufmerksamkeit für die Kraft der Dinge schwächend. Doch könnte es nur ein kleiner Schritt sein von dem kreativen Handlungsvermögen einer Lebenskraft hin zu einer Materialität, die selbst als schöpferisch wirkend vorgestellt wird.

Der Bildungstrieb

In der *Kritik der Urteilskraft* besteht Kant bekanntlich darauf, Materie als solche kenne keinerlei »Spontaneität«:[6] »Aber die Möglichkeit einer lebenden Materie (deren Begriff einen Widerspruch enthält, weil Leblosigkeit, *inertia*, den wesentlichen Charakter derselben ausmacht) läßt sich nicht einmal denken«[7]; »da muß man [–] die Materie als bloße Materie mit einer Eigenschaft (Hylozoism [der Eigenschaft des Lebens; J. B.]) begaben, die ihrem Wesen widerstreitet«.[8]

Da Kant auf einer unüberbrückbaren Kluft zwischen Leben und »roher Materie« besteht,[9] ergibt sich für ihn die schwierige Frage, wie denn die enge Verbindung von Leben und Materie zu erklären sei, die sich an Organismen zeigt. Ein Organismus ist eine Art von Seiendem, das wir als »Naturzweck« oder als »sich selbst organisierendes Wesen« begreifen und das »sich zu sich selbst wechselseitig als Ursache und als Wirkung [verhält]«.[10] Kant geht dieses Problem unter anderem dadurch an, dass er sich auf einen »Bildungstrieb« beruft, der sich toter Materie anhefte und diese belebe.[11]

»Bildungstrieb« meint die unergründliche Macht zur Selbstorganisierung, die Organismen aufweisen, bloße Anhäufungen von Materie jedoch nicht. Es handelt sich um ein »Vermögen«, das zu unterscheiden ist von der »bloß mechanischen Bildungskraft«.[12] Irgendein solches »Prinzip für die innerlich zweckmäßige Form der Bildung [von Materie]« muss man Kants Überlegung zufolge annehmen, denn »die Autokratie der Materie in Erzeugungen, welche von unserem Verstande nur als Zweck begriffen werden können, ist ein Wort ohne Bedeutung«.[13] Der Bildungstrieb, einer jener wunderbaren Begriffe, die Kants philosophisches Panorama bietet, ist ein immaterieller, teleologischer Trieb, der der Materie ihren funktionalen Zusammenhalt, ihre »organische« Qualität verleiht (durch die jeder Teil des Ganzen sowohl Ursache als auch Wirkung der anderen ist). Der Bildungstrieb ist das, was eine undifferenzierte, krude Masse von Materie veranlasst, ein organisierter Zusammenschluss kooperierender Teile zu werden;

die am höchsten entwickelte Variante davon ist der »Mensch«.[14]

Kant achtet sorgsam darauf, seinen Begriff des Bildungstriebs von der Vorstellung einer körperlosen Seele abzugrenzen: Wir dürften der Materie nicht »ein fremdartiges, mit ihr in Gemeinschaft stehendes Prinzip (eine Seele) beigesellen«.[15] Die Seele sei etwas, von dem man sage, es könne auch ohne die Anwesenheit eines Körpers bestehen, wohingegen der Bildungstrieb nur innerhalb eines Körpers existieren könne, also nur in Verbindung mit der mechanischen Tätigkeit der Materie: eine Tätigkeit, die durch Newton'sche (und nicht etwa durch vitale) Kräfte angetrieben werde. Kant war darauf bedacht, den Bildungstrieb sehr eng mit der Materie in Verbindung zu bringen, ohne den Unterschied zwischen beiden aufzuheben. Die Abhängigkeit des Bildungstriebs von der Materie ist Kants Ansicht nach das, was seine Position von jener der naiven Vitalisten seiner Zeit unterscheidet. Der Begriff des Bildungstriebs sollte den Organismus nicht aus dem System der körperlichen Natur ausschließen, verstieß also nicht gegen eines der zentralen methodologischen Prinzipien Kants, nämlich das, »alle Produkte und Ereignisse der Natur, selbst die zweckmäßigsten, so weit mechanisch zu erklären, als es in unserem Vermögen [...] steht«.[16] Wie wir sehen werden, haben auch Bergson und Driesch ihre Begriffe der Lebenskraft von religiösen Konzepten der Seele abgegrenzt, und auch sie haben die Vorstellung abgelehnt, die Lebenskraft könne auf irgendeine Weise unabhängig von den Körpern existieren, innerhalb derer sie wirkt.

Kant hat den Begriff des Bildungstriebs von Johann Friedrich Blumenbach übernommen, einem Dozenten der medizinischen Fakultät der Universität Göttingen. Im August 1790 (unmittelbar im Anschluss an die Veröffentlichung der *Kritik der Urteilskraft*) schrieb Kant an Blumenbach, um ihm seinen

> ergebensten Dank für Ihre mir im vorigen Jahre gewordene Zusendung des treflichen Werks über den Bildungstrieb abzustatten. Ihre Schriften haben mich vielfältig belehrt; doch hat das Neue in der Vereinigung zweyer Principien, dem der physisch-mechani-

> schen und der blos teleologischen Erklärungsart der organisirten Natur, welche man sonst geglaubt hat unvereinbar zu seyn, eine nähere Beziehung auf die Ideen, mit denen ich mich vorzüglich beschäftige, die eben einer solchen Bestätigung durch [die von Blumenbach gelieferten] Facta bedürfen.[17]

Kant befürwortete Blumenbachs Bildungstrieb nur als regulatives Prinzip: Der Bildungstrieb »würde es dem Biologen erlauben, Organismen derart zu studieren, als hätten sie sich unter der Leitung einer Lebenskraft entwickelt, ihn aber dennoch dazu anhalten, organische Tätigkeit nur aus mechanischen Gesetzen zu erklären«.[18] Blumenbach dürfte, insbesondere in seinem Frühwerk, dem Begriff des Bildungstriebs eine eher empirische, erfahrungsbezogene Bedeutung beigemessen haben. So schreibt er etwa, »[d]aß in allen belebten Geschöpfen vom Menschen bis zur Made und von der Ceder zum Schimmel herab, ein besonderer, eingebohrener, lebenslang thätiger würksamer Trieb liegt«.[19] Nichtsdestotrotz hat Blumenbach durchgehend (und auf Kant zusagende Weise) darauf bestanden, wir könnten die Wirkung des Bildungstriebs niemals vollständig durchschauen. In der *Kritik der Urteilskraft* äußert sich Kant zustimmend über Blumenbachs Anerkennung der grundsätzlich »unerforschlichen« Natur des Bildungstriebs: einer für uns notwendig im Dunkeln bleibenden Kausalität.[20] Für Blumenbach wie für Kant lässt sich – ebenso wie später für Driesch – der bildende Trieb stets nur indirekt erkennen, durch Untersuchung seiner Wirkung, also der spezifischen Organismen, die er hervorgebracht hat. (Mein vitaler Materialismus postuliert, dass die Kausalität sowohl anorganischer als auch organischer Materie für uns zumindest teilweise undurchschaubar bleibt und dass mechanistische Ansätze weder der einen noch der anderen Kausalität gerecht werden.)

Kants Einschätzung nach liegt ein Vorzug des Bildungstrieb-Begriffs darin, dass er es ermöglicht, die Einzigartigkeit des Phänomens organischen Wachstums zum Ausdruck zu bringen: eines Wachstums, das zugleich ein mechanischer und ein teleologischer Vorgang ist.

Organismen sind Kants Ansicht nach insofern mechanisch, als sie jenen Newton'schen Kräften unterliegen, die alle physischen Systeme bestimmen. Organismen müssen aber zugleich auch als System von Zwecken angesehen werden, und insofern verlangen sie nach einem anderen Darstellungsprinzip. Blumenbach formulierte seinen Begriff des Bildungstriebs in Anlehnung an Newtons Gravitationsprinzip, hatte also den Anspruch, »für organische Körper zu leisten, was Newton für die träge Materie geleistet hatte«.[21]

Wie Kant lehnte auch Blumenbach die Vorstellung ab, anorganische Materie könne »spontan« organisches Leben hervorbringen (daher die Notwendigkeit, überhaupt einen immateriellen Bildungstrieb zu postulieren). Beide Denker waren außerdem bestrebt, die Lebenskraft ausgesprochen eng an die Materie zu koppeln. Blumenbach merkt beispielsweise an, die wiederhergestellten Teile eines beschädigten Organismus seien niemals ganz so groß wie die Originale. Diese Tatsache führte er auf einen notwendigen Zusammenhang zwischen der Stärke des Triebs und dem Volumen des Materials zurück: ein empirischer Beleg für die ausgeprägte Verwandtschaft des Bildungstriebs mit der Materie, an die er gekoppelt ist.[22]

Blumenbach richtete sein Augenmerk hauptsächlich auf die Einschränkungen, die die Räumlichkeit der Materie der formgebenden Kraft auferlege, und Kant tat es ihm nach. Kant verwies aber auch auf eine dem Bildungstrieb inhärente Beschränkung: Der formgebende Trieb enthalte implizite oder virtuelle »zweckmäßige Anlagen, die ihrem Stamme [gemeint ist dem der Zeugenden] zuteil[geworden sind]«, und sei insofern teilweise von diesen Anlagen bestimmt.[23] Diese Anlagen richten den Organismus auf eine Reihe von Zwecken aus, sein Werden dadurch an die stabile Ordnung der Schöpfung koppelnd. Man könnte sagen, das Moment der *natura naturans* (Bildungstrieb) werde durch das der *natura naturata* (Anlagen) ausgeglichen. Worauf ich damit hinauswill, ist, dass der Bildungstrieb bei Kant in Hinblick auf die Wirkungen, die er zeitigen kann, nicht radikal offen ist: Sowohl an Materialität als auch an Anlagen gebunden, wäre es ihm beispielsweise nicht möglich, nie zuvor gekannte Wesen hervorzubringen oder solche, die in der Herkunft des Organismus nicht bereits virtuell vorweggenommen sind.[24]

Kants Bezugnahme auf den Bildungstrieb verrät einiges über seine Vorstellung von Materialität: Er denkt diese als stumpfes, mechanisches Zeug, das einen Zusatz benötigt, um aktiv zu werden (wobei der Zusatz weder materiell noch seelisch ist). Der Bildungstrieb ist ein unpersönliches Handlungsvermögen, das ein organisch beschaffener Körper automatisch mit sich führt; dieses Handlungsvermögen ist ohne Unterschied auf alle Organismen verteilt. Um zu vermeiden, dass die Idee des Bildungstriebs zur Vorstellung Anlass gibt, Menschen seien von einem zweckgerichteten Trieb bestimmt, ergänzt Kant, dass der Bildungstrieb in dem als »Mensch« bekannten Organismus mit einem Willen koexistiert, der frei ist (oder von dem wir annehmen müssen, dass er frei ist). Kant war bemüht, nicht nur einen qualitativen Unterschied zwischen anorganischer Materie und organischem Leben zu behaupten und zu begründen, sondern auch eine Art Quantensprung zwischen Menschen und allen übrigen Organismen.[25]

Einen weiteren Beleg für Kants Koketterie mit dem Vitalismus, zusätzlich zum Reiz, den der Begriff des Bildungstriebs auf ihn ausgeübt zu haben scheint, bietet seine Reaktion auf den Vitalismus der Epikureer. Diese lehnten die Vorstellung einer trägen Materie ab und zeichneten, darauf aufbauend, den Unterschied zwischen Menschlichem und Nichtmenschlichem (zwischen Organismus und Maschine) als graduellen und nicht etwa als wesensmäßigen: Es handle sich um eine Frage der unterschiedlichen Zusammensetzung auf jeweils eigene Weise beschaffener und geformter Materialien. Die Epikureer betrachteten den Schwenk des Atoms (*clinamen*) nicht als etwas der Materie Hinzugefügtes oder Heterogenes, sondern als lebhaften, der Materialität selbst innewohnenden Impuls. Lukrez hat beispielsweise keinen Anlass, einen Bildungstrieb oder einen anderen Zusatz in seine Physik aufzunehmen, denn sein Universum besteht nicht aus toter Materie und lebendigen Wesen, sondern aus schwenkenden Atomen, die turbulente und produktive Ströme bilden.[26] (In diesem Punkt hält sich die vitale Materialistin an die Epikureer.)

Kant verurteilt den Epikureismus als unwissenschaftlich: Ohne das heuristische Prinzip der Zweckmäßigkeit (wie es im Bildungstrieb zum Ausdruck kommt, im Epikureismus aber fehlt) müssten wir das ausgezeichnete organische Verhältnis, das beispielsweise zwischen der Anatomie des Vogels und dessen Flug besteht, als rein zufällig ansehen. Wir müssten, mit anderen Worten, die Möglichkeit in Betracht ziehen, dass sich die Natur »auf tausendfache Art [hätte] anders bilden können, ohne gerade auf die Einheit nach einem solchen [organischen] Prinzip zu stoßen«, das sich im »Bau des Vogels« zu erkennen gibt. Die organische Einheitlichkeit des Vogels als blind generierten Zufall anzusehen hieße jedoch, eines »[Grundes] a priori« für diese Einheitlichkeit zu entbehren, was für Kant gleichbedeutend damit ist, über keine wissenschaftliche Erklärung zu verfügen.[27]

Kant gefiel der Bildungstrieb, weil dieser es ihm erlaubte, teleologische mit mechanistischen Erklärungsansätzen zu verbinden. Was mich am Bildungstrieb interessiert, ist, dass er auf ein unpersönliches, außergeschichtliches Handlungsvermögen verweist: einen Anstoß, der die Menschen »antreibt«. Der Bildungstrieb weist eine Handlungsmacht auf, die sich nicht auf die ihm von Menschen zugeschriebenen zweckgerichteten Energien reduzieren lässt. Für Kant hätte ein jeder solcher Trieb natürlich als auf eine göttliche Quelle zurückgehend gedacht werden müssen. Im Gegensatz zu Kant glaube ich, dass es sowohl möglich als auch sinnvoll ist, mit der Idee eines unpersönlichen Handlungsvermögens zu experimentieren, das integrale Eigenschaft der Materialität als solcher ist: also mit der Vorstellung einer Vitalität, die unabhängig von menschlichen oder göttlichen Zwecken wirkt.

Indem er einen lebhaften Bildungstrieb ins Spiel bringt, der in der ansonsten leblosen Materialität des Organismus am Werk ist, bereitet Kant den Boden für die von Bergson und Driesch angestellten Überlegungen über Leben und Materie. Driesch, mit dem ich mich als Erstem befassen werde, bestand darauf, dass Leben qualitativ von

Materie verschieden sei. Mechanistische Erklärungsansätze seien biologischen Formen unangemessen, weshalb wir die Anwesenheit eines immateriellen Antriebs, einer Lebenskraft annehmen müssten: einen Trieb, oder das, was Driesch als Entelechie bezeichnet.

Entelechie

Driesch war ein vermögender und somit von etwaigen Geldgebern unabhängiger Embryologe. Er war außerdem einer der ersten Nichtjuden, dem die Nazis die Professur entzogen, weil er deren Bezugnahme auf den Vitalismus als Rechtfertigung für die Eroberung »weniger vitaler« Völker durch die Deutschen ablehnte. Die Frage nach dem Zusammenhang zwischen dem Glauben an eine Lebenskraft und politischer Gewalt gewinnt heute, angesichts der Kopplung der evangelikalen Vorstellung einer »Kultur des Lebens« mit der Doktrin des Präventivkriegs, wieder an Aktualität (ein Thema, das ich im nächsten Kapitel aufgreifen werde).

In seinen 1907/08 an der Universität von Aberdeen gehaltenen Vorlesungen hat Driesch sich zustimmend auf Kants Vorstellung berufen, die Materie bedürfe eines Zusatzes, wenn sie aktiv, organisiert und auf strukturierte, aber nicht vollständig determinierte Weise zur Veränderung fähig werden solle. Ich sage »strukturiert, aber nicht vollständig determiniert«, weil sich Driesch, auch hierin Kant folgend, das Lebensprinzip nicht als Anstoß ohne vorher festgelegtes Ergebnis, sondern im Sinne von bestimmten, dem Keim oder Embryo innewohnenden Veranlagungen begriffen hat. Auch eine andere Aussage Kants hallt bei Driesch nach, nämlich die, das Lebensprinzip könne von uns niemals völlig durchschaut werden; wir könnten es vielmehr nur als unsichtbare Präsenz erkennen, die die tatsächlich innerhalb des Organismus geleisteten Aufgaben vollbringe: Aufgaben, die keine mechanische Materie jemals allein leisten könne. Die Entelechie entsteht in den Leerstellen der maschinellen Naturkonzeption:

in den »Lücken« innerhalb der »Kette rein physikalisch-chemischer oder mechanischer Ereignisse«. Die spinozistische Theorie eines »psychophysischen Parallelismus« lehnt Driesch genau deswegen ab, weil der Spinozismus, so wie Driesch ihn versteht, annimmt, »daß die physische Seite [der] Dualität eine zusammenhängende Kette rein physikalischer oder mechanischer Ereignisse, ohne irgend eine Lücke, bilde«.[28]

Driesch hält die kantische Kritik der »dogmatischen Metaphysik« für zutreffend und legt insofern großen Wert darauf, dass sein »Beweis« für die Richtigkeit des Vitalismus als negativer verstanden wird:

> Alle Beweise des Vitalismus, d. h. alle Überlegungen, durch die gezeigt wird, dass nicht einmal die Maschinentheorie das Feld biologischer Phänomene abdeckt, können nur indirekte Beweise sein: Sie können lediglich verdeutlichen, dass die mechanische oder singuläre Kausalität zur Erklärung des Geschehens nicht genügt.[29]

In seiner Begründung der Entelechie bedient sich Driesch auch transzendentaler Argumente: X muss angesichts der unbestreitbaren Realität von Y am Werk sein. Um zu beweisen, dass das Lebensprinzip nicht »physikalisch-chemischer« Natur sein könne, geht Driesch beispielsweise von der Beobachtung aus, dass in der Morphogenese oder Formbildung (dem Vorgang, durch den ein befruchtetes Ei zu einem ausgewachsenen Organismus wird) räumliche Mannigfaltigkeit entsteht, wo zuvor keine Mannigfaltigkeit war. Auf den ersten Blick möge es zwar scheinen, diese Mannigfaltigkeit im Raum gehe unmittelbar aus dem räumlich gleichförmigen, undifferenzierten Ei hervor. Die theoretische Vernunft zeige jedoch, dass dies unmöglich sei. Eine räumliche Mannigfaltigkeit könne keine räumliche Einheitlichkeit zum Ursprung haben. Insofern müsse, »vor aller Formbildung«, eine andere Art von »Mannigfaltigkeit« gegeben sein. Da nicht von »extensivem Charakter«, müsse diese vorangegangene Mannigfaltigkeit, Grundlage der späteren Ausdifferenzierung des Organismus, eine »intensive Mannigfaltigkeit« sein,[30] also »ein Agens, welches mannigfaltig wirkt, ohne selbst räumlich oder extensiv mannigfaltig zu sein«.[31] »Das bedeutet [...], daß sie, obwohl nicht im Raume, *zusammengesetzt* [ist].«[32] Damit erhalten wir eine erste Definition der Entelechie: Sie ist jene intensive Mannigfaltigkeit, aus der die extensive Mannigfaltigkeit des ausgewachsenen Organismus hervorgeht.

Zusätzlich zur Formulierung eines negativen und vermittelten Beweises für die Entelechie beruft sich der Argumentationsgang, mit dem Driesch seinen Vitalismus begründet, auch auf Drieschs positive und unmittelbare Interventionen im Laboratorium. Tatsächlich war es nicht die theoretische Vernunft, die Driesch ursprünglich veranlasste, eine »Autonomie des Lebens« zu postulieren, sondern es waren seine Experimente zur Zellteilung im Seeigel. Ein im Voraus bedachter Eingriff in den Mechanismus der Seeigel offenbarte Driesch die Tatsache, dass Leben unerklärbar bleibt, wenn es rein mechanistisch aufgefasst wird. Der immaterielle, nichträumliche und nichtmechanische Charakter der Entelechie bedeutet jedoch keineswegs, dass es sich bei ihr um eine Psyche oder einen Geist handelt. »Der Gegensatz zu Mechanischem ist schlichtweg das Nichtmechanische, und nicht das ›Psychische‹.«[33] Das Lebensprinzip ist, für Driesch ebenso wie für Kant, weder als mechanischer Körper noch als ätherische Seele aufzufassen.

Das Ziel von Drieschs Untersuchungen im Labor, aus dem sich auch seine strenge Befolgung der Grundsätze empirischer Forschung erklärt, bestand nicht etwa nur darin, ein nuancierteres Verständnis der dynamischen physikalischen und chemischen Eigenschaften des Organismus zu entwickeln, sondern es ging ihm darum, genauer zu erkennen, was die Maschine beseelt: »Warum gibt es denn all diese Faltungen und Knickungen [...] und alle die anderen Prozesse, die wir beschrieben haben? Es muß doch etwas geben, was sie sozusagen hervortreibt.«[34] Driesch bezeichnet dieses Etwas, die treibende Kraft, als Entelechie. Weder Substanz noch Energie (obgleich nur im Verhältnis zu ihnen wirksam), ist die Entelechie »jene nichtmechanische Kraft, die für das Phänomen des Lebens verantwortlich ist«.[35] Wie bei Kant, so ist auch bei Driesch der Schlüsselbegriff ein geborgter: Driesch übernimmt den Entelechie-Begriff von Aristoteles. Dabei hält Driesch an der Vorstellung einer sich selbst bewegenden und verändernden Kraft fest, weist die aristotelische Teleologie, die dem Begriff ursprünglich anhaftete, jedoch zurück.[36]

Zusätzlich dazu, dass sie die Materie belebt, ist die Entelechie auch das, was die Körper der Organismen »organisiert« oder kunstvoll zusammensetzt, gleichsam komponiert. Um zu sehen, wie die Entelechie ihre »formgebende« Aufgabe erledigt, und zwar auf nichtmechanische Weise, müssen wir einen genaueren Blick auf die Morphogenese werfen: auf jenen Modus des Werdens also, von dem Driesch sagt, er sei ausschließlich Organismen zu eigen. Morphogenese meint sowohl den Vorgang, durch den sich eine Blastocyste von einer weniger zu einer stärker ausdifferenzierten Form entwickelt (Ontogenese), als auch den, durch welchen sich ein ausgewachsener Organismus in Reaktion auf Schädigung oder Krankheit neu bildet (Restitution).[37] Anorganische Systeme können sich natürlich verändern, so Driesch, doch nur Leben kann im morphologischen Sinn die Gestalt wechseln: Eine Kristallformation kann an Masse ab- oder zunehmen, sie kann aber nicht qualitativ komplexer werden oder sich selbst durch Ersatz oder Erneuerung ihrer Bestandteile wiederherstellen, damit »dasselbe« Ganze fortbesteht.[38] Die Bestandteile einer Pflanze sind, anders als die mineralischen oder chemischen Komponenten eines Berges, Glieder eines Ganzen: Kommt es in einem von ihnen zur Veränderung, dann wirkt sich das nicht beliebig auf die übrigen Glieder aus, sondern derart, dass es seitens dieser übrigen Glieder zu einer koordinierten Reaktion kommt. Um den Gegensatz von Maschine und Organismus weiter zuzuspitzen, bemerkt Driesch: »[Ein Phonograph] empfängt Luftschwingungen und gibt Luftschwingungen ab; mit anderen Worten, früherer Reiz und spätere Reaktion sind von *gleicher* Art«. Dagegen könnten in einem Organismus die von den Sinnesorganen empfangenen Eindrücke, etwa Geräusche, zu Gesprächen führen. Man habe es also mit »zwei durchaus *verschiedenen* Klassen von Phänomenen« zu tun.[39]

Auch seien anorganische Systeme (und bloße Materie) nicht in der Lage, aus Erfahrungen zu lernen, denn das beinhalte nicht nur »die bloße Erinnerung an das, was geschehen ist, [...] sondern auch die Fähigkeit, die Elemente früheren Geschehens auf einem anderen Felde zu neuen individualisierten Besonderheiten, welche *Totalitäten* darstellen, zu kombinieren«.[40] Driesch beschreibt diese freie Tätigkeit als einem »seltsamen Prinzip« gehorchend, »das wir als [...] Individualität der Zuordnung bezeichnen können. Das heißt, jede wirkliche Handlung ist eine individuelle ›Antwort‹ auf einen individuellen Reiz.«[41] Aus solchem individualisierten, auf die jeweilige Situation zugeschnittenen Handeln ergibt sich, was Driesch das leitende Wirken der Entelechie nennt.

An anderer Stelle schreibt Driesch dieser leitenden Kraft innerhalb des Organismus eine Art Türhüterfunktion zu: Die Entelechie bestimmt, welche der vielen Gestaltungsmöglichkeiten, die im entstehenden Organismus angelegt sind, aktuell werden. In jeder jener Zellen des Seeigels, für die man später die Bezeichnung »Stammzellen« finden sollte, ist beispielsweise »eine ungeheure Anzahl möglicher Geschehen angelegt, in der Form unterschiedlicher ›Potenziale‹«.[42] Wenn aber »etwas anderes gebildet werden kann als das, was tatsächlich gebildet wird, warum geschieht dann in jedem Fall genau das, was geschieht, und nichts sonst«? Driesch stellt die Überlegung an, dass es einen Akteur geben muss, der für das spezifische, singuläre Ergebnis verantwortlich zeichnet – einen entscheidenden, die Pforten zur Aktualität hütenden Akteur:

> Unserer These zufolge [...] ist in jeder der Zellen, *n* an der Zahl, dieselbe Fülle von Entwicklungsmöglichkeiten physikalisch-chemisch angelegt. Diese Möglichkeiten werden aber von der Entelechie sozusagen in Zaum gehalten. Unserer Annahme zufolge be-

> ruht die Entwicklung des Systems nun darauf, dass die Entelechie ihre suspendierende Kraft lockert, sodass [...] in Zelle *a* eine bestimmte Entwicklung erlaubt wird, in Zelle *b* eine andere und in Zelle *c* wiederum eine andere. Was nun aber in *a* geschieht, hätte auch in *b* oder *c* geschehen können, denn in jeder Zelle ist die Gesamtheit der Möglichkeiten angelegt. So kann es geschehen, dass die Lockerung der entelechialen Regulierung in einem System, worin eine ungeheure Vielzahl möglicher Ereignisse durch die Entelechie suspendiert war, einen Übergang von gleichmäßig verteilten Möglichkeiten zu ungleich verteilten tatsächlichen Effekten bewirkt.[43]

Beachtenswert ist, dass Driesch die Fähigkeit der Entelechie, den Verlauf organischen Wachstums zu bestimmen, auch hier wieder negativ beschreibt: Die Entelechie wirkt dadurch, dass sie selektiv ihre »suspendierende Kraft lockert«. Diese Fähigkeit zur (negativen) Auswahl wirkt im Kontext vielfacher Möglichkeiten, sodass der tatsächliche Verlauf der organischen Entwicklung nicht auf rigide, mechanische Weise vorherbestimmt ist. Auf ähnliche Weise sind auch die einzelnen Bewegungen eines ausgewachsenen Organismus nicht vollständig durch die Reize seiner Umgebung bestimmt oder mechanisch von diesen verursacht. Äußerliche Ereignisse beeinflussen zwar sehr wohl das Individuum, doch erzeugen sie nur »einen allgemeinen Stamm von Möglichkeiten weiterer Handlung, ohne sämtliche weiteren Reaktionen im Einzelnen zu bestimmen«.[44] Es gibt somit eine »Unbeschränktheit der Zuordnung von bestimmter Ursache und bestimmtem Effekt«.[45] Dennoch ist die Fähigkeit eines Organismus, auf markante und schöpferische Weise auf ein Ereignis zu reagieren (die Fähigkeit zur »individuellen Korrespondenz«), nicht radikal frei: Die Entelechie ist, wie der Bildungstrieb, unfähig, etwas völlig Neues hervorzubringen, denn ihre Fähigkeit zu intelligenter Reaktion unterliegt dem Gebot geballter Intensitäten (Driesch spricht von »einem allgemeinen Stamm von Möglichkeiten«, Kant von »Anlagen«).

Driesch bekräftigt den qualitativen Unterschied von (durch die Entelechie geprägtem) Leben und anorganischer Materie: Die Entelechie ist (als selbstführende Aktivität) das, was einen Kristall von einem Embryo, einen Parkplatz von einem Rasen und mich von einer Leiche unterscheidet. Weniger deutlich fallen Drieschs Aussagen zur qualitativen Differenz von menschlichem und sonstigem Leben aus. Einerseits soll die leitende Kraft der Entelechie (anders als ihre »gestaltende Kraft«, die gleichmäßig auf alle Organismen verteilt ist) im Menschen besonders wirksam sein. Andererseits heißt es bei Driesch aber auch, etwas dem Wissen und Wollen Analoges sei in allen organischen Vorgängen zu verzeichnen.[46] Er weiß nicht genau, was es ist, hält aber fest, es möge zwar »sehr seltsam erscheinen«, dass die deutlichsten Mittel zum Zweck des Erhalts des organischen Ganzen von jedem Organismus »gewußt und *gefunden*« würden, »es ist aber eine *Tatsache*«.[47] Kant hat den Menschen in einem sowohl der noumenalen als auch der phänomenalen Welt zugehörigen Bereich verortet, begriff ihn also als natürlichen Körper, zugleich aber als oberhalb oder außerhalb der Ordnung der Natur stehend. Dieser menschliche Exzeptionalismus ist bei Driesch weniger ausgeprägt.[48]

Das sorgfältige Studium der Morphogenese oder Formbildung offenbart Driesch einen Modus des Werdens, der dem »Leben« spezifisch sei: Veränderung, die ein komplexes Ganzes selbst unter sich wandelnden Umständen organisiert und erhält. Könnte es sich bei diesem organischen Ganzen um komplexe Maschinen handeln? Wenn ja, dann gäbe es keinen Anlass, ein Lebensprinzip wie die Entelechie ins Spiel zu bringen, um die Morphogenese zu erklären. Driesch stellt diese Frage ausdrücklich und befindet alle mechanistischen Erklärungen der Morphogenese für unzureichend. Aus folgendem Grund: Ein Organismus ist ein funktionierendes Ganzes, das zu innovativem Handeln fähig ist. Es stellt verletzte Körperteile wieder her, lässt abgetrennte nachwachsen und passt alte Körperteile neuen Erfordernissen an – all das, um die normale Funktionsweise des Ganzen und dessen Identität zu erhalten. Im Gegensatz dazu gilt für die Maschine (als bloße Ansammlung physikalisch-chemischer Bestandteile), dass sie »nicht sie selbst bleibt, wenn man nach Belieben ihre Bestandteile entfernt«.[49] Maschinen können sich nicht selbst reparieren, weshalb sich erneut der Schluss aufdrängt, dass im Organismus ein immaterieller Akteur am Werk sein muss, auf den der »wahre Restitutionsreiz« zurückgeht.[50]

Auch in Hinblick auf die einzelnen Organe eines Organismus erweist sich der Vergleich mit der Maschine schnell als problematisch. Ein Eierstock geht beispielsweise aus einer einzigen totipotenten Zelle hervor (Anlage), die »unzählige Male geteilt und neuerlich geteilt worden ist«.[51] Doch wie könnte sich eine Maschine »fortgesetzt, ihres Ganzbleibens unbeschadet, geteilt haben«?[52] Um seine Position zu belegen, verweist Driesch auf Experimente, die er am Hydroidpolyp *Tubularia* vorgenommen hat: Zerschneidet man diesen, dann wächst aus den einzelnen Teilen, ganz gleich, wie klein sie sind, der gesamte Organismus nach. Hätten die Mechanisten recht, dann müsste jeder dieser Teile eine Maschine enthalten, die, einmal zertrennt, als halbierte, aber dennoch vollständige Maschine fortwirkt. Michail Bachtin, ein früher Kritiker der Schriften von Driesch, fasst die Schlüsse, die dieser aus seinen Experimenten an der *Tubularia* gezogen hat, zutreffend zusammen:

> Was für eine Maschine ist dies, die wir nach Belieben zertrennen können, die sich dabei aber stets ihre normalen Funktionen bewahrt? Eine Anzahl hochgradig komplexer, großer und kleiner Maschinen mit gleicher Funktion müsste in unserem zwei Zentimeter großen Segment enthalten sein. […] Hinzu kommt noch, dass diese Maschinen sich überlagern: Teile der einen korrespondieren vollkommen mit Teilen der anderen. Ein solcher Mechanismus widerspricht dem eigentlichen Begriff des Mechanismus. Insofern mündet die Maschinentheorie (nach Ansicht von Driesch) in Absurditäten.[53]

Indem er die Entelechie als unsichtbaren, aber »wahren Reiz« morphologischer Veränderung charakterisiert, berührt Driesch auch die Frage, ob man sich die Entelechie als »Energie« und damit als eine besondere Art von physikalisch-chemischer Entität vorstellen muss. Auch diese Frage beantwortet er abschlägig: Die Vorstellung einer »Lebensenergie« weist Driesch als einen Widerspruch in sich zurück, denn das Leben sei nicht quantifizierbar, wohingegen alle Energien für ihn bloße Quantitäten bleiben:

> Indem [...] Phänomene als energetische angesehen werden, wird gleichzeitig behauptet, daß es ein *Mehr oder Weniger* von ihnen geben kann [...]. *Aber der Entelechie* fehlen *alle quantitativen Kennzeichen*: Entelechie ist *beziehende Ordnung* und ganz und gar nichts anderes.[54]

Driesch betont durchgehend die ausgesprochen enge Beziehung der Entelechie zu den regelmäßigen, beobachtbaren Vorgängen der Materie. Die Entelechie kann nur von jenen Entwicklungsmöglichkeiten Gebrauch machen, die physikalisch-chemisch vorbereitet sind, denn: »Wir kennen Leben nur in Verbindung mit Körpern.«[55] Sie benutzt »bei der Formbildung jedes Individuums ein Material«.[56] Sie kann keine Schwefelsäure erzeugen, wo kein Wasserstoff ist, doch sie kann »diejenigen Reaktionen, welche zwischen den in einem System vorhandenen Verbindungen *möglich* sind und ohne die Dazwischenkunft von Entelechie geschehen *würden, so lange* [...] *suspendieren*, wie sie es nötig hat«.[57] Diese Formulierungen zeigen, wie bemüht Driesch war, die Beziehung von Leben und Materie so eng wie möglich zu halten, ohne dabei so weit zu gehen, einen (mechanistischen) Materialismus zu vertreten, aber auch unter Zurückweisung einer Metaphysik der »Seele«.

Was mich an der Entelechie mit am meisten fasziniert, ist, wie bereits beim Bildungstrieb, dass es sich bei ihr um eine Denkfigur handelt, die die Möglichkeit eines unpersönlichen Handlungsvermögens zu fassen versucht. Wie die homerische Psyche,[58] so variiert auch die Entelechie nicht von einer Person zur anderen: Sie ist keine einzigartige Seele, unterscheidet sich aber auch nicht von einem Organismus zum anderen. Es handelt sich vielmehr um jene immanente Vitalität, die alle lebendigen Körper durchströmt. Damit ist der Entelechiebegriff im Vergleich zu dem der Seele besser gegen die am stärksten an Strafkonzepten orientierten Vorstellungen persönlicher moralischer Verantwortung gewappnet. Die Entelechie koordiniert die Teile eines Ganzen zu dessen Gunsten, in Reaktion auf bestimmte Ereignisse und ohne dabei einen strengen Plan zu befolgen; sie antwortet innovativ und deutlich auf solche Ereignisse, indem sie auf der Stelle und in Echtzeit entscheidet, zu welchem von vielen möglichen Entwicklungsverläufen es tatsächlich kommen soll. Das Handlungsvermögen der Entelechie ist nicht das einer körperlosen Seele, denn es unterliegt den Zwängen der Materialität, in der es zu Hause ist, sowie der Begrenztheit der darin angelegten Möglichkeiten. Trotz dieser Heteronomie bleibt die Entelechie genuin wirkmächtig: Sie belebt, ordnet und leitet die Körper der Lebenden, selbst unter sich wandelnden Umständen. Sie ist »ein wirksamer, außerräumlicher, intensiv mannigfaltiger Bestandteil der Natur«.[59] Drieschs Erfindung der Entelechie als kreativer Kausalität liegt die Annahme zugrunde, Materielles sei derart passiv und träge, dass es unmöglich die schwierige Aufgabe übernehmen könne, ein im morphologischen Wandel begriffenes Ganzes zu ordnen und zu erhalten. Manchmal ist Materie durch Entelechie belebt, manchmal ist sie es nicht; im zweiten Fall gerinnt sie zu anorganischen Maschinen. Driesch glaubte, die Entelechie als immateriell auffassen zu müssen, weil seine Vorstellung von Materialität an die einer mechanischen und deterministischen Maschine gekoppelt blieb. Bachtin hat 1926 eine anregende Gegenschrift zu Drieschs Theorie verfasst, in der er Driesch vorwirft, die Möglichkeit einer »sich unermüdlich selbst konstruierenden und entwickelnden Maschine« vernachlässigt zu haben, die »sich nicht aus vorgefertigten sondern aus sich selbst konstruierenden Komponenten erbaut«. Eine solche Maschine wäre im Fall ihrer Beschädigung tatsächlich zur Selbstreparatur fähig, zu einer von subtilen und interaktiven, physikalisch-chemischen Signalen geleiteten Wiederherstellung, sodass es keinen Anlass mehr gäbe, etwas wie die Entelechie zu postulieren.[60]

Bachtin weist darauf hin, dass Drieschs Vitalismus auf dessen Materialismuskritik beruht, welche wiederum die Gleichsetzung von Materialität mit mechanischer Kausalität zur Grundlage hat, entsprechend dem Bild der Maschine als eines »vollständig präfabrizierten«, »fixierten und unbeweglichen« Gefüges.[61] Bachtin rät dazu, genauer darüber nachzudenken, was eine Maschine sein könne, anstatt die physikalisch-materialistische Erklärung als solche zu verwerfen.[62] Driesch ist nicht gewillt, die Möglichkeit einer sich kreativ selbst organisierenden oder auf intelligente Weise anpassenden Maschine in Betracht zu ziehen, so wie er auch nicht bereit ist, die Entelechie in die Kategorie des Energetischen verwiesen zu sehen: Die Begriffe der Maschine und der Energie sind ihm schlichtweg zu eng, um so viel Freiheit und Spontaneität (also die »Unbeschränktheit der Zuordnung von bestimmter Ursache und bestimmtem Effekt«) zuzulassen, wie sie seiner Einschätzung nach in der Welt am Werk sind. Letztlich scheiden sich Bachtin und Driesch also an der Frage, ob natürliche Kreativität etwas auch nur prinzipiell Berechenbares sein könne. Driesch beantwortet diese Frage abschlägig, wohingegen Bachtin sie zu bejahen scheint. In diesem Punkt bekenne ich mich zur Position von Driesch.

Bergson und der *élan vital*

Der Vitalismus Bergsons beruht ebenfalls auf der Unterscheidung zwischen Leben und Materie, obgleich Bergson offen anerkennt, dass es sich bei dem, was diese Kategorien begrifflich fixieren, tatsächlich eher um »Tendenzen« eines kosmischen Flusses handelt. Leben und Materie sind Kräfte, die nur in Verbindung und im Wettstreit miteinander existieren: keine dauerhaften Zustände, sondern »eine immer neu beginnende Richtungsänderung«.[63] »Leben« bezeichnet eine gewisse Tendenz zur »größtmöglichen« Aktivität, eine Neigung zu beweglichen, im Wandel begriffenen Zuständen. Wie Driesch bringt auch Bergson Materie mit räumlicher Ausdehnung in Verbindung, doch verkompliziert er die Angelegenheit auch in diesem Fall, indem er davor warnt, sich die Materie als vollständig räumlich ausgedehnt vorzustellen, würde doch eine reine Räumlichkeit »im vollkommenen Auseinander der Teile [...] bestehen«, wohingegen es tatsächlich »keinen materiellen Punkt [gibt], der nicht auf irgendeinen anderen materiellen Punkt wirkte«. Insofern sei es zutreffender zu sagen, »daß Materie sich im Raum ausdehnt, ohne absolute Ausdehnung zu sein«. Mit anderen Worten: Materie ist eine Tendenz zur Verräumlichung.[64] Die materielle Tendenz folgt dem Weg des geringsten Widerstands: Sie ist eine träge Vorliebe für den Stillstand. Darin zeigt sich erneut, dass Bergson sich in jene Tradition einreiht, der zufolge Materie als träge vorzustellen ist.[65] Laut Bergson machen wir jedoch notwendigerweise aus einer Tendenz zur Verräumlichung eine Welt fixierter Entitäten. Diese Verzerrung ist darum notwendig, und auch hilfreich, weil Menschen ein instrumentelles Verhältnis zur Welt pflegen müssen, so sie in ihr überleben wollen: Es »beharrt der Gedanke«, die Welt bestehe nicht aus einem sich ständig verändernden Zeitfluss, sondern aus einer berechenbaren Serie von Dingen.[66]

Bergson teilt mit Driesch die Ansicht, Leben sei nicht quantifizierbar, allerdings schreibt er die Immunität des Lebens gegen »[mathematische] Behandlung« dessen Charakter als einem in Bewegung befindlichen Fluss zu. Bergson hat in diesem Zusammenhang, wenn er von Mathematik spricht, die Geometrie im Sinn. Im Gegensatz zu dieser seien »Differenzialgleichungen« dem Leben angemessen, denn bei diesen handle es sich um den Versuch, eine »Gegenwart« zu fassen, »in die ihre Tendenz miteinbegriffen ist«.[67] Leben »treibt« aus sich neue Formen »hervor«, die nicht einmal vorstellbar seien, bevor sie nicht existieren, so Bergson, und würde man sie quantifizieren und messen, so wäre es dann bereits zu spät, da sich das Leben bereits weiterentwickelt haben würde.

Wie die Idee der Entelechie, so entsteht auch die Vorstellung des *élan vital* im Zusammenhang einer Kritik des Mechanizismus. Aus der Tatsache, dass physiologisch derart unterschiedliche Organismen wie die Molluske und der Mensch jeweils über Augen verfügen, schließt Bergson, dass »die Entstehung der gleichen Wirkung aus zweierlei Aufschichtungen ungeheurer Mengen von kleinen Ursachen allen Grundsätzen zuwiderläuft, die von der mechanistischen Philosophie geltend gemacht werden«. Und wie Driesch, so schließt auch Bergson vom Phänomen der Restitution auf eine nichtmechanische Lebenskraft:

> [N]immt man bei Salamandra maculata die Linse unter Erhaltung der Iris heraus, so ist es die obere Schicht der Iris, durch welche die Regeneration der Linse dann noch erfolgt; zerstört man jedoch diese oberflächliche Schicht der Iris, dann geht die Regeneration in der inneren oder retinalen Schicht des übriggebliebenen Teiles vor sich. So also können verschieden gelegene, verschieden entstandene und zu normaler Zeit verschiedene Funktionen erfüllende Teile, wenn nötig, die gleichen Ersatzstücke, die gleichen Maschinenteile herstellen. [...] Ob man will oder nicht, um diese Konvergenz der Wirkungen zu erzielen, muß an ein inneres Prinzip der Entwicklungsrichtung appelliert werden.[68]

Der *élan vital* erfüllt, wie bei Driesch die Entelechie, die Funktion dieses »inneren Prinzips der Entwicklungsrichtung«. Wir erinnern uns, dass die Entelechie nicht nur die Materie »organisiert«, sondern auch die Macht hat, die Restitution »anzustoßen« und physikalisch-chemische Vorgänge »hervorzutreiben«.[69] Bergson unterstreicht diesen zündenden, auslösenden Charakter noch zusätzlich: Der *élan vital* ist ein »innerer Drang«, die »[ursprüngliche] Schwungkraft« und jener

Impuls, der das Leben in die Welt hineinschleuderte, der es in Pflanzen und Tiere spaltete, der das Tier auf Geschmeidigkeit der Form einstellte, und der im Augenblick, wo das Tierreich von Betäubung bedroht war, an einigen Punkten wenigstens durchsetzte, daß es erwachte und daß vorwärts gegangen wurde.[70]

Die Aufgabe des *élan vital* besteht darin, die faulen Knochen der Materie wachzurütteln und ihr etwas Überraschendes zu verleihen: »[E]s gibt [...] auf dem Grunde des Lebens einen Drang, der Notwendigkeit der physikalischen Kräfte die größtmögliche Summe von Indeterminiertheit aufzuokulieren«.[71] Der *élan vital* kennt keine Ruhe: Als »Strom von Leben« wirkt er »im Durchfluten der Körper, die er nach und nach organisierte, im Überwandern von Generation auf Generation«.[72] Der *élan vital* ist selbst ebenso wenig einfach oder homogen wie die Entelechie. Driesch spricht von der Entelechie als »intensive Mannigfaltigkeit«; Bergson beschreibt einen Prozess der eigenmächtigen Ausdifferenzierung des Lebenstriebs »in Garbenform«.[73] Der *élan vital* gabelt sich in seinem Fließen; er verteilt sich, »ohne jemals von seiner Kraft einzubüßen, intensiver nur werdend je weiter er vordrang«.[74] Diese eigentümliche Form der Selbstaufteilung, durch die der Lebenstrieb an Kraft gewinnt, während er sich verteilt, hilft uns zu verstehen, was Bergson meint, wenn er sagt: »[Der Weg der Natur] ist nicht Zusammenfügung und Summierung, sondern Zerlegung und Zweiteilung«.[75]

Drieschs Entelechie ist eine zweckmäßige in dem Sinn, dass sie den allgemeinen Zweck verfolgt, organisch Ganzes zu organisieren und im Anschluss daran auch zu erhalten. Die Mittel, die zum Erreichen dieses Zwecks eingesetzt werden, variieren, da sie in einer »Individualität der Zuordnung« zu den gegebenen Umständen gewählt werden. Bergson betont wie Driesch, dass die von der Lebenskraft eingesetzten Mittel von den Besonderheiten ihres Einsatzes abhängen, doch erweist sich diese Bedingtheit bei ihm als radikaler. Die dem *élan vital* zur Verfügung stehenden Mittel sind (selbst als latente »Möglichkeiten«) vor dem Zeitpunkt ihres Gebrauchs noch nicht vorhanden; sie entstehen vielmehr im Gleichschritt mit ihren Wirkungen. Bergson widerspricht somit der Behauptung von Driesch, das Ziel des Lebenstriebs bestehe in der Erhaltung des Ganzen: Bei Bergson ist kein zu erhaltendes Ganzes »gegeben«, sondern es befindet sich stets in einem Zustand des Übergangs, des Kommens oder Gehens. Auch hier gilt: Das, was der *élan vital* leistet – seine eigentümliche Tätigkeit –, ist das Steigern der Instabilität materieller Formationen. Er »[trägt] Indeterminiertheit in die Materie [hinein]. Indeterminiert, ich meine unvorhersehbar, sind die Formen, die es je und je im Maß seiner Entwicklung schafft.«[76] Der *élan vital* verursacht neue Ereignisse und veranlasst, dass jedes von ihnen gleichsam über seine Gegenwart hinausströmt.[77] Driesch hatte in seinen Erörterungen zur individuellen Korrespondenz ebenfalls angedeutet, die Lebenskraft weise einen schöpferischen Charakter auf (nicht jedoch, dass sie etwas Fließendes sei), doch das Thema ist im Vitalismus Bergsons prononcierter. Leben ist diesem Vitalismus zufolge »ununterbrochenes Hervorquellen von Neuem« und »unablässige Schöpfung«.[78] Zwar schrieb Driesch den Reaktionen des Organismus (und selbst des Organs) auf jeweils einzigartig beschaffene Ereignisse etwas Kreatives zu, doch scheint das Handlungsvermögen der Entelechie keine Erschaffung des radikal Neuen zu beinhalten.

Es wäre irreführend, die Einführung von Unbestimmtheit durch den *élan vital* als Telos zu bezeichnen. Sicher, der *élan vital* ist ein zweckgerichtetes Streben – wie sollte Streben nicht zweckgerichtet sein? –, doch es geht dabei nicht um die Verwirklichung eines Plans. Deleuze sagt, für Bergson gebe es »ein ›Ziel‹ […] nicht, insofern diese Richtungen […] erst ›nach und nach und je und je‹ von dem Akt hervorgebracht werden, der sie vollzieht«.[79] Der *élan vital* ist ein entwurfloser Antrieb, ein Forschen als »Vorfühlen«:[80]

> Vergebens ist es, dem Leben einen Zweck […] zuzuschreiben. Denn von einem Zweck reden heißt, sich ein vorherbestehendes Musterbild vorstellen, das bloß noch verwirklicht zu werden braucht,

heißt also im Grunde glauben, daß alles gegeben ist, heißt, daß die Zukunft sich von der Gegenwart ablesen läßt [...]. [Die Wirklichkeit ist] unzweifelhaft schöpferisch, das heißt Erzeugerin von Wirkungen, in denen sie sich weitet und sich überwächst: also waren diese Wirkungen nicht zum voraus in ihr gegeben, und sie konnte sie sich folglich nicht als Zwecke setzen.[81]

Sowohl für Bergson als auch für Driesch kann die Vitalität nur innerhalb der Grenzen dauerhafter und machtvoller physikalisch-chemischer Neigungen wirken. »Bis in [seine] höchsten Werke hinein«, etwa durch nichts vorweggenommene Kunstwerke, ist der *élan vital* »der Stofflichkeit, die [er] sich geben mußte, auf Gnade und Ungnade preisgegeben«.[82] Er kann auch lediglich »auf die bestmögliche Ausnützung einer schon vorhandenen, zu seiner Verfügung stehenden Energie [zielen]«.[83] Bergson weigert sich, wie Driesch, die Vitalität der »Energie« zuzuordnen; vielmehr betrachtet er diese als ein von jener unter Widerstand eingesetztes Mittel. Bergson betont jedoch auch, und deutlicher als Driesch, dass einige der Schaffung eines organischen Ganzen entgegenstehende Hindernisse dem *élan vital* immanent, also Ergebnis von dessen eigener disharmonischer Mannigfaltigkeit sind. Der Lebenstrieb ist ein Aufspreizen, ein sich selbst unbestimmter Machen, und das beinhaltet, dass einige Verlaufslinien der Aufspreizung mit anderen konfligieren oder ihnen entgegenwirken werden. Als sich selbst aufteilende Kraft ist der *élan vital* zutiefst mit sich selbst uneins: »eine Kraft, die sich immer zu überwachsen begehrt, und die dem Werk, auf dessen Hervorbringung sie drängt, ewig inadäquat bleibt«.[84] Nach Bergson ist das aus dem sich selbst aufteilenden Fluss des *élan vital* resultierende Universum ein disharmonisches Ganzes, aber auch eine »unteilbare Kontinuität«.[85] Die Natur »läßt Raum für sehr viele Unstimmigkeiten, weil jede Art, ja jedes Individuum, sich von dem Total-Impuls des Lebens nur ein gewisses Maß von Schwungkraft bewahrt und diese Energie für sein Eigeninteresse auszunützen trachtet. [...] [D]ie Harmonie liegt eher weiter zurück als weiter vorwärts. Sie hängt an der Identität des Impulses, keineswegs an einem gemeinsamen Streben.«[86] Auch Driesch vertritt kein schlichtes harmonisches Modell, sondern besteht darauf, dass die in Entwicklung begriffenen Bestandteile des Ganzen sich zum einen innerlich verändern, zum anderen ihr Verhältnis zueinander neu bestimmen:

> [Es würde] durchaus *unrichtig* sein, anzunehmen, daß die Entwicklung *jedes* embryonalen Teiles von der Existenz oder Entwicklung *jedes* anderen abhängt. Im Gegenteil, es ist ein sehr wichtiger [...] Charakterzug der Formbildung, daß sie in Linien von Vorgängen [verläuft], welche zwar von einer gemeinsamen Wurzel ausgehen können, aber durchaus unabhängig voneinander sind in der Art und Weise ihrer weiteren Differenzierung. [...] Angenommen, ein Teil *A* zeige das Phänomen der Selbstdifferenzierung, so bedeutet das, daß die weitere Entwicklung von *A nicht* von gewissen anderen Teilen, *B, C* und *D*, abhängt; es bedeutet aber *nicht*, [...] daß gar keine formativen Beziehungen zwischen den Teilen von *A* bestehen.[87]

Weder Driesch noch Bergson glaubten, die Natur sei auf die räumliche Ausdehnung von Materie zu reduzieren, und beide meinten, ihr wohne eine dynamische Intensität oder ein belebender Trieb inne. Weder der *élan vital* noch die Entelechie lassen sich auf die materiellen und energetischen Kräfte reduzieren, in denen sie zu Hause sind und von denen sie Gebrauch machen müssen; beide sind in dem Sinn Akteure, dass sie Handlungen vornehmen, die mehr als Reflexe, Instinkte oder vorherbestimmte Reaktionen auf bestimmte Reize sind. Beide haben die schöpferische Kraft, Materie zu produzieren, zu organisieren und zu beleben, auch wenn Driesch die organisierenden und leitenden Funktionen der Lebenskraft, Bergson dagegen eher ihre instigierenden und innovativen Vermögen betont. Allgemein gesprochen ist die Entelechie in ihrem Wirken weniger frei als der *élan vital*; sie ist nicht ganz ein »unaufhörliches Hervorsprudeln neuer Formen, deren jede kaum aufgetaucht, kaum Gegenwart geworden, schon in die Vergangenheit zurücksinkt«.[88] Außerdem ist das Handlungsvermögen der Entelechie, zumindest aus meiner Sicht, zu sehr in sich selbst begründet: Ihre Macht, Entwicklungen herbeizuführen, wird von Driesch überbetont (seinen Beteuerungen bezüglich ihrer »Abhängigkeit« von der Materie zum Trotz). Die Denkfigur der Entelechie bringt zwar den pulsierenden, konativen Aspekt des Handlungsvermögens angemessen zum Ausdruck, doch muss ein solcher Puls zu einem System weiterer Pulse in Beziehung gesetzt werden: zu einem Gefüge, das diese Pulse verbindet und Intensitätskreisläufe bildet.

Driesch war zunächst experimenteller Embryologe und wurde erst später zum Philosophen. Bei Bergson finden wir eine nuanciertere Philosophie des Werdens als »schöpferische Evolution«. Und doch bietet Drieschs stärkere Identifikation mit und Vertiefung in die Techniken der experimentellen Wissenschaft den Vorteil besserer Wappnung gegen die dem Vitalismus innewohnende Versuchung, aus der Lebenskraft eine spirituelle Angelegenheit zu machen. Ich wende mich im folgenden Kapitel einer weiteren Ausgestaltung der Lebenskraft zu, nämlich jener »Seele«, auf sie sich die amerikanischen Fürsprecher einer »Kultur des Lebens« berufen. Dieser Vitalismus hat sich mit dem evangelikalen Christentum, mit Stammzellen, amerikanischen Waffensystemen und dem Territorium des Irak (aber auch mit anderen Aktanten) verbunden, um ein Gefüge von gewaltsamer Wirkmächtigkeit zu bilden. Ich möchte zeigen, wie sich einige dieser Verbindungen ergeben haben, um so das komplizierte Verhältnis von Vorstellungen der Materie und politischen Entwürfen zu verdeutlichen.

6. Stammzellen und die Kultur des Lebens

Als Hans Driesch und Henri Bergson um die Jahrhundertwende ihre Vorstellungen von der Lebenskraft begründeten, brachten sie sich in eine Debatte ein, an der auch ein breiteres Publikum beteiligt war. Die amerikanische Öffentlichkeit legte infolge neuer Befunde der Zellbiologie und Embryologie eine Faszination für Fragen der Entwicklung und des Wachstums an den Tag: Wie genau kommt es innerhalb von Pflanzen, Tieren, Psychen, Kulturen und anderen Beispielen eines selbsterhaltenden Ganzen zur Veränderung? Die Debatte um diese Frage war zugleich moralisch und wissenschaftlich: In der Kontroverse um Vitalismus und Mechanismus verbanden sich Diskurse der Freiheit und des Lebens mit der Forschung zu Morphologie und Materie.

Zu Beginn des 21. Jahrhunderts haben sich Amerikaner erneut an solchen hybriden Debatten beteiligt, und auch diese aktuellen Debatten haben auf einer grundlegenden Unterscheidung zwischen Leben und Materie beruht. Eine deutlich vernehmbare Stimme in diesen Auseinandersetzungen – um Abtreibung, Lebensverlängerung und Stammzellenforschung – war die der Fürsprecher einer »Kultur des Lebens«. Dazu zählten Evangelikale, Katholiken und nicht zuletzt auch US-Präsident George W. Bush. Es handelt sich bei deren Position, wie ich hier darzulegen versuchen werde, um eine Spätform des Vitalismus. In der »Kultur des Lebens«-Bewegung hallt eine Aussage nach, die sich bereits bei Immanuel Kant, Driesch und Bergson findet: Innerhalb des biologischen Organismus existiert eine Lebenskraft, die sich nicht auf Materie reduzieren lässt, weil sie freies und unbestimmtes Handlungsvermögen ist. Wie die ihnen vorangegangenen Vitalisten, so glauben auch die Fürsprecher einer Kultur des Lebens, die mechanistische Metaphysik sei zutiefst unzureichend.

Und doch sind nicht alle Vitalismen gleich. Für Bush und andere Evangelikale ist die Lebenskraft ein göttlicher Geist, der die embryonale Materie beseelt; sie vertreten also das, was Kant, Driesch und Bergson sämtlich als Vitalismus der Seele abgelehnt haben. Driesch war besonders bemüht, seine Entelechie von Vorstellungen eines körperlosen Geistes abzugrenzen. Von Kants Kritik der dogmatischen Philosophie überzeugt, gab er naturalistischen Erklärungen methodologisch den Vorrang: Er war bestrebt, das Laboratorium in Fragen embryonaler Entwicklung zur letzten Entscheidungsinstanz zu machen. Da er außerdem bemüht war, sowohl den wissenschaftlichen als auch den religiösen Dogmatismus zu meiden, betonte Driesch, die Urteile aus dem Laboratorium würden nur unter Vorbehalt gelten, seien also im Lichte etwaiger neuer Befunde zu revidieren.

Driesch war der Überzeugung, aus empirischen Experimenten an nichtmenschlichen Systemen, wie sie im Laboratorium stattfinden, könnten Erkenntnisse hervorgehen, die auch auf menschliche Systeme anwendbar seien. Die »gestaltende« Kraft (Entelechie) war nicht nur in den Embryonen von Seeigeln am Werk, sondern auch in menschlichen Embryonen sowie in dem umfassenderen organischen Ganzen, das wir als Geschichte bezeichnen (also in jenem »überpersönliche[n] Prozess, der [...] einzigartig und in seiner Einzigartigkeit noch unabgeschlossen [ist]«), möglicherweise sogar in anorganischen Systemen:

> Es gibt die materielle Welt als Welt des Zufalls, doch es gibt auch eine Welt der Form oder Ordnung, die sich in bestimmten Bereichen der materiellen Welt manifestiert, nämlich im biologischen Individuum und wahrscheinlich auch, wenngleich auf andere Weise, in der Phylogenie sowie in der Geschichte; möglicherweise gibt es sogar in dem, was wir das Anorganische nennen, formähnliche Konstellationen.[1]

Driesch war insofern Säkularist, als er seine religiösen Überzeugungen ausklammerte, wenn er öffentlich räsonierte. Das bedeutet jedoch nicht, dass er von der Wissenschaft glaubte, sie sei für die öffentliche Moral von keinerlei Bedeutung. Ganz im Gegenteil: Als die Nazis sich auf die Entelechie bezogen, um ihre Behauptung zu begründen, einige Lebensformen seien vitaler als andere – Mitte der 1930er-Jahre war die Entelechie zu einer Art »Führer *de l'organisme*« geworden[2] –, widersprach Driesch lebhaft. Aus der Wissenschaft des Vitalismus resultiere, so erklärte er, die Anwesenheit der entelechialen Vitalität in allen menschlichen Organismen. Wie die Historikerin Anne Harrington bemerkt, erkannte die Entelechie für Driesch »keine Staatsgrenzen« an, sodass

> es nur ein biologisches »Ganzes« gibt, dem man angehören kann, nämlich die »Menschheit«. Er lehnte [...] das militaristische Vorgehen einer Nation gegen die andere ab und bezeichnete es als »schlimmste aller Sünden« gegen die vitalistischen Prinzipien des Lebens, der holistischen Kooperation und der höheren Entwicklung.[3]

Zwei Vitalismen (einer auf der Seele begründet, der andere nicht), zwei Politiken (eine bellizistisch, die andere pazifistisch). Ich glaube nicht, dass eine unmittelbare Verbindung besteht zwischen einer Reihe ontologischer Annahmen über Leben und Materie einerseits und der Politik andererseits: Aus keiner Metaphysik folgt eine bestimmte Ethik oder Politik. Die hierarchische Logik von Gott, Mensch und Natur, die im Vitalismus der Seele implizit ist, geht jedoch leicht in das Bild einer Hierarchie sozialer Klassen oder gar Zivilisationen über. Ich werde später in diesem Kapitel zeigen, weshalb es eine begründete Annahme ist, dass es bei der Kultur des Lebens zu einem derartigen Übergang gekommen ist. Anders als der evangelikale Vitalismus verbindet der »kritische«, »moderne« oder »wissenschaftliche« Vitalismus von Driesch die Behauptung, in der Natur seien immaterielle Handlungsvermögen (Entelechien) am Werk, mit einer agnostischen Haltung hinsichtlich der Existenz einer übernatürlichen Handlungsmacht. Driesch fühlte sich zuvorderst der Methode der experimentellen Wissenschaften verpflichtet. Was ihm diese Methode aufzeigte, war der vitalistische Charakter des Seienden: Keine Gruppe hat von Natur aus das Recht, andere zu regieren oder über sie zu verfügen.

Den Seelenbegriff hat Driesch abgelehnt. Er war bestrebt, auf Glaubenssätzen begründete Aussagen durch experimentelle Hypothesen zu ersetzen, und er verband die Idee der Lebenskraft mit einem liberalen Pazifismus. Lebenskultureller Vitalismus tut nichts dergleichen. Im folgenden Abschnitt werde ich diese späte Ausprägung des Vitalismus mit dem kritischen Vitalismus von Driesch kontrastieren und das Augenmerk dabei auf den jeweiligen politischen Gehalt richten.

Stammzellen

Im Mai 2005 erschien der Präsident der Vereinigten Staaten mit Babys und Kleinkindern, die aus in Reagenzglas herangewachsenen Embryos hervorgegangen waren, auf den Stufen des Weißen Hauses. Die Embryos waren ein Nebenprodukt von Fertilitätstechnologien, die Paare mit Kinderwunsch in Anspruch genommen hatten. In die Rolle des Babys küssenden Politikers schlüpfend, gurrte Bush diesen Kindern zu, die man präventiv getötet hätte, wenn die Embryos, aus denen sie hervorgegangen waren, für die embryonale Stammzellenforschung verwendet worden wären. Die *New York Times* beschrieb die Stammzellenforschung als eine Frage der »Kultur des Lebens«, die für konservative Christen und den Präsidenten »wichtig« sei, und merkte dazu an, der theatralische Charakter des Auftritts vor dem Weißen Haus habe

> gezeigt, wie ausdrücklich Bush sich zu äußern bereit ist, wenn es um eine politische Frage geht, die seiner Ansicht nach den moralischen Kern seiner Präsidentschaft berührt. [...] Tom DeLay aus Texas hat den Widerstand gegen den Gesetzesentwurf koordiniert

und diesen ebenfalls in streng moralischen Kategorien beurteilt: Ein Embryo sei eine Person, ein besonderer, aus sich selbst heraus bestimmter und sich selbst zu einem Ganzen zusammensetzender menschlicher Organismus.[4]

Im April 2007 bekräftigte Bush in Zusammenhang mit einer landesweit abgehaltenen katholischen Gebetsveranstaltung, die anlässlich von Beratungen des Obersten Gerichtshofs zur Verfassungsmäßigkeit eines gesetzlichen Verbots von Spätabtreibungen abgehalten wurde, seine *pro-life*-Haltung: »Wir müssen darin fortfahren, auf eine Kultur des Lebens hinzuarbeiten, in der die Starken die Schwachen schützen und in der wir in jeglichem menschlichen Leben das Abbild unseres Schöpfers erkennen.«[5] Drei Tage später, am vierten Tag eines Präventivkriegs, der (Stand: August 2007) 3 689 amerikanischen Soldaten und schätzungsweise Zehn- oder sogar Hunderttausenden Irakern und Irakerinnen das Leben gekostet hat,[6] sprach sich Bush gegen jeglichen Zeitplan für den Rückzug amerikanischer Truppen aus und beschrieb den Einmarsch und die Besatzung als »lebenswichtigen Krieg« (*vital war*), der mit der »Kultur des Lebens« in Einklang sei.[7] Ich werde später in diesem Kapitel auf diese doppelte Zelebration von Leben und Gewalt zurückkommen.

»Stammzelle« ist ein Neologismus zur Bezeichnung eines Stücks Materie, von dem angenommen wird, dass es pluripotent ist, also fähig, sich zu irgendeiner der verschiedenen Arten von Zellen und Gewebe zu entwickeln, die einen ausgewachsenen, differenzierten Organismus ausmachen. Man hofft, dass ein genaueres Verständnis der Pluripotenz es Wissenschaftlern ermöglichen wird, beispielsweise die Erzeugung neuer Nervenzellen in Personen mit Rückenmarksverletzungen zu ermöglichen oder auch die neuen Hirngewebes in Alzheimer-Patienten. Eine Stammzelle ist zwar pluripotent, aber nicht »totipotent«; sie ist also unfähig, einen vollständig differenzierten Organismus hervorzubringen.[8] Das Verfahren, an dem Fürsprecher der Kultur des Lebens Anstoß nehmen, besteht darin, der Blastula

Zellen zu entnehmen; die Blastula entsteht, wenn sich das befruchtete Ei aus einer dichten Masse von Zellen in eine Blase, die sogenannte Keimblase, verwandelt. Die Blastula oder Blastocyste kann sich dann weiter zur sogenannten Gastrula entwickeln; das bedeutet, dass sie sich in drei Keimschichten ausdifferenziert, deren Zellen, »auf ihre jeweiligen Entwicklungspfade geführt«, nicht mehr pluripotent sind.[9] Bush und andere lehnen embryonale Stammzellenforschung ab, weil die Zellentnahme die weitere, über die Gastrula-Phase hinausgehende morphologische Entwicklung verunmöglicht. DeLay beschreibt dies als »die Zerstückelung lebendiger, ausgeprägter Menschen für die Zwecke medizinischen Experimentierens«.[10]

Werden Embryos menschliche Stammzellen entnommen, dann werden diese Embryos dadurch zerstört. Stammzellen können auch dem Nabelschnurblut, dem Knochenmark erwachsener Menschen, befruchteten Embryos, die man zu lange im Labor gelagert hat, als dass sie sich weiter entwickeln könnten, sowie, so der Stand zum Zeitpunkt der Abfassung dieses Textes, menschlichen Hautzellen entnommen beziehungsweise aus diesen gezüchtet werden.[11] Gegen diese Verfahren hatte die Bush-Regierung nichts einzuwenden – möglicherweise weil Blut, Knochenmark, Haut und verwesende Embryos tote Materie sind, nicht Leben, sodass ihre Verwendung für die Kultur des Lebens keinerlei Bedrohung darstellt.

Eine natürliche Rangordnung

Die »Kultur des Lebens« war das zentrale Thema der von Papst Johannes Paul II. 1995 veröffentlichten Enzyklika *Evangelium vitae,* bevor Nichtkatholiken (US-amerikanische Evangelikale) die Formel aufgriffen, um sich auf eine Reihe theologischer Glaubenssätze zu beziehen, die mit politischen Forderungen zusammenhingen.[12] Die Forderungen sind schnell benannt: Auf die »Kultur des Lebens« wurde sich berufen, um eine rechtliche Entscheidung zu bekräftigen, der zufolge eine hirntote Frau weiterhin künstlich ernährt werden sollte; um es Minderjährigen zu erschweren, abzutreiben, und um bestimmte Arten von Abtreibung zu verbieten; außerdem um die bundesstaatliche Förderung der Stammzellenforschung zu bekämpfen. Die theologischen Glaubenssätze sind weniger deutlich artikuliert. Die folgenden vier Aussagen scheinen jedoch von zentraler Bedeutung zu sein:

(1) Leben ist radikal von Materie unterschieden. Leben ist organisiert und aktiv. Es treibt sich selbst voran, und es ist in verschiedenen Bedeutungen des Wortes »frei«. Materie ist ihrem Wesen nach passiv und in ihrem Wirken vorherbestimmt. Leben kann sich verkörpern, und man begegnet ihm meistens als verkörpertem; es wirkt dann parallel zu physikalisch-chemischen Entitäten und Vorgängen. Und doch kann Leben nicht auf die Summe dieser Entitäten und Vorgänge reduziert werden. Leben ist von seiner Verkörperung unterscheidbar.

(2) Menschliches Leben ist von sonstigem Leben qualitativ verschieden. Menschen sind, wie andere Organismen auch, mit Lebenskraft versehen. Im Fall des Menschen ist diese Lebenskraft jedoch »ein einzigartiges Lebensprinzip oder eine Seele«.[13] In den Worten des Vorsitzenden der Culture of Life Foundation:

> Wenn die Gesellschaft – sei es theoretisch, sei es im Kontext praktischer Versuche, ein menschliches Embryo zu klonen – das Bewusstsein verliert, dass eine wesentliche Unterscheidung besteht zwischen menschlichem Leben einerseits und tierischem Leben sowie materiellen Dingen andererseits, dann hat sie damit ihren Status als menschliche Gesellschaft verwirkt. Sie hat dann den Kompass der Menschlichkeit verloren und die Grundlage geschaffen für den Ersatz einer menschlichen Lebensweise durch biologisches Chaos.[14]

Den beseelten menschlichen Organismus trennt ein Quantensprung von anderen Organismen.

(3) In der Einzigartigkeit des Menschen kommt eine göttliche Absicht zum Ausdruck. Die menschliche Einzigartigkeit ist keine kontingente Begebenheit, kein evolutionärer Unfall und keine Folge der besonderen materiellen Zusammensetzung des menschlichen Körpers. Sie resultiert vielmehr daraus, dass ein allmächtiges Wesen (»der Allmächtige«) jedem menschlichen Individuum einen göttlichen Funken oder eine Seele verliehen hat.

(4) Die Welt ist eine von Gott geschaffene Ordnung, und diese Ordnung ist die einer robusten Hierarchie. Menschen sind nicht nur organisch, einzigartig und beseelt, sondern sie bilden auch die Krone einer ontologischen Rangordnung. Dadurch sind sie allem, was sonst auf Erden existiert, überlegen.

Der erste Glaubenssatz, dass Leben sich nicht auf Materie reduzieren lasse, erinnert an das, was Driesch als Kern eines jeden Vitalismus bezeichnet: dass nämlich das Zweckmäßige der Lebensvorgänge des Organismus nicht »einer besonderen Konstellation von Faktoren [entspringt], welche aus den Wissenschaften vom Anorganischen bekannt sind«, sondern vielmehr »Ausfluß« einer »Eigengesetzlichkeit« dieser Lebensvorgänge sei.[15] Geht die Vorstellung einer solchen Autonomie mit der einer Seele einher, deren Existenz nicht auf ein Verhältnis zur Materie angewiesen ist, dann hat man es mit dem zu tun, was Driesch als den »alten Vitalismus« bezeichnet. Im Gegensatz zum »modernen« oder »kritischen« Vitalismus versäumt dieser es, sich wissenschaftliche Erkenntnisse über die Natur zu eigen zu machen. Für Driesch boten das Laboratorium und der von seiner Vernunft Gebrauch machende Wissenschaftler einen besonderen Zugang zum Lebensprinzip; es sei stets »wesentlich, noch einmal über die tatsächlichen biologischen Befunde nachzudenken«.[16] Der kritische Vitalismus bot widerlegbare Hypothesen, und nicht etwa Dogmen, die nur unmoralische Menschen zu hinterfragen gewillt seien könnten.

Die Fürsprecher der Kultur des Lebens beziehen sich zustimmend auf die Wissenschaft und ihre Produkte, insbesondere auf Rüstungsgüter, sofern das die Vormacht der Vereinigten Staaten befördert.

Keine Wissenschaft darf jedoch die theologischen Wahrheiten der Beseeltheit, des menschlichen Exzeptionalismus oder des hierarchischen Charakters der Schöpfung infrage stellen. Beispielsweise vermag für DeLay keine Erkenntnis der Molekularchemie oder Komplexitätstheorie seine Überzeugung zu widerlegen, dass Materie träge und nur Leben frei und ergebnisoffen sei. Keine Befunde zur Blastula oder Gastrula könnten jemals Zweifel daran aufkommen lassen, dass es sich bei der befruchteten Eizelle um eine vom Allmächtigen beseelte Person handelt.[17] Für DeLay und andere Seelen-Vitalisten handelt es sich bei der Lebenskraft um ein persönliches Handlungsvermögen und nicht, wie für Driesch und Bergson, um ein unpersönliches. Um die im vierten Kapitel gebrauchte Begrifflichkeit aufzugreifen: Es geht um das Leben eines einzigartigen Subjekts, nicht um »ein Leben«.

Kurzum, der Seelen-Vitalismus ist anthropozentrischer und hierarchischer als der kritische. Der Kosmos des Seelen-Vitalismus ist eine moralisch und hierarchisch strukturierte Schöpfung, an deren Gipfel Gott seine bedeutendste Kreatur, den Menschen, angesiedelt hat. Der Mensch ist insofern die bedeutendste Kreatur, als er die beseelteste oder lebendigste, damit auch die machtvollste ist; aber auch in dem Sinn, dass er über die meiste Freiheit oder über das Vermögen verfügt, auf eine Art und Weise zu handeln, die sich nicht auf situative oder umweltbedingte Determinanten reduzieren lässt. Organisches Leben ist, so wird behauptet, nicht nur höheren Rangs als anorganische Materie, sondern auch radikal oder qualitativ von dieser verschieden, nämlich beseelt. Leben ist etwas Besonderes, doch wir als Menschen sind das Besonderste. Dieselbe Logik gilt auch für verschiedene Völker: Für Bush und seine Mitstreiter sind zwar alle Menschen mit einer Seele versehen, doch sind diese Seelen nicht alle gleichermaßen aktiv, vital oder frei. Der Seelen-Vitalismus ruft die »starken« Völker zum »Schutz der Schwachen« auf, wenn er sie auch zugleich ermahnt, »in jeglichem menschlichen Leben das Abbild unseres Schöpfers zu erkennen«.[18] Dieser paternalistische Fürsorge-Imperativ ist an eine Doktrin des vitalen Krieges und an weitere kaum verhohlene Äußerungen der Gewaltbereitschaft gekoppelt, etwa an die inständige Verteidigung von Folter, Schusswaffen und Militär. (Das zivile Präsidentenamt ist auf Betreiben von Bush in das des Oberbefehlshabers, des *commander in chief*, umbenannt worden.)

Wie kann die Liebe zum Leben mit der zur Gewalt koexistieren? Wie ist diese merkwürdige Verbindung von Fürsorge und Eroberung entstanden? Es scheint, als sei die Vorstellung einer Hierarchie der Arten übergegangen in die einer auf den jeweiligen Freiheitsgraden beruhenden Rangordnung der Völker. Das würde zumindest erklären, wie der Einmarsch in den Irak im Kontext dieser Kultur des Lebens als Akt der Sorge um die Schwachen aufgefasst werden konnte, der diesen die Gaben der Vitalität und Freiheit beschere. Allerdings richtet diese Erklärung das Augenmerk allzu ausschließlich auf menschliche Aktanten, auf das Zusammenspiel unterschiedlicher menschlicher Ansichten und Praktiken. Eine umfassender angelegte Auseinandersetzung mit diesem Problem würde die Kultur des Lebens als Gefüge aus menschlichen und nichtmenschlichen Aktanten begreifen: als ein Gefüge, in dem der menschliche Glaube an eine kosmische Hierarchie, der ein Allmächtiger als Patriarch vorsitzt, die menschliche Empfindung von Mitleid für die Schwachen und die ebenfalls menschliche Freude an Akten der Aggression und Gewalt sich verbinden und ihre Kräfte bündeln mit pluripotenten Stammzellen, Ultraschallbildern ungeborener Föten, der unpersönlichen Wucht des amerikanischen Imperiums und den spektakulären Feuern und Explosionen im Irak.

Evangelikale Fürsprecher der Heiligkeit des Lebens zelebrieren den Präventivkrieg; die Nationalsozialisten haben sich auf die Entelechie bezogen, um ihre Behauptung zu stützen, die deutsche Nation müsse ihr vitales Schicksal dadurch verwirklichen, dass sie einen vitalen Krieg führt. Wohnt dem Vitalismus, dem Glauben an die Autonomie des Lebens eine Affinität zur Gewalt inne? Das Beispiel Driesch legt einen anderen Schluss nahe. Ich kann nicht sagen, welche Komponente von Drieschs Vitalismus dessen generöse Politik begünstigte, doch spricht einiges dafür, dass es die praktische Laborarbeit war, also

Drieschs zupackende, unmittelbare und wiederholte Auseinandersetzung mit Seeigeln, Meerwasser, Schwefelsäure und verschiedenen gläsernen und metallenen Geräten. Eine solche Aufmerksamkeit für nichtmenschliche Materie und ihre Kräfte dürfte jeglicher Vorstellung einer präformierten oder statischen Hierarchie der Natur entgegenwirken.

Driesch war bemüht, die eigene Theorie des organischen Ganzen von jenen anderen Theorien abzugrenzen, denen zufolge Vitalität unter den Völkern ungleichmäßig verteilt ist. Letztlich redete Driesch nicht nur der entelechialen Gleichheit aller Völker das Wort, sondern auch der Möglichkeit, dass diese Vitalität allen Dingen gemeinsam sein könnte. Etwas Derartiges deutet er am Schluss von *Der Vitalismus als Geschichte und als Lehre* an, indem er die Leserin durch die Zurückweisung ebenjenes Begriffspaars von Leben und Materie überrascht, auf das er bis dahin seine Argumentation begründet hat. Das Universum, so schließt er letztlich, ist keine tote Materie, die gelegentlich um organisches Leben erweitert wird, sondern ein großer Organismus, »ein sich entwickelndes Etwas. Das gesamte natürliche Werden gleicht einer großen Embryologie.« Alles ist entelechial, lebendig, vitalistisch. Driesch beschließt seine Verteidigung des Vitalismus durch eine »Aufhebung« jener »Unterscheidung zwischen ›Mechanismus‹ und ›Vitalismus‹ [...], die wir so sorgfältig eingeführt haben«.[19] Dies ist, so würde ich sagen, der Punkt, an dem Driesch vom Vitalismus zum vitalen Materialismus überzugehen beginnt.

Vitalität und Freiheit

Michail Bachtin, mechanistischer Materialist, hat die Aussage von Driesch kritisiert, die Blastomere enthalte eine Vielzahl von Intensitäten, von denen nur eine, im Anschluss an ihre sorgfältige Auswahl durch die Entelechie, aktuell werde. Nach Ansicht Bachtins ist es schlichtweg nicht der Fall, dass es mehrere mögliche Pfade gibt: Ein jeder morphogenetische Akt vollziehe sich nur unter einer eigentümlichen Reihe von Bedingungen, und so gebe es auch nur ein mögliches Ergebnis, nämlich das von der jeweils gegebenen physikalisch-chemischen Situation bestimmte.

Drieschs Rede von verschiedenen Potenzialen und Möglichkeiten dient nur einem Zweck: »Sie erlaubt die Annahme, alle Entwicklungspfade seien gleichermaßen möglich [...], sodass es auch möglich sei, einen davon frei zu wählen. Die Wahlfreiheit [...] ist die Grundlage sämtlicher Konstrukte von Driesch.«[20] Die Kopplung des Vitalismus an Gewalt ist, wie ich glaube, eine zufällige. Ich stimme Bachtin allerdings darin zu, dass das Wesentliche des Vitalismus in der Bekräftigung freier Aktivität besteht: einer Freiheit, die sich evangelikale Christen als freien Willen und kritische Vitalisten als die weniger persönlichen Mächte des *élan vital* oder der Entelechie vorstellen. Ob es sich nun um die Freiheit einer gewissen »Unbeschränktheit der Zuordnung von bestimmter Ursache und bestimmtem Effekt«,[21] die Freiheit eines »unaufhörliche[n] Hervorsprudeln[s] neuer Formen«[22] oder die Freiheit zur Eroberung des Territoriums derer handelt, die die Freiheit verachten, weil sie »den Terror lieben«:[23] Der Vitalismus kehrt immer wieder, weil er eine Welt verteidigt, die nicht vorherbestimmt, sondern offen ist, ein Land voller Möglichkeiten der Kreativität, der Überraschungen, der Freiheit und der Wahl. Die Idee der Freiheit ist ansprechend: Ich erinnere daran, dass die ganze Aufregung über Stammzellen auf deren Pluripotenz zurückgeht, also auf deren ergebnisoffene Freiheit, sich zu irgendeiner jener verschiedenen Zell- oder Gewebearten zu entwickeln, die den ausgewachsenen, differenzierten Organismus auszeichnen.

Der Begriff der Außen-Seite ist denen des Bildungstriebs, der Entelechie, des *élan vital* und der Seele analog. Diese materielle Vitalität widersetzt sich der Berechnung und schwebt gleichsam in dem, was Georges Canguilhem als »*des enclaves d'indetermination, des zones de dissidence, des foyers d'hérésie*« (»Enklaven der Unbestimmtheit, Zonen der Dissidenz, Brennpunkte der Ketzerei«) bezeichnet hat.[24] Die verschiedenen auf die freie Vitalität gemünzten Denkfiguren erinnern säkulare Modernisten daran, dass wir zwar fraglos in die materielle Welt eingreifen können, diese aber nicht beherrschen, da »fremde« Mächte im Spiel sind.

Die in den USA ausgetragene Kontroverse um embryonale Stammzellenforschung wird oft als Auseinandersetzung zwischen religiös und wissenschaftlich eingestellten Personen dargestellt (oder auch, wie in dem oben zitierten Artikel aus der *New York Times* angedeutet, als Konfrontation zwischen denen, für die Moral den medizinischen Fortschritt übertrumpft, und denen, für die das Gegenteil gilt). Ich habe diese Kontroverse hier allerdings als Wiederkehr der Debatte um Vitalismus und Materialismus dargestellt. Wie Francis Summer es in einer 1916 erschienenen Besprechung der *Geschichte und Theorie des Vitalismus* von Driesch ausgedrückt hat:

> Der Vitalismus wird nicht klein beigeben. Die Durchsicht der jüngeren Literatur zwingt uns diesen Schluss auf. Eines der meistgelesenen philosophischen Werke der vergangenen Jahrzehnte (Bergsons *Schöpferische Evolution*) ist in erster Linie eine Verteidigung dieser Doktrin. Die Schriften von Driesch, sowohl die deutschen als auch die englischen, sind in erstaunlich kurzer Zeit aufeinandergefolgt, und sie haben die Aufmerksamkeit selbst des entschiedensten Mechanisten auf sich gezogen.[25]

Der Vitalismus reagiert als Denksystem auf den mechanistischen Materialismus. Es gibt natürlich die reichhaltige Tradition eines anderen Materialismus, in dem Atome abschweifen, Körper vom *conatus* angetrieben werden und »ungeformte Elemente und Materialien umhertanzen«.[26] Aus der Perspektive dieser Tradition unterschätzt der mechanistische Materialismus die komplexe, emergente Kausalität der Materialität: einer Materialität, die Louis Althusser als »Prozess ohne Subjekt« geschildert hat.[27] Die maschinelle Naturkonzeption ist, mit ihrer Denkfigur der trägen Materie, noch nicht einmal mehr wissenschaftlich. Sie ist infrage gestellt worden von der Systemtheorie, der Theorie der Komplexität, der Chaostheorie, der Fluiddynamik und den vielen früheren Biophilosophien des Flusses, deren Geschichte Michel Serres in *Naissance de la physique dans le texte de Lucrèce* geschrieben hat.[28] Auch ein Bericht, den die National Institutes of Health (die »Nationalen Gesundheitsinstitute«, eine Behörde des US-amerikanischen Gesundheitsministeriums) zum Thema Stammzellen veröffentlicht haben, hinterfragt, wie wir gleich sehen werden, diese Naturkonzeption. Und doch besteht das populäre Bild des Materialismus als eines mechanischen fort – möglicherweise, weil die wissenschaftliche Gemeinschaft dazu neigt, die aus menschlichem Erfindungsreichtum resultierende Naturbeherrschung stärker zu betonen als das der Materie innewohnende Element der Freiheit. Das mag wiederum daran liegen, dass ein Aufzeigen der Grenzen menschlicher Macht und der unbestimmten Vitalität der Materie die Wissenschaft zu nah an die Theologie und damit auch an den endzeitlichen Vitalismus von Bush heranführen würde.

In die Materie eintauchen

Der Bericht, den die US-amerikanischen National Institutes of Health 2001 zu Stammzellen veröffentlicht haben, enthält zwei Aussagen, die ich mit Überraschung aufgenommen habe. Die erste lautet, dass derzeit noch niemand weiß, ob »embryonale Stammzellen« als solche, das heißt als Zellen in menschlichen Embryos, wie sie sich in der Gebärmutter entwickeln, überhaupt existieren – ob es sie also überhaupt gibt, bevor sie Blastocysten entnommen und in ein neues Umfeld, das des Laboratoriums, eingeführt werden. Zwar seien sich »die meisten Wissenschaftler mittlerweile einig, dass ausgewachsene Stammzellen in vielen Gewebeformen des menschlichen Körpers, also *in vivo* existieren«. Es sei jedoch »weniger gewiss, dass embryonale Stammzellen als solche im Embryo vorkommen. Vielmehr [...] entwickeln sich embryonale Stammzellen in der Gewebekultur, nachdem man sie der inneren Zellmasse des noch geringfügig entwickelten Embryos entnommen hat.«[29] Die zweite für mich erstaunliche Aussage lautet, dass es ebenfalls ungewiss ist, ob die im Laboratorium erzeugten embryonalen Stammzellen tatsächlich »homogen und undifferenziert« sind, auch wenn sie diesen Eindruck erwecken und die von ihnen versprochene Pluripotenz gerade eine solche reine, gleichsam vibrierende Unbestimmtheit zur Voraussetzung hat.

Meine Reaktion auf diese Feststellungen war eine überraschte und sogar alarmierte. Was? Embryonale Stammzellen existieren im Körper womöglich überhaupt nicht, und ihre Avatare im Labor sind vielleicht überhaupt kein Musterbeispiel undifferenzierter Pluripotenz? An meiner Reaktion zeigte sich, wie sehr auch ich mir meinen Körper als physiologischen Mechanismus mit bestimmten festgelegten Komponenten, darunter Stammzellen, vorgestellt hatte. Ich hatte das maschinelle Modell der Natur verinnerlicht, und wenn ich nicht vorsichtig war, würde es, ganz automatisch, meine Fähigkeit begrenzen, die Vitalität der Dinge wahrzunehmen. Im Gegensatz dazu bekräftigten die National Institutes of Health Bergsons Ansicht, »Materialität« sei ein Fluss, ein unteilbares Kontinuum des Werdens, dessen vielgestaltige Elemente nicht nur hervorragend in eine fließende Umgebung eingepasst, sondern selbst dieses Fließen sind. Extensive und intensive Formen wirbeln umher und werden zu einem offenen und lebendigen Ganzen, einem »Ganzen, das nicht gegeben ist«, wie Bergson sagen würde.[30] Wenn sich herausstellt, dass »embryonale Stammzellen« *in vivo* nicht existieren, dann könnte der Grund dafür sein, dass ein Embryo keine Ansammlung eigenständiger Komponenten ist, vielleicht noch nicht einmal von Proto-Komponenten oder vorab bestimmten Möglichkeiten. Was Bergson die »unteilbare Kontinuität« nennt, lässt sich erst im geschlossenen System des Laboratoriums in Bestandteile wie »embryonale Stammzellen« zerlegen. Die technischen Fertigkeiten, durch die Menschen Zelldifferenzierung auslösen können, erklären nicht, weshalb Zellen sich eigenständig ausdifferenzieren. Wir können den Vorgang einleiten, wissen jedoch nicht, wie er sich selbst einleitet. (Driesch bezeichnet den inneren Auslöser als Entelechie.)

Meine Beschäftigung mit Kant, Driesch, Bergson und der Kultur des Lebens war durch den Wunsch motiviert, die Attraktivität der Leben/Materie-Dichotomie und ihres Pendants, des maschinellen Modells der Natur, zu verstehen und einen anderen Materialismus zu entwickeln, der die unbestimmte Vitalität in der Welt anerkennt, ohne in einen Vitalismus immaterieller Akteure zurückzufallen. Ralph Waldo Emerson notierte 1848 in seinem Tagebuch: »Ich finde keinen Geschmack mehr an diesen Raffinessen, die ihr als Leben bezeichnet, und werde mich erneut in die grobschlächtige Materie stürzen.«[31] Auch die vitale Materialistin taucht dort ein – und stellt fest, dass die Materie gar nicht so grobschlächtig ist.

Johann Gottfried von Herder lehnte ab, was er als Kants theologisch bedingte Blindheit für die pulsierende Vitalität der Materie hielt, und strebte nach einer Philosophie, in der

> [a]lle anstößigen Ausdrücke z. B. [wegfallen], wie Gott nach diesem oder nach einem andern System auf und durch die todte Materie wirke. Sie ist nicht todt, sondern sie lebt; denn in ihr wirken ihren innern und äußern Organen gemäß lebendige mannichfaltige Kräfte. Je mehr wir die Materie kennen lernen, desto mehrere derselben entdecken wir in ihr, so daß der leere Begriff einer todten Ausdehnung bei ihr völlig verschwindet.[32]

Die vitale Materialistin bekräftigt die Vorstellung von der Materie als einem aktiven Prinzip: Das aus dieser lebhaften Materialität bestehende Universum befindet sich stets in verschiedenen Zuständen der Gerinnung und Zerstreuung; Materialitäten sind aktiv und schöpferisch, ohne dass man sie als am Göttlichen oder an der Zweckhaftigkeit teilhabend erleben oder denken müsste. Mit Driesch und Bergson teile ich ein Bild des Universums, in dem das Werden beständig mit dem Sein wettstreitet, allerdings beinhaltet das Werden für Driesch und Bergson ein Element der Transzendenz, in der Form des *élan vital* oder der Entelechie. Trotz ihrer Achtung vor der Komplexität physikalisch-chemischer Vorgänge waren sie nicht gänzlich in der Lage, sich einen dem Aufblühen des Lebens angemessenen Materialismus vorzustellen. Und doch sind die kritischen Vitalisten sehr weit in diese Richtung gegangen. Ich begreife meinen vitalen Materialismus als ihre Erbschaft antretend.

7. Politische Ökologien

In diesem Kapitel verfolge ich zwei Ziele. Das erste ist einfacher zu erreichen als das zweite: Ich erzähle einige Geschichten über Würmer nach, die man zuerst von Charles Darwin und Bruno Latour vernommen hat, um zu zeigen, dass Würmer »so sind wie wir«. Dabei entdecke ich, wie auch anderswo in diesem Buch, in einem nicht- oder nicht ganz menschlichen Körper Belege für die Vitalität der Materie. Würmer, Elektrizität, verschiedene Geräte, Fette, Metalle und Stammzellen sind Aktanten oder auch das, was Darwin als »kleine Ursachen« (»*small agencies*«) bezeichnet: Auf die richtige Weise mit anderen physikalischen und physiologischen Körpern verbunden, können sie gewichtige Ereignisse herbeiführen. Mein zweites Ziel besteht darin, die schwierige Frage des politischen Vermögens von Aktanten anzugehen. Angenommen, es gelingt, überzeugend darzulegen, dass Würmer aktive Mitglieder etwa des Ökosystems eines Regenwalds sind – sind sie dann auch als Mitglieder einer Öffentlichkeit anzusehen? Worin liegt der Unterschied zwischen einem Ökosystem und einem politischen System? Sind die beiden analog – zwei Bezeichnungen für dasselbe, wenn auch in unterschiedlichen Größenordnungen verwirklichte System? Was ist der Unterschied zwischen einem Aktanten und einem politischen Akteur? Gibt es überhaupt einen eindeutigen Unterschied? Gilt eine Handlung dadurch als politisch, dass sie »in« einer Öffentlichkeit stattgefunden hat? Gibt es nichtmenschliche Mitglieder der Öffentlichkeit? Kurzum: Was folgt aus einer (Meta-)Physik lebhafter Materialität für die politische Theorie?

Im Anschluss an die Geschichten über Würmer versuche ich diese überaus schwierigen Fragen zu ergründen, indem ich mich mit zwei Theorien der Demokratie auseinandersetze. Ich werde mich dabei auf die unterschiedlichen Auffassungen darüber konzentrieren, was

Öffentlichkeit bedeutet, wie sie sich formiert, wie sie deformiert wird und was als politische Handlung gilt. Die erste der beiden Theorien, die von John Dewey, habe ich gewählt, weil die Analogie zwischen Ökosystem und politischem System darin vergleichsweise deutlich und der Abstand zwischen Handeln *tout court* und politischem Handeln ein vergleichsweise geringer ist. Ausschlaggebend ist dabei Deweys Vorstellung von jenem schöpferischen Feld, das er »vereintes Handeln« nennt. Vereintes Handeln ist die Handlungsmacht, die sich hinter der Entstehung einer Öffentlichkeit verbirgt; die Handlungsmacht einer Öffentlichkeit oder ihre Fähigkeit, Wirkungen herbeizuführen, ist unter anderem durch vereintes Handeln bedingt. In Deweys Theorie bleibt offen, ob einige der Handlungen aus dem Komplex vereinten Handelns ihren Ursprung in nichtmenschlichen (natürlichen und technologischen) Körpern haben. Die zweite Theorie, die von Jacques Rancière, habe ich gewählt, weil sie das Ausmaß betont, in dem das Politische einen außerordentlichen Handlungsbereich darstellt; diese Theorie skizziert also, weshalb ein politisches Gemeinwesen nicht als Ökologie angesehen werden sollte. Rancières Darstellung zufolge setzt sich die Öffentlichkeit aus Körpern mit rein menschlichen Fähigkeiten, Talenten und Fertigkeiten zusammen, und politisches Handeln ist etwas, das nur von solchen Körpern geleistet werden kann. Beide Modelle sind lehrreich; zusammen helfen sie uns, die Politik des vitalen Materialismus in ihren ersten Zügen zu erkennen.

Die »kleine Ursache« der Würmer

Darwin hat englische Würmer beobachtet, und das viele, viele Stunden lang. Er hat beobachtet, wie sie sich bewegen, wohin sie gehen und was sie tun, vor allem aber, wie sie Humusboden oder »Ackererde« erzeugen: Nachdem sie Blätter und Ähnliches verdaut haben, legen sie die Ausscheidungen am Eingang zu ihren Wurmröhren ab, wodurch sie beständig eine verarbeitete Schicht von Humus an der Erdoberfläche ablagern. Es sei, schreibt Darwin, »wohl wunderbar, wenn wir uns überlegen, dasz die ganze Masse des oberflächlichen Humus durch die Körper der Regenwürmer hindurchgegangen ist und alle paar Jahre wiederum durch sie hindurchgehen wird«.[1] Die Aussage, mit der Darwin sein Buch *Die Bildung der Ackererde durch die Thätigkeit der Würmer mit Beobachtung über deren Lebensweise* (1881) beschließt, betrifft jedoch nicht die Biologie oder die Agronomie, sondern die Historie: »Die Regenwürmer haben in der Geschichte der Erde eine bedeutungsvollere Rolle gespielt, als die Meisten auf den ersten Blick annehmen dürften«.[2] Wie schreiben Würmer Geschichte? Indem sie Humus erzeugen. Das ermöglicht das Wachstum von »Sämlingen aller Arten«, was wiederum eine für Menschen bewohnbare Erde ermöglicht; auf dieser Grundlage können kulturelle Artefakte, Rituale, Pläne und die Bestrebungen der Menschheitsgeschichte entstehen.[3] Würmer schreiben auch in dem Sinn Geschichte, dass sie die von Menschen geschaffenen Artefakte erhalten: Würmer bewahren »für eine ganz unbestimmt lange Zeit jeden, nicht der Zersetzung unterliegenden Gegenstand, welcher auf die Oberfläche gefallen ist, durch das Eingraben desselben unter ihre Excrementmassen«: ein Dienst, für den »[d]ie Archäologen [...] den Regenwürmern dankbar sein [sollten]«.[4]

Darwin behauptet, Würmer würden die menschliche Kultur einläuten, um dann, indem sie ergänzend zu Menschen und deren Bestrebungen ihr Geschäft verrichten, zum Erhalt dessen beizutragen, was Mensch und Wurm gemeinsam geschaffen haben. Er behauptet nicht, dass Würmer beabsichtigen, diese für die Menschheit so günstige Wirkung herbeizuführen, oder dass sie Werkzeug eines göttlichen Willens seien. Dass die Mühen der Würmer zur menschlichen Geschichte und Kultur beitragen sei vielmehr ungeplantes Ergebnis davon, dass die Würmer mit anderen (biologischen, bakteriellen, chemischen, menschlichen) Akteuren gemeinsam handeln und wettstreiten. Darwin beschreibt die Tätigkeit der Würmer als eine von zahlreichen »kleinen Ursachen« (»*small agencies*«), deren »gehäufte Wirkungen« sich als recht gewichtig erweisen.[5] Es wäre in Darwins Sinn zu sagen, dass sich Würmer an heterogenen Gefügen beteiligen, innerhalb derer die Handlungsmacht keinen alleinigen Ausgangspunkt, keinen Drahtzieher hat, sondern vielmehr über einen Schwarm verschiedener und vielfältiger, lebhafter Materialitäten verteilt ist.[6]

Würmer mögen zwar nicht beabsichtigen, die menschliche Kultur zu befördern. Sie verfolgen jedoch Darwin zufolge sehr wohl Vorhaben, die durch Voraussicht gekennzeichnet zu sein scheinen. Darwins aufmerksame Beobachtung der Würmer ließ ihn schließen, das Verhalten der Würmer sei nicht Ergebnis eines »unveränderlichen vererbten Antrieb[s]«.[7] Es handle sich vielmehr um intelligente Improvisationen. Indem sie beispielsweise »die Mündungen ihrer Röhren [mit Laub] zustopfen«, würden Würmer »nahezu in derselben Weise [verfahren], wie ein Mensch es tun würde«.[8] Sie würden also scheinbar freie oder jedenfalls nicht vorhersagbare Entscheidungen treffen, je nach dem zur Verfügung stehenden Material. In der Regel würden sie Blätter zwar an deren spitzen Enden greifen (um sie dann zu ihren Tunneln zu tragen). Doch: »Sie handeln nicht in allen Fällen in ein und derselben unveränderlichen Art und Weise.« Vielmehr würden sie ihre Technik der jeweiligen Situation und den von dieser gebotenen Möglichkeiten anpassen: Was für Laub steht zur Verfügung? Ist der Boden feucht oder trocken? Welche anderen Lebewesen befinden sich in der Umgebung?[9] Ein weiterer Beleg für die gewisse Freiheit, die das Verhalten der Würmer kennzeichnet, liegt im situativ bedingten Aussetzen bestimmter normaler physiologischer Reaktionen, etwa wenn ein Wurm sich nicht krümmt und in seinen Tunnel zurückzieht, sobald er hellem Licht ausgesetzt wird. Darwin beobachtet, dass solche normalen physiologischen Reaktionen immer dann aussetzen, wenn der Wurm sich einer bestimmten Aufgabe widmet, etwa wenn er isst, Laub trägt oder sich gattet:

> Wenn ein Wurm plötzlich beleuchtet wird und wie ein Kaninchen in seine Höhle hinabschieszt, […] so werden wir zunächst darauf geführt, die Handlung als eine Reflexthätigkeit anzusehen. Die Neigung der Gehirnganglien scheint gewisse Muskeln in einer ganz

unvermeidlichen Weise zum Zusammenziehen zu veranlassen, unabhängig von dem Willen oder dem Bewusztsein des Thieres als wäre es ein Automat. Aber die verschiedene Wirkung, welche ein Licht bei verschiedenen Gelegenheiten hervorbringt, und besonders die Thatsache, dasz ein Wurm, wenn er in irgend einer Weise beschäftigt ist und auch in Intervallen einer solchen Beschäftigung, was für eine Gruppe von Muskeln und Ganglien auch dabei in's Spiel gebracht worden sein mag, häufig des Lichtes nicht achtet, stehen der Ansicht entgegen, dasz das plötzliche Zurückziehen eine einfache Reflexthätigkeit ist. Wenn bei den höheren Thieren die gespannte Aufmerksamkeit auf irgend einen Gegenstand zur Nichtbeachtung der Eindrücke führt, welche andere Gegenstände auf sie hervorbringen müssen, so schreiben wir dies dem zu, dasz ihre Aufmerksamkeit dann absorbirt sei, und Aufmerksamkeit setzt das Vorhandensein einer Seele voraus.[10]

Darwins Würmer achten auf neuartige Situationen und reagieren angemessen auf sie, dabei das an den Tag legend, was Hans Driesch als Vermögen der »Individualität der Zuordnung« bezeichnet hat. Weder ist das Verhalten der Würmer Ausdruck einer göttlichen Absicht, noch lässt es sich auf einen gleichbleibenden, mechanischen Instinkt zurückführen.

Das Gefüge, an dem diese zuckenden Aktanten teilhaben, soll hier nicht (wie bei Baruch Spinoza) als Gott oder Natur bezeichnet werden, sondern als Geschichte oder Natur, genauer: als britische Geschichte oder Natur Englands. Das Gefüge ist insofern eine Ökologie, als es eine Reihe zusammenhängender Teile, aber keine feste Ordnung solcher Teile darstellt, denn die Ordnung wird beständig neu gestaltet, im Einklang mit einer gewissen, von den Aktanten ausgeübten »Wahlfreiheit«.

In *Die Hoffnung der Pandora* erzählt Latour nicht von den Würmern Englands, sondern von denen des Amazonas. Auch hier zeigt sich, dass Würmer in der Geschichte der Welt (oder zumindest jenes

Weltteils) eine wichtigere Rolle spielen, als die meisten Menschen zunächst annehmen würden. Die Geschichte beginnt mit der verwunderlichen Anwesenheit einer eigentlich aus der Savanne bekannten Baumart, etwa zehn Meter im Inneren des Regenwalds. Der Boden unter den Bäumen ist tonhaltiger als jener der Savanne, allerdings weniger tonhaltig als für den Wald typisch. Wie ist die Grenze von Savanne und Wald überschritten worden? »Dringt der Wald vor oder zieht er sich zurück?«[11] Diese Frage setzt eine Art pflanzliches Handlungsvermögen voraus, und zwar innerhalb eines natürlichen Systems, das keineswegs als mechanische Ordnung fester Gesetze verstanden wird, sondern als Schauplatz nicht restlos prognostizierbarer Begegnungen verschiedener Aktanten. Die Flora der Savanne, die Bäume des Waldes, der Boden, die Mikroorganismen des Bodens und die Menschen, die im Regenwald fremd oder heimisch sind: Sie alle reagieren, in Echtzeit und ohne vorherbestimmtes Ergebnis, aufeinander und auf die kollektive Macht sich herausbildender und verschiebender Konfigurationen. Für die Menschen besteht die Aufgabe darin, eine horizontalere Darstellung des Verhältnisses von menschlichen und nichtmenschlichen Aktanten zu entwickeln, um den von diesen Aktanten jeweils an den Tag gelegten Handlungsstilen besser gerecht zu werden.

Latour und die von ihm beobachteten Wissenschaftler gelangen letztlich zu dem Schluss, dass sich Würmer aus Menschen unbekannten Gründen am Rand des Regenwalds angesiedelt und dort eine Menge Aluminium produziert haben. Dieses hat wiederum die Kieselerde des sandigen Bodens in den von Waldbäumen bevorzugten Lehm verwandelt. Daher frisst sich der Wald in die Savanne hinein.[12] Es ist schwierig, genau zu bestimmen, wer hier der ausschlaggebende Operator oder »Gefüge-Konverter« ist:[13] Die Würmer? Deren Nahrung? Das von ihnen ausgeschiedene Aluminium? Haben die menschlichen Bewohner des Regenwalds etwas getan, das die Würmer zur Umsiedlung veranlasst hat? Diese verschiedenen Materialitäten verfügen zwar nicht über dieselbe Art von Handlungsmacht, sie lassen sich aber auch nicht ohne Weiteres hierarchisch anordnen, denn zu manchen Zeiten und an manchen Orten gibt die »kleine Ursache« eines erbärmlichen Wurms eher den Ausschlag als die erhabene Handlungsmacht der Menschen.

Wir betrachten es als politische Handlung, wenn Menschen sich entsprechend bekannten ethnischen und wirtschaftlichen Segregationsmustern auf unterschiedliche Stadtviertel verteilen, auch wenn diese Menschen dabei einem kulturellen Trend folgen und die Auswirkungen ihres Handelns etwa auf den städtischen Haushalt, die Kriminalitätsstatistik oder die Verkehrspolitik nicht ausdrücklich beabsichtigen, begrüßen oder auch nur bedenken. Es bestehen viele Parallelen zwischen dem Handeln von Menschen, die ihre Habe in ihre neue Vorortwohnung transportieren, und dem von Würmern, die Laub zu ihren Erdlöchern tragen oder an die Grenze von Savanne und Wald migrieren.

Anmerkung zum Anthropomorphismus

Darwin und Latour liefern Belege für die These, dass Würmer lebhaft materielle Akteure sind, die sich weniger von uns unterscheiden, als wir vielleicht angenommen haben. Ohne Würmer oder Aluminium (ohne Lebensmittel oder Stammzellen) und deren konative Bestrebungen wäre es für uns Menschen darüber hinaus schwierig, vielleicht sogar unmöglich, unseren spezifischen Willen, unsere Absichten zu verwirklichen. Es scheint, als seien Würmer zum einen »wie wir« und als müssten wir zum anderen (um eine kantische Wendung zu gebrauchen) von einem gewissen nichtmenschlichen Handlungsvermögen als Möglichkeitsbedingung menschlicher Handlungsfähigkeit ausgehen. Oder beruhen solche Aussagen auf einer verhängnisvollen Anthropomorphisierung?

Anthropomorphisierung, dass also als menschlich oder persönlich ausgelegt wird, was es nicht ist, spielt hier zweifellos eine Rolle. Weniger eindeutig ist allerdings, ob das so verhängnisvoll sein muss. George

Levine schreibt: »Darwins außergewöhnliche Neugier bezüglich der Gaben der Würmer hängt mit seinem eingefleischten Anthropomorphismus zusammen«; dieser sei »für Darwins umfassenderes theoretisches Projekt von absolut zentraler Bedeutung« gewesen.[14] Darwin hat seine Würmer vermenschlicht: Er erkannte in ihnen eine Intelligenz und einen Eigensinn, die er als seiner eigenen Intelligenz und seinem eigenen Eigensinn verwandt ansah. Der Narzissmus dieser Sichtweise erwies sich insofern als folgenschwer, als er Darwin veranlasste, dem alltäglichen Verhalten der Würmer besondere Aufmerksamkeit zu schenken, wodurch deren eigene, charakteristische materielle Komplexität ins Blickfeld rückte. Er war in der Lage, das zu erkennen, was Naturhistoriker als »*jizz*« des Wurmes bezeichnen: Jamie Lorimer definiert »*jizz*« als »das einzigartige Ensemble von Eigenschaften [–], das es erlaubt, [den Wurm] auf Anhieb zu erkennen und von anderen [Lebewesen] zu unterscheiden«.[15] Im vitalen Materialismus kann eine anthropomorphisierende Wahrnehmungskomponente eine ganze Welt von Resonanzen und Analogien aufdecken: Klänge und Anblicke, die viel stärker hallen und springen, als es in einem hierarchisch strukturierten Universum möglich wäre. Wir sehen zunächst vielleicht nur eine Welt nach unserem Abbild, als Nächstes zeigt sich dann aber ein Schwarm »begabter« und lebhafter Materialitäten (zu denen auch das wahrnehmende Selbst zählt).

Eine Prise Anthropomorphismus kann also ein Empfindungsvermögen verstärken, dem sich die Welt nicht als Ansammlung ontologisch verschiedener Seinsarten (Subjekte und Objekte) darstellt, sondern als Zusammenhang unterschiedlich zusammengesetzter, sich verbündender Materialitäten. Indem er Ähnlichkeiten aufzeigt, die quer zu kategorialen Unterscheidungen liegen, und indem er ein Schlaglicht wirft auf strukturelle Parallelen zwischen den materiellen Formen der »Natur« und denen der »Kultur«, vermag es der Anthropomorphismus, Isomorphismen aufzudecken. Ein gutes Beispiel dafür bietet das besondere Empfindungsvermögen, das sich in der *Großen Abhandlung über den höchsten Klang*, einem im 14. Jahrhundert verfassten Musikerhandbuch, zeigt. Die *Abhandlung* beschreibt die verschiedenen Klänge der Laute, vergleicht sie mit den Bewegungen von Tieren und weist den Musiker an, diese Bewegungen nachzuahmen: Um im Stakkato zu spielen, soll der Spieler versuchen, mit dem Finger die Bewegung einer »abgemagerten Krähe« nachzuahmen, »die auf einem kahlen Baum sitzt oder mit dem Schnabel in den Schnee hackt, in der Hoffnung, etwas Essbares zu finden«; um den eigentümlichen Klang zu erzeugen, der entsteht, wenn zwei Saiten mit Zeige-, Mittel- und Ringfinger gleichzeitig gegriffen werden, soll der Lautenspieler seine Hand dem »lässigen Zucken eines Karpfenschwanzes« angleichen; um einen »schwebenden Klang« zu erzeugen, sollen die Finger die Bewegungsfolge eines »in geringer Höhe schwebenden weißen Schmetterlings« nachahmen, der »zögert, aber nicht verweilt«.[16] Die Komplexitätstheorie des 20. Jahrhunderts hat sich ebenfalls mit solchen isomorphen Affinitäten befasst. Neuronenbündel im menschlichen Gehirn, städtische Gebäudeanordnungen und Schleimpilzkolonien folgen, so ist gezeigt worden, ähnlichen organisatorischen Prinzipien: Sie sind sämtlich Beispiele dessen, was Steven Johnson »organisierte Komplexität« genannt hat.[17]

Die Öffentlichkeit und ihre Probleme

Hat die Aussage, Würmer, Bäume und Aluminium seien Beiträger eines einheitlichen Ökosystems, Konsequenzen für Fragen der politischen Teilhabe, und wenn ja, welche? Die Antwort hängt unter anderem davon ab, ob politische Systeme selbst eine Art Ökosystem sind. Deweys Öffentlichkeitsbegriff legt den Schluss nahe, dass dem so ist. Ich wende mich Dewey nun zu, und damit auch den Möglichkeiten und Grenzen eines Ansatzes, der Politik als eine Form von Ökologie begreift. Darwin betont die Fähigkeit der Würmer, Entscheidungen zu treffen, um die Vorstellung anzufechten, Würmer würden nur durch tierischen Instinkt oder körperlichen Affekt angetrieben. Dewey schließt die Kluft zwischen Menschlichem und Nichtmenschlichem aus der entgegengesetzten Richtung: Er betont den affektiven, körperlichen Charakter menschlicher Reaktionen.

In *Die Öffentlichkeit und ihre Probleme* stellt Dewey die Öffentlichkeit als Ansammlung von Körpern dar, die weniger aufgrund einer Entscheidung – die Öffentlichkeit ist gerade kein freiwilliger Zusammenschluss – als vielmehr durch eine gemeinsame Leidenserfahrung entsteht, wobei diese gemeinsame Leidenserfahrung im Laufe der Zeit zu einem »Problem« gerinnt. Dewey streicht heraus, dass die Öffentlichkeit keinem besonderen Problem vorausgeht, sondern vielmehr erst in Reaktion auf ein solches Problem entsteht.[18] Eine Öffentlichkeit ist eine kontingente und vorübergehende Formation, die neben vielen anderen Öffentlichkeiten, Proto-Öffentlichkeiten und Rest- oder Post-Öffentlichkeiten existiert. Probleme kommen und gehen, Öffentlichkeiten tun es ihnen gleich: Zu jedem gegebenen Zeitpunkt sind viele unterschiedliche Öffentlichkeiten in Begriff, sich herauszubilden oder aufzulösen.[19]

Nähern sich verschiedenartige Körper einander an, um eine Öffentlichkeit zu bilden, dann sind sie durch ein Problem dazu veranlasst worden, also durch die »vereinigten Handlungen mit indirekten, bedeutenden und andauernden Folgen«.[20] Probleme sind Folgen des Phänomens gemeinsamen Handelns. Wie das gemeinsame Handeln von Darwins Würmern, so unterliegt auch das gemeinsame Handeln von Deweys Bürgern keinem rationalen Plan und keiner Absicht. Es lässt sich keine Bewegungsursache der von der Öffentlichkeit generierten Probleme bestimmen. Hinzu kommt, dass es kein Handeln gibt, das nicht gemeinsames ist, das also nicht sogleich in einem Geflecht von Verbindungen aufgeht. Für Dewey ist Aktion stets Transaktion, und jede Handlung ist in Wirklichkeit nur ein Anstoß, der eine Kaskade legitimer und illegitimer Sprösslinge nach sich zieht. Das liegt daran, dass eine Handlung nur in einem Feld stattfinden kann, auf dem sich bereits andere Bestrebungen mitsamt ihrer Folgen aneinanderdrängen: eine Menge, hinsichtlich derer es sofort zu

Wechselwirkungen, Überlappungen und Interferenzen kommt. Das Feld politischen Handelns ist für Dewey somit eine Art Ökologie. Kein einzelner Körper verfügt über seine vermeintlich eigenen Initiativen, denn solche Initiativen verbinden sich augenblicklich mit einem unpersönlichen Schwarm zeitgleicher Bestrebungen, von denen jede ihre eigene Dauer und Intensität aufweist. Diese Bestrebungen verlieren oder gewinnen an Schwung, gehen ineinander über und bilden neue Verbindungen. In Deweys Begrifflichkeit gesprochen: Die durch vereintes Handeln bewirkten Folgen sind »unvergleichlich zahlreich«; jede dieser Folgen »durchkreuzt die anderen«, um ihre eigenen Probleme zu generieren und damit auch ihre eigenen Öffentlichkeiten oder »Gruppe besonders betroffener Menschen«.[21] Dewey stellt sich jede Öffentlichkeit als eine Reihe von Körpern vor, die von einem gemeinsamen Problem betroffen sind, das wiederum aus einem Schwarm pulsierender Tätigkeiten entstanden ist. Klammern wir zunächst Deweys Aussage aus, die Öffentlichkeit sei stets eine »Gruppe besonders betroffener Menschen«, und lassen wir auch die Frage beiseite, welche Arten von Körpern die sich verbindenden »Handlungen« zu begehen fähig sind. Richten wir unser Augenmerk stattdessen darauf, dass Dewey die Mitglieder der Öffentlichkeit unter Verweis auf deren »affektives« Vermögen definiert. Wir erhalten dann diese (spinozistische) Version von Deweys Theorie der Öffentlichkeit und des gemeinsamen Handelns: Aus Problemen gehen Öffentlichkeiten hervor, das heißt Gruppen von Körpern, die die Fähigkeit aufweisen, zu affizieren und selbst affiziert zu werden; Probleme sind Signale, die darauf hinweisen, dass die zukünftigen oder Proto-Mitglieder einer Öffentlichkeit bereits auf die indirekten Wirkungen anderer strebender Körper gestoßen sind, denn diese Wirkungen haben die Handlungsfähigkeit der Proto-Mitglieder geschmälert. Die Öffentlichkeit ist ein Bündel von Körpern, die durch die Handlungen anderer geschädigt worden sind, oder auch durch Handlungen, die aus ihren eigenen Aktivitäten beziehungsweise aus der Interaktion dieser Aktivitäten hervorgegangen sind; geschädigte Körper nähern sich einander an und streben danach, neue Handlungen zu begehen, die ihre Macht wiederherstellen, vor zukünftigem Schaden schützen und erlittenen Schaden kompensieren können. Darin besteht das politische Handeln dieser Körper. Es wird, zum Guten oder zum Schlechten, selbst gemeinsames Handeln werden, mitsamt seiner eigenen Kette indirekter und nicht vorherzusagender Konsequenzen.

Bei Dewey scheinen die Mitglieder einer Öffentlichkeit dieser eher einverleibt zu werden, als dass sie ihr freiwillig beitreten würden: Jeder Körper wird mit anderen geschädigten, sich windenden Körpern zusammengeworfen. Deweys politischer Pragmatismus betont, wie der, den ich im zweiten Kapitel (am Schluss meiner Erörterungen zum Stromausfall von 2003) artikuliert habe, Handlungsfolgen stärker als Absichten; in Fragen der »Verantwortung« geht es eher um Schadensbegrenzung als darum, Schuldige zu bestimmen. Deweys Begriff gemeinsamen Handelns hat zur Folge, dass Verantwortung auf eine Vielzahl von (menschlichen) Akteuren verteilt wird. Mehr noch: Indem er ein Problem (und nicht etwa einen Willensakt) zur treibenden Kraft der Herausbildung einer Öffentlichkeit bestimmt, gesteht Dewey (fast) ein, dass politisches Handeln seine Ursache keinesfalls in menschlichen Körpern haben muss. Denn ist es etwa nicht der Fall, dass einige der Initiativen, die sich verbunden und Schaden verursacht haben, in den lebhaften Körpern von Tieren, Pflanzen, Metallen oder Maschinen ihren Ursprung haben (oder sich zumindest später mit diesen zusammengeschlossen haben)?

In *Kunst als Erfahrung* geht Dewey fast so weit zu erklären, selbst menschliche Initiativen seien nicht rein menschlich: Er kokettiert mit einer posthumanen Handlungskonzeption, indem er auf den porösen Charakter der Grenze zwischen dem menschlichen Körper und dessen Außen eingeht:

> Die Epidermis zeigt nur äußerst oberflächlich an, wo ein Organismus endet und wo die Umwelt beginnt. Es gibt Dinge innerhalb des Körpers, die diesem fremd sind, und es gibt Dinge außerhalb

> des Körpers, die ihm *de jure*, wenn nicht gar *de facto* angehören, d. h. Dinge, die angeeignet werden müssen, wenn das Leben weitergehen soll. [...] In den drängenden Antrieben, die nach Vollständigkeit streben, welche allein durch die Umwelt erreicht werden kann, manifestiert sich ein Bedürfnis, das einen dynamischen Beweis für die Umweltabhängigkeit liefert, in die sich das Ich um seiner Ganzheit willen begibt.[22]

Dewey ist natürlich nur beinahe ein vitaler Materialist. Seine Ausdrucksweise im hier angeführten Zitat verweist das nichtmenschliche und anorganische in die Rolle der »Umfelds« (im Gegensatz zu der des Akteurs) und bekräftigt eine weitreichende »Angewiesenheit« der Menschen auf die »Umgebung«, jedoch keine genuine Reziprozität der an verschiedenen materiellen Zusammenschlüssen Beteiligten. Auch geht Dewey im Allgemeinen davon aus, dass die Tätigkeiten, um die es beim gemeinsamen Handeln geht, Ausdruck menschlicher Bestrebungen sind. Ein solcher Anthropozentrismus lässt sich nicht gänzlich vermeiden: Wir sind, wie Adorno gesagt hat, (beinahe) blind für die Kluft zwischen Begriff und Ding, und wir neigen dazu, wie selbst Spinoza, menschliches Streben auch dann noch zu privilegieren, wenn wir die Anwesenheit anderer Arten von konativen Körpern anerkennen. Eine pragmatische, an der Lösung von Problemen ausgerichtete Herangehensweise an die Politik kann mit besonderer Vehemenz das auf den Plan rufen, was Henri Bergson als handlungsorientierte Wahrnehmung beschrieben hat. Sind denn nicht etwa menschliche Körper am besten ausgerüstet, Probleme zu analysieren und Lösungsstrategien zu entwickeln? Es mögen zwar alle möglichen Körper fähig sein, ihre Kräfte zu bündeln, doch Vertreter des Pragmatismus werden rasch erkennen, dass nur manche Körper aus einer solchen Kräftebündelung eine *task force*, ein Einsatzkommando machen können. Und doch gibt es ein menschliches Interesse daran, anzunehmen, dass alle materiellen Körper potenzielle Mitglieder einer Öffentlichkeit sind, an der wir teilhaben. Eine solche Annahme erlaubt es mir, das Ausmaß der Macht, die diese Körper über mich ausüben, genauer zu erkennen: Wie trägt dieses Lebensmittel, dieser Wurm oder dieses Aluminium zu einem Problem bei, von dem ich betroffen bin? Wie könnten diese Nichtmenschen zur Lösung meines Problems beitragen?

Latour treibt Deweys Theorie der Öffentlichkeit und ihrer Probleme weiter in Richtung eines vitalen Materialismus. Er tut dies zunächst, indem er den Begriff des Aktanten prägt. Dabei handelt es sich, wie bei Deweys Begriff des vereinten Handelns (*conjoint action*), um den Versuch, einen gewissen Abstand herzustellen zwischen der Idee des Handelns einerseits und der menschlichen Intentionalität andererseits. Des Weiteren weist Latour die Kategorien »Natur« und »Kultur« ausdrücklich zurück, und zwar zugunsten des »Kollektivs«, womit eine Ökologie menschlicher und nichtmenschlicher Elemente gemeint ist.[23] Eine politische Gemeinschaft ist ein solches Kollektiv. Drittens begreift Latour politisches Handeln nicht als die Umsetzung von Entscheidungen, sondern als ein Ruf-und-Antwort-Spiel zwischen »Propositionen«.[24] Eine Proposition hat keinerlei dezisionistische Macht, sondern sie verleiht einer Seite zusätzliches Gewicht, schafft einen Anreiz für einen bestimmten Handlungspfad oder wirkt auf diesen hin anstatt auf einen anderen.[25] Die Reaktion auf ein Problem resultiert stets weniger aus »Beratung« denn aus einer »Gärung« der verschiedenen Propositionen und Energien der betroffenen Körper.[26] Schließlich schreibt Latour auch dem »Ereignis« Handlungsvermögen zu. Politische Ausrichtungen und Stimmungen lassen sich nicht auf die Summe der Propositionen reduzieren, auch nicht auf die einer ontologisch pluralen Öffentlichkeit, denn es ist stets auch das leicht überraschende Moment der Handlung im Spiel: »[E]s gibt Ereignisse. Ich handle nie; immer werde ich leicht überrascht von dem, was ich tue. Was durch mich handelt, ist ebenfalls überrascht davon – durch die Chance zur Veränderung, zum Wandel und zur Verzweigung.«[27] Deweys Darstellung der Öffentlichkeit als Produkt gemeinsamen Handelns zeichnet das Bild eines politischen Systems, das viel mit dynamischen natürlichen Ökosystemen gemeinsam hat.

In Verbindung mit seiner Aussage, ein Mitglied der Öffentlichkeit werde stets »von den indirekten Transaktionsfolgen in solch einem Ausmaß beeinflußt [...], daß es für notwendig gehalten wird, sich um diese Folgen systematisch zu kümmern«,[28] ebnet das einer Handlungstheorie den Weg, die nichtmenschliche Körper ausdrücklicher als Mitglieder der Öffentlichkeit anerkennt, sich expliziter damit auseinandersetzt, wie auch sie am gemeinsamen Handeln teilhaben, und jene Fälle deutlicher erkennt, in denen es die (affektiven) Körper von Tieren, Pflanzen, Mineralien und deren Ökosystemen sind, die geschädigt werden. Solche Schädigungen werden zweifellos das eine oder andere »Ereignis« als Reaktion nach sich ziehen, doch bleibt es eine offene Frage, ob diese Ereignisse Menschen veranlassen werden, auf eine Lösung des Problems hinzuwirken. Menschen können den Schaden zu spät bemerken, um noch sinnvoll intervenieren zu können, oder ihre Interventionsstrategien können sich als unwirksam erweisen. Möglich ist auch, dass es schlichtweg als unnötig angesehen wird, sich einer Schädigung »systematisch anzunehmen«, opfern wir doch regelmäßig einige Aktanten unserem eigenen Wohlergehen. Denn es mag zwar jede Öffentlichkeit ein Ökosystem sein, doch nicht jedes Ökosystem ist demokratisch. Und ich zumindest kann mir kein derart egalitäres Gemeinwesen vorstellen, dass bestimmte wichtige menschliche Bedürfnisse, etwa Gesundheit oder Überleben, darin nicht vorrangig wären.

Warum nicht? Ich habe die Einzigartigkeit der Menschheit auf verschiedene Weisen infrage gestellt. Warum sollte ich also nicht den Schluss ziehen, dass wir und die anderen gleiche Rechte genießen? Weil ich nicht alle Unterschiede zwischen uns aufgehoben, sondern vielmehr die Affinitäten untersucht habe, die quer zu diesen Unterschieden liegen: jene Affinitäten also, die die in diesem Buch untersuchten Gefüge überhaupt erst ermöglichen. Um es offen zu sagen: Mein *conatus* erlaubt es mir nicht, die Welt vollständig zu »horizontalisieren«. Auch ich identifiziere mich mit den Mitgliedern meiner Gattung, insofern es sich bei ihnen um jene Körper handelt, die meinem eigenen am ähnlichsten sind. Das politische Ziel des vitalen Materialismus ist nicht das einer vollkommenen Gleichheit der Aktanten, sondern das eines Gemeinwesens, zwischen dessen Mitgliedern Kommunikationskanäle bestehen. (Latour bezeichnet dies als ein stärker »vaskulares« Kollektiv.[29])

Hier stoßen wir auf zahlreiche praktische und begriffliche Hindernisse: Wie kann die Kommunikation sich entwickeln, wo doch viele Mitglieder nicht mit Sprache begabt sind? Können wir die verschiedenen Formen solcher kommunikativen Theorien theoretisch genauer fassen? Wie können wir Menschen lernen, unsere Aufmerksamkeit für »Propositionen« zu schärfen, die nicht in Worten ausgedrückt werden? Wie können wir solche »Propositionen« übersetzen? Welche Arten von Institutionen und demokratischen Ritualen wären dem angemessen? Latour schlägt die Einberufung eines »Parlaments der Dinge« vor – eine Idee, die ebenso provokativ wie schwer zu fassen ist.[30] Vielleicht kommen wir an dieser Front besser voran, wenn wir uns mit einer Theorie befassen, die die Demokratie für die Stimmen ausgeschlossener Menschen öffnen soll. Ich wende mich nun Rancières Theorie der Demokratie als Unterbrechung zu.

Unterbrechung und Demos

Im Vergleich zu Dewey und Latour ist Rancière weniger an der Entstehung der Öffentlichkeit als daran interessiert, wie sich deren (scheinbare) Kohärenz aufbrechen lässt. In seinem einflussreichen Buch *Das Unvernehmen* richtet er das Augenmerk auf eine potenziell unterbrechende menschliche Kraft, die innerhalb der Öffentlichkeit existiert (auch wenn sie von dieser nicht anerkannt wird). Er bezeichnet sie als die Macht des Volkes oder des »Demos«. Zur demokratischen Handlung *par excellence* kommt es dann, wenn der Demos etwas unternimmt, das die Willkür der vorherrschenden »Aufteilung des Sinnlichen« offenbart.[31] Bei dieser Aufteilung handelt es sich um jene Grenzziehung, durch die einige Menschen als politische Akteure sichtbar gemacht, andere aber unterhalb der Schwelle des Wahrnehmbaren gehalten werden. Politik besteht, in Rancières Verständnis, nicht in Handlungen, die eine politische Ordnung bewahren oder auf bereits formulierte Probleme reagieren, sondern sie ist »der Name einer singulären Unterbrechung dieser Ordnung der Verteilung der Körper«.[32] Bei diesen singulären Unterbrechungen handelt es sich weder um intentionale Handlungen noch um aleatorische Ausbrüche; Rancière verortet sie im Zwischenraum des inszenierten Ereignisses. Der Demos schafft, auf mehr oder weniger spontane Weise, eine »polemische Szene«, innerhalb derer das, was die Mächtigen bis dahin als Lärm wahrgenommen haben, in ihren Ohren wie »argumentative Aussprüche« zu klingen beginnt.[33] Wie sehr sich solche Szenen hinsichtlich ihrer Eigenschaften auch unterscheiden mögen, sie erzählen stets dieselbe Geschichte: die der »Gleichheit der sprechenden Wesen«.[34] Die »Inszenierungen (*mise-en-scènes*), die das Verhältnis von Sichtbarem und Sagbarem neu ordnen«, offenbaren »das letzte Geheimnis einer jeden Gesellschaftsordnung«,[35] nämlich dass »es [–] kein natürliches Prinzip der Herrschaft eines Menschen über einen anderen [gibt]«.[36] Für Rancière besteht politisches Handeln also im exklamatorischen Zwischenruf affektiver Körper, die sich in eine ihnen vorausgehende Öffentlichkeit hineinbegeben oder vielmehr zeigen, dass sie sich durchweg dort befunden haben, als anteilloser Teil. (Rancière könnte hier, wie ich glaube, von Deweys Einsicht bezüglich der Vielzahl gleichzeitig existierender Öffentlichkeiten lernen, anstatt von einem einzigen Demos mit ausdrücklichen und latenten Mitgliedern zu sprechen.) Was ändert sich, Rancière zufolge, durch den Zwischenruf dieser bis dahin verkannten Körper? Was sich ändert, ist die »Aufteilung des Sinnlichen« oder das »Regime des Sinnlichen«,[37] und damit wiederum ändert sich alles. Als Beispiel nennt Rancière die von den Plebejern der (patrizischen) römischen Republik inszenierte Unterbrechung:

> Was machen die am Aventin versammelten Plebejer […]? Sie verschanzen nicht das Lager nach der Art der Sklaven der Skythen. Sie tun, was für jene undenkbar ist: sie errichten eine andere Ordnung, eine andere Aufteilung des Sinnlichen, indem sie sich nicht als Krieger, die anderen Kriegern gleich sind, sondern als sprechende Wesen konstituieren, die dieselben Eigentümlichkeiten haben wie diejenigen, die sie ihnen absprechen. Sie führen somit eine Reihe von Sprechakten aus, die jene der Patrizier mimen: sie sprechen Verwünschungen und Vergötterungen aus; sie wählen einen unter ihnen aus, um *ihre* Orakel zu befragen; sie geben sich Repräsentanten, indem sie ihnen neue Namen geben. Kurz, sie verhalten sich wie Wesen, die Namen haben. Sie entdecken sich, in der Weise der Überschreitung, als sprechende Wesen, mit einer Sprache begabt, die nicht einfach Bedürfnisse, Leiden und Zorn ausdrückt, sondern Intelligenz beweist.[38]

Den Plebejern ist die Infragestellung der bis dahin gegebenen Aufteilung des Sinnlichen gelungen. Handelt es sich dabei um eine rein menschliche Fähigkeit? Die Metaphern des Ausbruchs oder der Unterbrechung, die Rancière gebraucht, mögen zwar andeuten, die politische Handlung sei »wie« eine Naturkraft. Seine Beschreibung der Handlung bedient sich allerdings einer zunehmend linguistischen Begrifflichkeit (aus »Unterbrechung« wird im Laufe des Textes beispielsweise »Streit«).

Es handelt sich um einen »Einwand gegen ein Übel«, wobei Übel definiert wird als ungleiche Behandlung von Wesen, die gleichermaßen zu menschlicher Rede befähigt sind. Öffentlich befragt, ob er glaube, ein Tier, eine Pflanze, eine Droge oder ein (nichtsprachlicher) Ton könnten ebenfalls die Ordnung der Polizei aufbrechen, hat Rancière mit Nein geantwortet: So sehr wolle er den Begriff des Politischen nicht erweitern; Nichtmenschliches könne am Demos nicht teilhaben; der Unterbrechungseffekt müsse mit dem Wunsch einhergehen, sich an vernünftigen Diskursen zu beteiligen.[39] Ich denke, dass Rancières Konzeption, trotz dieser Äußerung und gleichermaßen gegen die Ansicht ihres Urhebers, Andeutungen und Möglichkeiten einer im emphatischen Sinn materialistischen (oder vital-materialistischen) Theorie der Demokratie bereithält. Nehmen wir zum Beispiel die Art und Weise, auf die Rancière das Sein des Demos denkt: nicht als ausgestaltetes Ding oder feste Entität, sondern als unbändige Tätigkeit oder unbestimmte Welle von Energie. Der Demos ist, so lesen wir, »weder die Summe der Bevölkerung noch der in ihr enthaltene, benachteiligte Teil«, sondern ein »Überschuss«, der sich nicht auf die jeweils beteiligten Körper reduzieren lasse.[40] Diese Idee einer Kraft, die die Körper durchzieht, ohne selbst einer zu sein, erinnert an Spinozas *conatus* und an Deleuzes Begriff (mobiler) Intensitäten, wie ich sie im zweiten beziehungsweise im vierten Kapitel erörtert habe. Durchströmt der vielgestaltige »Überschuss«, den Rancière beschwört, nichtmenschliche Körper etwa nicht? Ist dies vielleicht nicht das, worauf der Autor der *New York Times* Bezug nahm, als er schrieb, das Stromnetz »lebe und sterbe nach seinen eigenen Gesetzen«? (Oder auch das, wovon eine Ahnung in Formulierungen wie der aufscheint, Kriege hätten eine »Eigendynamik«?) Implizit stellt Rancière die Frage, ob die Macht zu unterbrechen tatsächlich nur menschlichen Sprechern vorbehalten ist.

Eine zweite Gelegenheit, eine im strengeren Sinn materialistische Demokratietheorie zu formulieren, bietet sich Rancière dort, wo er beschließt, die gezeitigte Wirkung zum Kriterium dessen zu machen, was als politisch zählt: Politische Handlungen unterbrechen nicht nur, sondern sie tun dies auch derart, dass sich radikal ändert, was Menschen »wahrnehmen«: Das Sinnliche wird neu aufgeteilt, das Regime des Wahrnehmbaren revidiert. Auch hier wird das Tor zum Politischen weit genug geöffnet, um Nichtmenschlichem (Ratten, Schraubverschlüssen, Geräten, Feuer, Elektrizität, Beeren, Metall) zu erlauben, hindurchzuschlüpfen, hat doch auch dieses Nichtmenschliche die Macht, zu erstaunen und eine Gestaltveränderung oder Wahrnehmungsverschiebung zu verursachen: Aus Unrat werden Dinge, aus

Mitteln zum Zweck gleichberechtigte Teilnehmer, aus Lebensmitteln Akteure, Stählernes wird Intensität. Wir beobachten, wie ein Tier, eine Pflanze, ein Mineral oder Artefakt zuweilen eine Öffentlichkeit in Bewegung versetzen kann, und dementsprechend könnten wir auch wirksamere (experimentellere) Taktiken zur Stärkung oder Schwächung der Öffentlichkeit entwickeln. Es erscheint riskant, das Tor offen zu lassen, denn dadurch werden begriffliche, moralische und psychologische Besitztümer offengelegt und angreifbar gemacht. Sicherer erscheint es, eruptive Ereignisse als »argumentative Äußerungen« zu fassen.

Es ist natürlich nicht verwunderlich, dass die Demokratietheorie anthropozentrisch ist, und es ist auch durchaus vernünftig, politische Teilhabe von einem gewissen Grad an sprachlicher oder kognitiver Kompetenz abhängig zu machen.[41] Diese Tendenzen haben Demokratietheoretiker auf wichtige Probleme aufmerksam gemacht: auf den uninformierten Wähler und den Mangel an Diskussionsforen, auf den ungleichen Zugang verschiedener Gruppen von Menschen zur politischen Macht und auf den Schaden, der entsteht, wenn wir nicht nur etablierte Interessengemeinschaften, sondern auch das verkennen, was William Connolly als die vielgestaltigen Identitäten beschreibt, die aus sprachlosen »Erfahrungsströmen« hervorgehen.[42]

Was wäre nun aber, wenn wir die Kopplung von Teilhabe an menschlichen Sprachgebrauch lockern und der Welt als einem Schwarm lebhafter Materialien begegnen würden, die in handlungsmächtige Gefüge eingehen und sich von diesen wieder lösen? Wir könnten uns dann eine Reihe verrückter und nicht so verrückter Fragen stellen: Hat die typisch amerikanische Ernährungsweise zur weitverbreiteten Empfänglichkeit für jene Propaganda beigetragen, durch die der Einmarsch in den Irak vorbereitet wurde? Wirken sich Sandstürme auf die Ausbreitung sogenannter sektiererischer Gewalt aus? Trägt Quecksilber zum Autismus bei? Auf welche Weise überschreiten die Auswirkungen eines Computerspiels auf das menschliche Empfinden die Absichten der Entwickler und Spieler? Kann ein Orkan den Sturz eines Präsidenten herbeiführen? Kann das HI-Virus

Homophobie oder eine evangelikale Erweckungsbewegung befördern? Kann die Vogelgrippe von Vögeln auf Menschen übergehen und Gesundheitssysteme, den internationalen Handel und den Tourismus ins Chaos stürzen?

Rancière lehnt das »platonische« Vorurteil gegen den Demos ab, dem zufolge der gemeine Mensch eine unvollkommene Variante des mit einem Logos ausgestatteten Menschen darstellt. Sich die Politik als ausschließlichen Bereich menschlicher Tätigkeit vorzustellen, könnte jedoch ebenfalls auf eine Art von Vorurteil hinauslaufen: auf ein Vorurteil gegenüber jener (nichtmenschlichen) Vielheit, die gewöhnlich als Kontext, Zwang oder Mittel aufgefasst und damit verkannt wird. Eine vital-materialistische Theorie der Demokratie strebt danach, aus der Kluft zwischen sprechenden Subjekten und stummen Objekten eine Reihe differenzierter Tendenzen und variabler Vermögen zu machen. Ich glaube, dass es auch Darwin und Latour darum ging, als sie ihre Wurmgeschichten erzählten.

Würmer und Demokratie

In dem Ausmaß, in dem sich unsere Fähigkeit entwickelt hat, die subtileren Formen tierischen Verhaltens und tierischer Kommunikation zu erkennen und in eine uns verständliche Sprache zu übersetzen, hat sich auch unsere Bereitschaft entwickelt, diesem Verhalten und dieser Kommunikation Intelligenz zuzuschreiben und sie nicht länger als Verhalten, sondern vielmehr als Handeln aufzufassen. Um Würmer aber wirklich ernst zu nehmen, müssten wir nicht nur unsere Einschätzung ihrer Tätigkeit revidieren, sondern auch unser umfassenderes Vertrauen in die Einzigartigkeit des Menschen hinterfragen und Begriffe neu erfinden, die gegenwärtig an dieses Vertrauen gekoppelt sind.[43] Demokratietheorien, die von einer Welt aktiver Subjekte und passiver Objekte ausgehen, beginnen nun, da die Wechselwirkungen zwischen menschlichen, viralen, tierischen und technischen Körpern zunehmend an Intensität gewinnen, als eher dürftige Darstellungen zu erscheinen. Wenn die menschliche Kultur untrennbar mit lebhaften, nichtmenschlichen Handlungsvermögen verwoben ist[44] und wenn menschliche Intentionalität nur insofern handlungsmächtig sein kann, als sie mit einem gewaltigen Heer von Nichtmenschlichem einhergeht,[45] dann scheint es, als könne die angemessene analytische Einheit nicht mehr der individuelle Mensch sein, und auch kein rein menschliches Kollektiv; vielmehr sollten wir als analytische Einheit jene (ontologisch heterogene) »Öffentlichkeit« setzen, die um ein Problem herum gerinnt.[46] Wir sollten nicht nur Begriffe wie die des *conatus*, des Aktanten, des Gefüges, der kleinen Ursache, des Operators oder der Unterbrechung erfinden beziehungsweise uns auf sie beziehen, sondern auch neue Vorgehensweisen, Techniken und Wahrnehmungsregimes entwickeln, die es uns erlauben, uns mit Nichtmenschlichem zu beraten oder auch sorgfältiger auf dessen Ausbrüche, Einsprüche, Zeugnisse und Aussagen zu reagieren. Denn solche Äußerungen sind für die politischen Ökologien, denen wir angehören, von größter Bedeutung.

Nichtmenschliche Materialitäten als an einer politischen Ökologie teilhabend anzuerkennen bedeutet natürlich nicht, zu behaupten, alles habe immer teil oder alle Teilhabenden seien gleich. Personen, Würmer, Laub, Bakterien, Metalle und Orkane verfügen über verschiedene Arten und Grade von Macht, wie das auch bei unterschiedlichen Personen der Fall ist; selbst für unterschiedliche Würmer gilt dies, und so weiter. Es kommt stets auf die Zeit, den Ort, die Zusammensetzung und die Dichte der Formation an. Doch lässt sich die Reichweite der Demokratisierung sicherlich derart ausweiten, dass mehr Nichtmenschliches auf mehr Weisen anerkannt wird, so, wie wir gelernt haben, die Stimmen anderer Menschen zu vernehmen, die ebenfalls einmal außen vor waren:

> Seid ihr bereit, und um den Preis welchen Opfers, gut miteinander zu leben? Daß diese wichtigste politische und moralische Frage für so viele Jahrhunderte und von so vielen hellen Köpfen *nur für die*

Menschen formuliert worden ist, ohne die nichtmenschlichen Wesen zu berücksichtigen, die die Menschen zu Menschen machen, wird bald, dessen bin ich mir sicher, so ausgefallen erscheinen wie die Verweigerung des Stimmrechts für Frauen und Sklaven durch die Verfassungsväter.[47]

8. Vitalität und Eigeninteresse

Wir scheinen der Entstehung einer amerikanischen Öffentlichkeit beigewohnt zu haben, und zwar in Reaktion auf eine Reihe praktischer Probleme: den Hurrikan Katrina (August 2005); Erhöhung der Benzinpreise; Wirbelstürme zu Zeiten und an Orten, mit denen man sie bis dahin nicht in Verbindung gebracht hatte; tote und gefolterte, von den Einmärschen in den Irak und nach Afghanistan hinterlassene Körper; Krankheitserreger in industriell gefertigtem Spinat, in Peperoni, Huhn- und Rindfleisch. Durch eine Reihe von Schädigungen aus ihrer »fatalistischen Passivität« gerissen, haben einige Mitglieder dieser Öffentlichkeit begonnen, lauthals – in den Medien, in der Schule und in den Straßen – den selbstzerstörerischen Charakter der amerikanischen Lebensweise herauszustreichen.[1] Die in den 1970er-Jahren erfundene Umweltbewegung hat ein Comeback erlebt. Dieses Comeback geht weitgehend auf Eigeninteresse zurück, hat seine Motivation also in der Furcht vor dem ökologischen »Rückschlag« menschlicher Handlungen.[2]

Wie John Dewey habe ich nichts gegen den von Eigeninteresse geprägten Charakter einer solchen emergenten Öffentlichkeit einzuwenden. Dennoch frage ich mich, ob es wirklich die Begrifflichkeit des Umweltschutzes ist, die den angesprochenen Problemen am besten gerecht wird. Bietet diese Begrifflichkeit den günstigsten Rahmen, um die amerikanische Gleichsetzung von Wohlstand mit ungehemmtem Konsum infrage zu stellen oder, allgemeiner, den politischen Willen zur Schaffung nachhaltigerer politischer Ökonomien zu befördern (mögen diese Ökonomien nun als innerhalb des globalen Kapitalismus oder parallel zu ihm existierend verstanden werden)? Würde eine diskursive Verschiebung, fort vom Umweltschutz und hin zum vitalen Materialismus, die Aussichten auf eine stärker am Ziel der Nachhaltigkeit orientierte

Öffentlichkeit verbessern? Das ist eine offene Frage, die empirisch zu beantworten wäre. Im Vorhinein lässt sich nur sagen, dass die beiden Ansätze unterschiedliche Affektzusammenhänge in den Vordergrund rücken, außerdem unterschiedliche Gebrauchsgeschichten aufweisen, sodass man von ihnen auch die Mobilisierung unterschiedlicher Öffentlichkeiten erwarten darf. Beispielsweise fällt es einer am Umweltschutz orientierten Öffentlichkeit schwer, Tiere, Pflanzen und Minerale als genuine Mitglieder anzuerkennen, denn Nichtmenschliches ist im entsprechenden Diskurs als passive Umwelt definiert, womöglich auch als renitenter Kontext menschlichen Handelns. Eine eher materialistisch orientierte Öffentlichkeit müsste ihren Schwarm von Aktanten um zusätzliche Erdbewohner erweitern. Umweltschützer sind Subjekte, die auf der Erde leben; vitale Materialistinnen sind Subjekte, die *als* Erde leben, die also aufmerksamer sind für die Möglichkeiten und Grenzen – den »*jizz*« – der verschiedenen Materien, aus denen sie selbst bestehen. Der Umweltschutz mündet im Ruf nach dem Schutz und nach der vorausschauenden Verwaltung eines uns umgebenden Ökosystems; die aus dem vitalen Materialismus folgende Aufgabe ist eher die, sich strategisch mit einer energisch sich entfaltenden Materialität auseinanderzusetzen, die wir einerseits selbst sind und mit der wir andererseits innerhalb handlungsmächtiger Gefüge wettstreiten.[3]

Der Diskurs des Umweltschutzes hat fraglos sinnvolle politische Fragen gestellt. Um nur einige davon zu nennen: Wie verhält sich Umweltschutz zu kapitalistischen Märkten? Worin liegen die Stärken und Grenzen des im Kyoto-Protokoll formulierten Ansatzes zur Begrenzung der Erderwärmung? Wie wird das Projekt des Umweltschutzes durch Hierarchien der Klasse, der Ethnie, des Geschlechts und der Zivilisation verkompliziert? Könnten Tiere und Pflanzen Träger von Rechtsansprüchen sein? Und doch sind andere Fragen ausgespart geblieben: Wie können Menschen eine stärkere Aufmerksamkeit für die öffentlichen Aktivitäten, Affekte und Effekte von Nichtmenschen entwickeln? Welchen Gefahren setzen wir uns aus, wenn wir weiterhin über die Macht der Dinge hinwegsehen? Welche weiteren Affinitäten zwischen uns und den Dingen werden offenbar, wenn wir sowohl uns als auch die Dinge als lebhafte Materie auffassen?

Freya Mathews, Bruno Latour, Donna Haraway, Gay Hawkins, Tim Ingold, N. Katherine Hayles, Karen Barad, Sarah Whatmore, Nick Bingham, Félix Guattari, Don Ihde und W. J. T. Mitchell haben im Namen einer kraftvollen Materialität – nicht in dem der Umwelt – nachhaltigere, weniger verderbliche Produktions- und Konsumweisen gefordert.[4] Im folgenden Abschnitt werde ich mich dem Beitrag Guattaris zuwenden. Zuerst möchte ich jedoch drei Vorteile (oder mögliche Vorteile) benennen, die der Diskurs einer Auseinandersetzung mit vitaler Materialität gegenüber dem des Umweltschutzes bietet.

Erstens: Die »Umwelt« wird als bloßes Substrat menschlicher Kultur definiert, wohingegen der Begriff der Materialität Menschliches und Nichtmenschliches gleichermaßen einschließt. Ich bin eine materielle Konfiguration, die Tauben im Park sind materielle Konfigurationen; die Viren, Parasiten und Schwermetalle in meinem Fleisch, und in dem der Tauben, sind Materialitäten, wie es auch Neurochemikalien, Orkanwinde, Kolibakterien und der Staub auf dem Fußboden sind. Materialität ist eine Rubrik, die dazu tendiert, die Beziehungen zwischen Menschen, Biota und Abiota zu horizontalisieren. Sie lenkt die menschliche Aufmerksamkeit gleichsam seitwärts, fort von der ontologischen Hierarchie einer Großen Kette des Seins und hin zu einer ausgeprägteren Aufmerksamkeit für die komplexen Verstrickungen von Menschlichem und Nichtmenschlichem. So wird das implizite moralische Gebot des westlichen Denkens – »Du sollst benennen und verteidigen, was am Menschen einzigartig ist« – ein Stück weit zurückgedrängt.

Der zweite Vorteil folgt aus der Darstellung der Materie als lebhaft, vital, energetisch, lebendig, vibrierend, schwingend, flüchtig und ausströmend (um einige der Adjektive in Erinnerung zu rufen, die ich in diesem Buch verwendet habe). In einer Welt lebhafter Materie erkennen wir, dass biochemische und biochemisch-soziale Systeme sich zuweilen auf unerwartete Weise gabeln oder nicht vorhersagbare Entwicklungspfade einschlagen können, gehorchen sie doch einer emergenten, und nicht etwa einer linearen, Kausalität. Haben wir dies einmal erkannt, benötigen wir eine Alternative sowohl zu jenen Naturvorstellungen, die die Natur als zweckmäßigen, harmonischen Prozess zeichnen, als auch zu jenen, die sie als blinde Mechanik auffassen. Der vitale Materialismus stört sowohl den teleologischen Organizismus einiger Ökologen als auch das Bild der Natur als Maschine, das viele Gegner dieser Ökologen pflegen.

Der dritte Vorteil, der den Begriff einer »vitalen Materialität« gegenüber dem der »Umwelt« auszeichnet, ist der, auf den ich mich in diesem Kapitel konzentrieren will. Der vitale Materialismus wird dem »fremden« Charakter unserer eigenen Leiblichkeit besser gerecht und erinnert die Menschen dadurch an die radikale Natur der (von Streit gezeichneten) Verwandtschaft zwischen Menschlichem und Nichtmenschlichem. Mein Fleisch ist von verschiedenen fremden Schwärmen bevölkert, durch sie konstituiert. Beispielsweise ist mein Ellenbogen

> ein besonderes Ökosystem, die reichhaltige Heimat von nicht weniger als sechs Bakterienstämmen. [...] Sie tragen zur Befeuchtung der Haut bei, indem sie die von dieser produzierten Fette verarbeiten. [...] Zusammengenommen verfügen die Bakterien im menschlichen Mikrobiom über mindestens hundertmal so viele Gene wie das menschliche Genom, das aus gerade einmal 20 000 Genen besteht.[5]

Hier ist mehr »es« als »ich« im Spiel. In einer Welt lebhafter Materie genügt es daher nicht zu sagen, wir seien »verkörpert«. Wir sind vielmehr eine Anordnung von Körpern: von vielen unterschiedlichen Körpern, die in eine ganze Reihe von Mikrobiomen eingenistet sind. Würden Menschen diese Tatsache in größerer Zahl oder häufiger zur Kenntnis nehmen, wären wir also aufmerksamer für die unverzichtbare Fremdheit, die uns selbst ausmacht, könnten wir dann weiterhin auf dieselbe zerstörerische und leichtsinnige Weise produzieren und konsumieren?

Es ist überaus schwierig, des oxymoronischen Gemeinplatzes gewahr zu bleiben, dass Menschliches nicht rein menschlich ist, dass wir vielmehr aus Elementen zusammengesetzt sind, die keinen »Ich«-, sondern einen »Es«-Charakter aufweisen. Ich glaube allerdings, dass dieser Gemeinplatz und die zu kultivierende Gabe, sich seiner zu entsinnen, einen Schlüssel zu dem neuen Selbst darstellen, das entstehen muss: das Selbst eines neuen Eigeninteresses. Denn in einer Welt vitaler Materialitäten verschiebt sich die Bedeutung des Eigeninteresses. Ich wende mich im Folgenden den »drei Ökologien« von Guattari zu sowie den verschiedenen rhetorischen Taktiken und begrifflichen Neuerungen, derer er sich bedient, um diesen Gemeinplatz auszudrücken und sich ein Bewusstsein seiner zu bewahren.

Das Ich als Es: Das Außen, das innen ist

Guattaris *Les trois écologies* (*Die drei Ökologien*), eine 1989 veröffentlichte Schrift, beginnt mit einem Appell an das Eigeninteresse. Das Problem, vor dem wir stünden, sei, so schreibt Guattari, nicht einfach das des Verfalls der »Umwelt«, sondern das einer Störung, die alle drei »ökologischen Kategorien« betreffe: die ökologische, die gesellschaftliche und die mentale.[6] Die neuzeitliche »Epoche intensiven technisch-wissenschaftlichen Wandels« habe sowohl die unpersönliche Umwelt als auch unsere eigenen sozio-psychischen Netzwerke verdorben: Wohl seien Luft, Wasser und Boden verseucht, zugleich würden aber auch

> Verwandtschaftsbeziehungen auf das äußerste Minimum reduziert und das häusliche Leben vom Wundbrand massenmedialen Konsums vergiftet; das Familien- und das Eheleben werden häufig durch eine Art Standardisierung des Verhaltens »verknöchert« und nachbarschaftliche Beziehungen im Allgemeinen auf ihre gemeinste Ausdrucksform herabgedrückt.[7]

Insofern, erklärt Guattari warnend, sollten alle, die ein humanistisches Interesse an erfüllteren Beziehungen, einem glücklicheren Eheleben oder ausgeprägterer Bürgerschaftlichkeit äußern, ein ökologisch nachhaltigeres Verhältnis zur nichtmenschlichen Natur anstreben.

Guattari besteht darauf, dass das Verhältnis zwischen diesen drei Ökologien ein ausgesprochen enges sei: Es handle sich noch nicht einmal wirklich um »eigenständige Bereiche«, sondern lediglich um »austauschbare Sichtweisen«. Tatsächlich bilden diese drei Ökologien ein Ganzes, welches Guattari als »integrierten globalen Kapitalismus« (igK) bezeichnet. Dieses komplexe Gefüge wirkt auf die Herstellung jenes besonderen psychosozialen Selbst hin, in dessen Interesse ökologische Ziele zunächst verfolgt werden. Es tut dies mittels verschiedener »Module der Subjektivierung«.[8] Diese weisen sowohl ideologische als auch (im Foucault'schen Sinne) disziplinäre Aspekte auf, die sämtlich darauf abzielen, körperliche Energien (einschließlich der »intensiven« Kräfte des Unbewussten) in der Form des Konsumenten-Selbst zu organisieren. Dieses Konsumenten-Selbst hat an der Umweltbewegung ein »Interesse«. Wenn die Steigerung des Umweltbewusstseins aber über das von den konsumorientierten Subjekten des igK zugelassene geringe Niveau hinausgehen soll (wenn sie also das hinter sich lassen soll, was Timothy W. Luke beharrlich als »grünen Konsumismus« kritisiert hat),[9] dann müssen neue Module der Subjektivierung entwickelt werden und zum Einsatz kommen. Gerade weil der igK durch das Aufgreifen körperlicher Affekte und die Kanalisierung unbewusster Intensitäten vorgeht, wird ein ökologischerer Komplex aus Selbst, Kultur und Natur nicht nur neue »Gesetze, Dekrete und bürokratische Programme« erfordern, sondern auch »neue mikropolitische und mikrosoziale Praktiken, neue Solidaritäten, eine neue Zärtlichkeit, in Verbindung mit neuen ästhetischen und analytischen Praktiken bezüglich der Formierung des Unbewussten«.[10]

Guattaris These, die ökologische Problematik sei nicht weniger eine Frage der kulturellen und psychischen Formation als der Bewirtschaftung von Wasserscheiden und des Luftschutzes, ist seitdem von anderen bekräftigt worden.[11] Besonders anregend ist allerdings Guattaris spezifische Artikulierung der unmöglichen Tatsache, dass Menschen sowohl »in« der Natur als auch »von« ihr sind, dass sie also das Außen der Natur darstellen und zugleich auch nicht. Die rhetorische Strategie, derer sich Guattari in diesem Zusammenhang bedient, erinnert an jene, durch die der Katholizismus die mysteriöse Dreifaltigkeit Gottes zum Ausdruck bringt. Es gibt drei Ökologien, sagt Guattari, oder, wie es im Katechismus von Baltimore heißt: Der Vater, der Sohn und der Heilige Geist sind drei »reell voneinander unterschiedene Personen«. Die drei Ökologien bilden Guattari zufolge ein Ganzes: den igK. In der Formulierung des Katechismus: »Die Dreifaltigkeit ist eins.«[12] Wir müssen, sagt Guattari, das Drei-in-Einem zu begreifen lernen, uns also angewöhnen, »transversal« zu denken oder unser geistiges Auge auf die Verschränkung von Mechanosphäre, gesellschaftlicher Sphäre und subjektiver Innerlichkeit zu richten.[13] Guattari trifft zunächst eine kategoriale Unterscheidung zwischen Menschlichem (gesellschaftliche und mentale Ökologien) und Nichtmenschlichem (Mechanosphäre oder Umweltökologie), stellt diese Unterscheidung dann aber sogleich infrage und ruft zu einer »transversalen« Wahrnehmungsweise auf. In seinem Beitrag zu einer Sammlung »post-umweltschützerischer« Essays beschreibt Latour diesen doppelten Schachzug als typisch »modern«. Einerseits empfindet sich das moderne, urbane Selbst als ein der Natur zunehmend entfremdetes: Der Familienhof weicht der Agrarindustrie, die eigenhändige Zubereitung von Mahlzeiten dem Fast Food; blutige Kriege werden vom Himmel herab, aus großer Entfernung geführt; Treibstoff wird konsumiert, ohne dass man sich noch der Gewalt bewusst wäre, die mit seiner Förderung und Verteilung einhergeht, und so weiter. Diese Distanzen schreiben sich der Denkfigur ein, der zufolge es sich bei der Natur um eine abstrakte Umwelt handelt, oder sie kommen in der Vorstellung von drei voneinander unabhängigen Ökologien zum Ausdruck. Andererseits empfindet sich das moderne Selbst, so Latour weiter, als zunehmend mit der nichtmenschlichen

Natur verstrickt – kosmisch, biotechnologisch, medizinisch, viral, pharmakologisch. Die Natur hat sich immer schon in das Selbst und die Gesellschaft eingebracht, doch diese Vermengung verstärkt sich nun und lässt sich auch nicht mehr so leicht ignorieren. »Zur Zeit der Pflugscharen vermochten wir nur an der Erdoberfläche zu kratzen, nun aber können wir uns in die molekulare Maschinerie der Bodenbakterien einbringen.«[14] Es besteht eine kognitive Dissonanz zwischen der alltäglichen Erfahrung dieser Verschränkung und einem Begriff der Umwelt, der diese als durch uns, von oben und außen, gestaltet begreift.

Einige reagieren auf die Vervielfältigung der Verstrickungen menschlicher und nichtmenschlicher Materialitäten mit dem Wunsch, die Grenze zwischen Kultur und Natur zu festigen, wie es Jürgen Habermas in *Die Zukunft der menschlichen Natur* anzustreben scheint, aber auch die US-amerikanischen Evangelikalen mit ihrem in einer »Kultur des Lebens« begründeten Widerstand zum Klonen oder zur Stammzellforschung. Eine andere mögliche Reaktion besteht darin, die Vermengung zu akzeptieren und sich zu bemühen, das begriffliche Vokabular mit diesem neuen Sachverhalt in Einklang zu bringen: Das ökologische Denken müsse dialektischer werden oder auch dialogischer oder phänomenologischer. Manchmal heißt es auch, wir sollten nicht länger von »Natur«, sondern nur noch von »zweiter Natur« sprechen. Die Idee einer »zweiten Natur« betont die kulturelle Prägung dessen, was wir bislang als natürlich bezeichnet haben. In diesem Zusammenhang verweist die vitale Materialistin allerdings darauf, dass Kultur nicht allein unser Werk ist, denn sie ist von biologischen, geologischen und klimatischen Kräften durchzogen. (Es gibt, wie ich im vierten Kapitel angedeutet habe, nicht nur »ein Leben« der Menschen, sondern auch eins des Metalls.) Diese Kräfte wirken sich ebenso sehr auf uns aus wie wir uns auf sie. Mit anderen Worten: Die Denkfigur einer »zweiten Natur« unterstreicht schlichtweg die Handlungsmacht des Menschen.[15] Latour stellt dieselbe Beobachtung an, wenn er darauf hinweist, dass uns die Feststellung, Menschen würden die

Natur infizieren, viel leichter über die Lippen geht als ihr Gegenpart, die Natur infiziere die Kultur. Die zweite Aussage beinhaltet die blasphemische Vorstellung, bei Nichtmenschlichem – Abfall, Bakterien, Stammzellen, Lebensmittel, Metall, Technologien, das Wetter – handle es sich um Aktanten und nicht etwa nur um Objekte. Latour tritt für eine pragmatische Politik ein, die diese Vermengung ausdrücklich anerkennt, außerdem für (liberal demokratische) Maßnahmen, die sich der Probleme annehmen, die für die menschliche Entfaltung aus der Intimität von Menschlichem und Nichtmenschlichem folgen.[16] Wir sollen zugeben, dass Menschen in jeden Winkel der Umwelt hineingekrochen sind, sich dort eingenistet haben, und dass die Umwelt tatsächlich dem menschlichen Körper und Geist innewohnt. Sodann sollen wir politisch, technisch, wissenschaftlich und im Alltag mit Vorsicht und Langmut vorgehen, wie wir es mit widerborstigen Verwandten tun würden, mit denen wir unauflösbar verbunden sind und mit denen wir es zeit unseres Lebens zu tun haben werden, ob uns das gefällt oder nicht. Wir sollen den aussichtslosen Versuch aufgeben, das Menschliche aus seiner Verstrickung mit dem Nichtmenschlichen zu befreien. Stattdessen sollten wir danach streben, uns respektvoller, strategischer und subtiler mit dem Nichtmenschlichen jener Gefüge auseinanderzusetzen, an denen wir teilhaben.

Wie Latour, so ruft auch Guattari zu einer Politik auf, die die Durchlässigkeit der Grenzen zwischen dem, was er als Subjektivität, Gesellschaft und Maschinen kategorisiert, offen anerkennt.[17] Auch Guattari weist jeden Versuch zurück, die Sahne aus dem Kaffee zu rühren, also das Kulturelle aus dem Natürlichen zu lösen. Es ist politisch sinnlos, so schreibt Guattari 1989, einen Rückzug aus der Natur zu versuchen: Das Wohlergehen des Planeten sei

> zunehmend von menschlichen Eingriffen abhängig, und es wird die Zeit kommen, da man umfassende Programme wird auflegen müssen, um das Verhältnis von Sauerstoff, Ozon und Kohlendioxid in der Atmosphäre zu regulieren. [–] In Zukunft wird weitaus

mehr als nur der schlichte Schutz der Natur vonnöten sein: Wir werden die Initiative ergreifen müssen, wollen wir beispielsweise die planetarische Lunge des Amazonas-Regenwalds wieder instand setzen.[18]

Es ist aussichtslos, nach einer reinen, vom Menschen unberührten Natur zu streben, und töricht, das Selbst als rein menschliches zu definieren. Doch wie kann ich beginnen, mich als nicht rein menschlich zu empfinden? Guattaris Aufruf zur Kultivierung einer »transversalen« Denkweise verweist auf eine Möglichkeit zur Herausbildung eines solchen neuen Selbst. Auch der vitale Materialismus entwirft ein neues Verständnis des Selbst, das von dessen wesenhaft unreiner Natur ausgeht. Dadurch regt er auch ein neues Verständnis dessen an, was als Eigeninteresse gilt. Ich wende mich im Folgenden einer weiteren möglichen Taktik zu, um dem Paradox eines Selbst gerecht zu werden, das sein eigenes Außen, also lebhafte Materie ist. Diese Taktik nimmt die Gestalt einer Onto-Geschichte an.

Natura naturans

Anstelle einer Umgebung, die die menschliche Kultur umhüllt, oder auch eines Kosmos, der in drei Ökologien zerfällt, stelle man sich ein ontologisches Feld vor, das keinerlei eindeutige Trennung zwischen Menschlichem, Tierischem und Mineralischem kennt. Alle Kräfte und Flüsse (Materialitäten) sind lebhaft und affektiv, senden Signale aus, oder sie können beziehungsweise werden es tun. Insofern unterscheidet sich ein affektiver, sprachbegabter menschlicher Körper nicht radikal von den ebenfalls affektiven und Signalen aussendenden Körpern, mit denen er koexistiert, die er bewirtet oder genießt, konsumiert, produziert oder mit denen er konkurriert. Dieses Feld entbehrt urwüchsiger Unterteilungen, doch seine Topografie ist weder einheitlich noch flach. Seine Differenzierungen sind schlichtweg zu vielgestaltig und vielfältig, um sich nahtlos mit den philosophischen Kategorien des Lebens, der Materie, des Geistigen und der Umwelt zu decken. Die Konsistenz des Feldes ist dafür zu ungleichmäßig: Einige seiner Bestandteile gerinnen zu Körpern, aber nicht derart, dass ein einzelner Typus zum bevorzugten Ort der Handlungsmacht werden könnte. Die Quelle seiner Auswirkungen ist vielmehr ein ontologisch vielfältiges Gefüge aus Energien und (einfachen sowie komplexen) Körpern, ein Gefüge des Physikalischen und des Physiologischen.

In dieser Onto-Erzählung ist, in einem gewissen Sinn, alles lebendig. Diese Lebendigkeit ist nicht von einem letztgültigen Ziel gekrönt und wird auch nicht von einer Handvoll einfacher und überzeitlicher (kantischer) Kategorien erfasst und gelenkt. Was ich hier als vitalen Materialismus oder lebhafte Materie bezeichne, ist dem verwandt, was in vielen historischen Bedeutungen des Wortes »Natur« zum Ausdruck kommt.[19] »Natur« kann zwar ein gleichbleibendes Substrat dumpfer Materie meinen, der Begriff kann aber ebenso auf Erzeugung, Fruchtbarkeit, auf Isis oder Aphrodite oder auch auf das Konzert »Der Frühling« aus den *Vier Jahreszeiten* von Vivaldi verweisen.[20] Diese Kreativität kann zweckorientiert sein, muss das aber nicht. Elegant auf den Punkt gebracht wird der Gegensatz von Natur als dumpfer oder zweckgerichteter Materie einerseits und schöpferischem Wirken andererseits durch eine Unterscheidung, die für die *Ethik* Spinozas von zentraler Bedeutung ist: jene zwischen *natura naturata* und *natura naturans*. *Natura naturata* ist passive Materie, die entsprechend der ewigen Ordnung der Schöpfung organisiert ist; *natura naturans* ist die von eigenen Ursachen freie Kausalität, die neue Formen hervorbringt. Als die englischen Romantiker und die amerikanischen Transzendentalisten ihre Sinneswahrnehmung zu verfeinern suchten, ging es ihnen unter anderem darum, ein besseres Gespür für die *natura naturans* zu entwickeln. Die universelle Kreativität erfordert deswegen ein besonderes Gespür, weil die produktive Kraft, wie Samuel Taylor Coleridge bemerkt hat, »suspendiert und gleichermaßen im Ergebnis erloschen ist«.[21] Die Natur als schöpferische Kraft wird auch in Alfred North Whiteheads Prozessphilosophie hervorgehoben, der zufolge es sich bei der Natur um einen »kontinuierlichen Geschehensstrom« handelt.[22] Unter Bezugnahme auf Spinoza, die Romantik, Whitehead und andere (darunter Friedrich Nietzsche, Franz Kafka und Henri Bergson) haben Félix Guattari und Gilles Deleuze den Begriff der *natura naturans* folgendermaßen gewendet: Die Natur sei eine »reine [Immanenzebene], [...] auf der ungeformte Elemente und Materialien umhertanzen«.[23] Nach Spinozas Körpertheorie, wie ich sie im zweiten Kapitel skizziert habe, sind alle Körper Modi einer gemeinsamen Substanz, die entweder als Gott oder als Natur bezeichnet werden kann. Sei es aufgrund von Vorbehalten gegenüber der Vorstellung einer statischen Homogenität, die (Spinozas gegenteiligen Beteuerungen zum Trotz) dem Substanzbegriff anzuhaften pflegt, sei es aufgrund eines Bedürfnisses, sich von Spinozas (wie auch immer heterodoxem) Theismus abzugrenzen: Deleuze und Guattari legen den Spinozismus derart aus, dass sie von der Natur als einer »gewaltige[n] *abstrakte*[*n*] *Maschine*« der Schöpfungskraft sprechen können, »deren Teile verschiedene Gefüge oder Individuen sind, die jeweils eine Unendlichkeit von Partikeln in einer Unendlichkeit von mehr oder weniger zusammengesetzten Beziehungen zusammenfassen«.[24] Wie Spinozas Gott/Natur, so arbeitet auch diese abstrakte Maschine nicht im Dienst eines im Voraus gesetzten Zwecks, sondern um ihrer selbst willen als Prozess.[25] Die Vorstellung von der Natur als Schöpfungskraft scheint auch in den Begriff der *physis* Eingang gefunden zu haben, der altgriechischen Entsprechung zur lateinischen *natura*. Das Wort »*physis*« leitet sich von »*phyo*« ab, was so viel heißt wie »blasen«, »aufblasen« oder »anschwellen«. Insofern enthält der Begriff der *physis* die Vorstellung eines Aufkeimens oder Sprießens, eines Hervorbringens, Eröffnens oder Ausbrütens. Der Begriff verweist auf einen Vorgang der Transformation, der Formierung und Deformierung, also auf das Anders-Werden von Dingen, die in Bewegung sind und untereinander merkwürdige Verbindungen eingehen.

Worum es dabei geht: In der Geschichte des Naturbegriffs bebt ein aktives Werden, eine schöpferische, nicht-ganz-menschliche Kraft, die Neues hervorzubringen vermag. Diese vitale Materialität gerinnt zu Körpern, die danach streben, fortzubestehen oder ihre Entwicklung fortzusetzen. Hier bedient sich die Onto-Erzählung erneut bei Spinoza, der behauptet, vom *conatus* angetriebene Körper würden, um ihre Macht oder Vitalität zu erweitern, Bündnisse mit anderen Körpern eingehen. Und doch wäre es zu weit gegriffen, Spinoza als vitalen Materialisten zu bezeichnen. Auch würde es den Rahmen der vorliegenden Untersuchung sprengen, der verwickelten Frage nachzugehen, ob Spinoza durch seine Aussage, jeder Modus könne gleichermaßen als Körper oder als Idee aufgefasst werden, eine Position außerhalb eines jeglichen Materialismus einnimmt. Jedenfalls vermag Spinozas Theorie der Körper und ihrer affektiven Begegnungen, dem heutigen ökologischen Denken als Inspiration zu dienen, und tut das auch.

Michel Serres stellt beispielsweise die These zur Diskussion, die zwischen Körpern verlaufenden Vorgänge der Zusammenarbeit und des Widerstreits seien nicht zufällig oder unstrukturiert, sondern würden vielmehr der eigentümlichen Logik von Wirbelbewegungen, Spiralen und Strudeln gehorchen; diese Logik gelte in der Politik wie in der Physik, in der Wirtschaftstheorie wie in der Biologie, in der Psychologie wie in der Meteorologie: Sie kehre in allen Größenordnungen und in allen Bereichen wieder. Serres postuliert, darin Lukrez folgend, einen einzigen isomorphen Prozess, den von »Flut und Feuer, Fülle und Ausgezehrtheit, von vertikalem Wachstum und plötzlichem Sturz, von Akkumulation und Knappheit, in dem die Geschichte [...] auf- und absteigt, wie auf der hohen, von einem Wirbelsturm bewegten See«.[26] Es handle sich um einen einzigen, strudelnden Prozess, auch wenn er sich theoretisch in unterschiedliche Phasen unterteilen lasse: die eines »Sturzes« oder konativen Impulses der Materie/Energie;[27] die eines aleatorischen Schwenks, der, vermittelt über Zusammenstöße, zu Begegnungen vielgestaltiger Teile führe; die einer verwirrten Turbulenz; die einer Gerinnung oder Kristallisation von Materie zu Körpern; die eines Zerfalls, eines Niedergangs oder einer Zerstreuung der Form. Schließlich komme es zu einem weiteren Sturz, einem neuerlichen Schwenk, einer neuen Reihe von Formierungen und einem anderen Tempo, einer anderen Sequenz von Verfall und Niedergang. Diese strudelnde Logik gelte für unterschiedliche Ordnungen der Größe, der Zeit und der Komplexität gleichermaßen. Die Abfolge der Phasen wiederhole sich, allerdings von Mal zu Mal mit geringfügigen Unterschieden: »Dies ist der Geniestreich der [...] Physik [von Lukrez]: Es gibt keinen Kreis, nur Strudel [...]: sich verlagernde, verfallende Spiralbewegungen.«[28] Serres legt eine Darstellung des eigentümlichen Strukturalismus vitaler Materialität vor: eines Strukturalismus, der das Aleatorische miteinschließt.

Bausteine eines neuen Eigeninteresses

Der Monismus, den ich eben umrissen habe, ist eine Erzählung, die mit den Erfahrungen der Leserin harmonieren mag oder auch nicht. Selbst wenn die Vitalität der Materie real ist (was ich glaube), bleibt es schwierig, sie zu erkennen, und hat man sie erkannt, dann bleibt es eine Herausforderung, das Augenmerk auf sie gerichtet zu halten. Sie ist zu nah und flüchtig: mal Ding, mal bloßer Hauch, eine ungestüme Entität, eine Bewegung, die stets im Begriff ist, anderes zu werden, ein Ausfluss, der vital ist und sich in Entwicklungsverläufe einbringt, aber nicht unbedingt in Absichten. Hinzu kommt, dass die Aufmerksamkeit für diese Vitalität stets abgelenkt zu werden droht von ihrer weitreichenden kulturellen Kopplung an die Vorstellungen, Materie sei unbeseelt, wahre Handlungsmacht nur dem Menschen oder Gott zu eigen, oder auch von der Notwendigkeit einer handlungsorientierten Wahrnehmung, die wiederum darauf angewiesen ist, über die strudelnde Lebendigkeit der Welt hinwegzusehen. Indem ich die Sätze dieses Buches formuliert und umformuliert habe, und insbesondere bei der Wahl der angemessenen Verben, habe ich zu begreifen gelernt, welch radikales Vorhaben es ist, eine vitale Materialität zu denken. Es erscheint notwendig, aber zugleich auch unmöglich, die gängige Grammatik des Handelns zu revidieren: eine Grammatik, die den Menschen Aktivität und den Dingen Passivität zuschreibt.

Gibt es alltagskonformere Taktiken zur Kultivierung unserer Fähigkeit, die Vitalität der Materie wahrzunehmen? Eine solche Taktik könnte darin bestehen, sich wie Charles Darwin der Anthropomorphisierung hinzugeben, also den über ontologische Unterscheidungen hinweg erkennbaren Ähnlichkeiten: Man erkennt (oder verkennt) das Geräusch des Windes vor der Tür als das der keuchenden Atemzüge des eigenen Vaters, der nebenan schläft; man steht zu rasch auf und sieht Sterne; eine topografische Landkarte aus Plastik erinnert einen an die Venen auf dem eigenen Handrücken; das rhythmische Zirpen der Heuschrecken ruft das Heulen eines Kleinkinds in Erinnerung; der fallende Stein scheint einen konativen Wunsch nach Fortbestand auszudrücken. Wenn ein grüner Materialismus uns eine strengere Aufmerksamkeit für das Außen abverlangt, das zugleich Innen ist, dann erweist sich eine gewisse Anthropomorphisierung womöglich als hilfreich. Vielleicht lohnt es sich, die Risiken einzugehen, die die Anthropomorphisierung mit sich bringt (Aberglaube, Vergöttlichung der Natur, Romantik), wirkt die Anthropomorphisierung doch, so merkwürdig es scheinen mag, dem Anthropozentrismus entgegen: Person und Ding harmonieren, und man steht nicht mehr außerhalb einer nichtmenschlichen »Umwelt«. Die philosophische Zurückweisung des Anthropomorphismus geht allzu oft mit der von Hybris geprägten Forderung einher, ein wie auch immer geartetes schöpferisches Handlungsvermögen einzig Mensch oder Gott zuzuschreiben. Die Einschränkung oder Abschwächung dieses Wunsches ermöglicht die Wahrnehmung einer Art von Leben, die sich nicht auf menschliche oder göttliche Tätigkeit reduzieren lässt. Ich bin diese materielle Vitalität: Sie geht mir voraus, überschreitet mich, überlebt mich.

Ein anderes Verfahren zur Kultivierung einer solchen Wahrnehmungsweise könnte darin bestehen, die Frage des Menschlichen zu umgehen. Klammern wir das Thema der Subjektivität oder die Frage nach dem Wesen menschlicher Innerlichkeit vorübergehend aus, oder auch die Frage, was das Menschliche reell vom Tierischen, Pflanzlichen oder Dinglichen unterscheidet. Diese Fragen führen uns über kurz oder lang den Pfad des Anthropozentrismus hinab: Sie suggerieren eine Hierarchie, die Subjekte Objekten voranstellt, und sie verstellen das freie Nachdenken darüber, was Handlungsmacht tatsächlich beinhaltet. Man könnte auch versuchen, dem keineswegs unvernünftigen Einwand auszuweichen, die »posthumane« Geste eines vitalen Materialismus beinhalte einen performativen Widerspruch; zumindest könnte man diesem Einwand nicht allzu viel Aufmerksamkeit zollen. »Ist es denn nicht etwa ein mit Selbstbewusstsein ausgestatteter, zur Sprache befähigter Mensch, der diese Philosophie der lebhaften Materie formuliert?« Es ist nicht ganz einfach, sich dieser Kritik zu stellen, sie abzuweisen oder umzulenken.[29] Man kann darauf hinweisen, dass gängige Vorstellungen von menschlicher Subjektivität und menschlichem Handlungsvermögen von den Verwicklungen und Aporien infrage gestellt werden, die sich ergeben, sobald man diesen Themen philosophisch und im Detail nachgeht. Man kann Bakterienkolonien auf dem menschlichen Ellenbogen ins Spiel bringen, um darzulegen, dass menschliche Subjekte selbst nichtmenschliche, fremde, äußerliche, vitale Materialität sind. Man kann auch darauf hinweisen, dass das menschliche Immunsystem auf parasitäre Helminthe angewiesen ist, so es ordnungsgemäß funktionieren soll, oder andere Beispiele unserer Cyborgisierung erwähnen, um zu zeigen, dass es sich bei menschlichem Handlungsvermögen stets um ein Gefüge aus Mikroben, Tieren, Pflanzen, Metallen, Chemikalien, Worten/Lauten und dergleichen mehr handelt – und dass sogar alles, sofern es überhaupt »handelt«, bereits in einem handlungsmächtigen Gefüge aufgegangen ist.[30] Etwa: Wirbelstürme-Katastrophenschutzbehörde-Erderwärmung; Stammzellen-Gesundheitsbehörde-Seelen; Würmer-Humusboden-Müll; Elektrizität-Deregulierung-Feuer-Habgier; Kolibakterien-Schlachthöfe-Agrarindustrie.

Die Stimme der Vernunft oder der Gewohnheit wird sich von solchen Taktiken allerdings kaum beschwichtigen lassen. Sie wird vielmehr erneut nach jenem Besonderen greifen, das aus der menschlichen Beteiligung an Gefügen etwas radikal Anderes macht. An diesem Punkt könnte man den Versuch unternehmen, die Frage zu hinterfragen: Warum sind wir so sehr darauf erpicht, das menschliche Selbst vom Feld zu unterscheiden? Liegt es an der Annahme eines einzigartigen menschlichen Handlungsvermögens, das, kantisch gesprochen, eine »notwendige Vorbedingung« der Äußerung als solcher darstellt? Oder ist diese Bestrebung von der engstirnigeren Annahme motiviert, nur der Mensch besitze, als ein über alle übrigen irdischen Dinge erhabenes Wesen, eine Seele, durch die er für die ewige Erlösung infrage komme? Ich gehe nicht davon aus, dass irgendeine dieser Antworten den Dialog beenden wird; zusammengenommen könnten sie jedoch innerhalb seiner neue Diskussionspfade aufzeigen.

Es gibt noch viele weitere Fallstricke auf dem Weg zum vitalen Materialismus. Beispielsweise stimme ich Latour und Guattari zwar darin zu, dass technologische Lösungen (sofern sie klug angewandt werden und die Vitalität oder Quasi-Autonomie von Materialitäten berücksichtigen) zum Einsatz kommen sollten, dass also grundsätzlich nichts gegen sie einzuwenden ist. Ich hege aber dennoch Vorbehalte gegenüber Latours Aussage, das Leben (der Amerikaner und Europäer) sei schlichtweg zu sehr von der Technik durchdrungen, als dass die Idee einer reinen Natur als Inspiration noch irgendeinen Wert aufweisen könne. Wie die Popularität Thoreaus und seiner Erben (etwa Wendell Berry und Barry Lopez) zeigt, motiviert das Ideal der Natur als Wildnis manche Menschen weiterhin, auf ökologisch nachhaltigere Weise zu leben. Doch selbst wenn Latour recht haben sollte mit seiner Prognose, die Macht dieses Ideals sei im Schwinden begriffen und werde in Zukunft immer weniger menschliche Körper anziehen, so hat er doch nicht sämtliche normative Konsequenzen eines solchen Niedergangs bedacht.

Das habe ich natürlich auch nicht. Ich habe allerdings bemerkt, dass mir beim Übergang vom Umweltbewusstsein zum vitalen Materialismus, von einer am Gegensatz von Natur und Kultur ausgerichteten Welt zu einem heterogenen Monismus lebhafter Körper, die Grundlagen meiner alten ethischen Maxime, »leichten Schrittes über die Erde zu wandeln«, also die Umwelt zu schonen, fragwürdig zu erscheinen begonnen haben. Dieser Maxime zufolge sollte ich die Auswirkungen meiner Handlungen minimieren, um die Schädigung oder Zerstörung jener Dinge zu beschränken, die außer mir existieren. Der Ökologe James Nash beschreibt dies als eine »die Erde bejahende Norm« der Genügsamkeit: Schonung der »von menschlichen Gemeinschaften benötigten Ressourcen sowie jener anderen Gattungen, die sowohl ein Wert an sich als auch hinsichtlich menschlicher Zwecke von instrumenteller Bedeutung sind«.[31] Wenn ich mein Leben nicht als menschliches Subjekt führe, das sich mit natürlichen und kulturellen Objekten konfrontiert sieht, sondern als einer von vielen ausschwärmenden und miteinander wettstreitenden, konativen Aktanten, dann erweist sich die Maxime der Genügsamkeit als zu schlicht. Ökologische Erwägungen werden von Individuen und Kollektiven mitunter verlangen, dass sie bestimmte Tätigkeiten unterlassen oder einschränken; mitunter werden sie auch umfassendere, dramatischere und energischere Verausgabungen menschlicher Kraft erfordern. Mir ist bewusst, dass diese letzte Feststellung sehr abstrakt und allgemein gehalten ist (wie das bei Maximen wohl unvermeidbar ist). Mir ist ebenfalls bewusst, dass weitere Ausführungen vonnöten wären, um die normativen Konsequenzen eines vitalen Materialismus in spezifischen Kontexten zu benennen. Doch bin ich einstweilen am Ende meiner Kräfte angelangt. Und so schließe ich schlichtweg mit einer Litanei, einer Art nicänischem Glaubensbekenntnis für alle, die vitale Materialistinnen werden wollen: Ich glaube an eine Materie/Energie, Schöpferin von Sichtbarem und Unsichtbarem. Ich glaube, dass dieses Pluriversum von Heterogenitäten durchzogen ist, die beständig etwas unternehmen.[32] Ich glaube, dass es falsch ist, nichtmenschlichen Körpern, Kräften und Formen Vitalität abzusprechen, und dass ein mit Bedacht eingeschlagener Kurs der Anthropomorphisierung uns helfen kann, diese Vitalität aufzuzeigen, auch wenn sie sich einer restlosen Übertragung widersetzt und sich meinem umfassenden Zugriff entzieht.[33] Ich glaube, dass Begegnungen mit lebhafter Materie fähig sind, meine Fantasien von menschlicher Vorherrschaft zu züchtigen, die gemeinsame Materialität des Seienden zu unterstreichen, eine umfassendere Verteilung von Handlungsmacht aufzuzeigen und das Selbst sowie dessen Interessen umzugestalten.

Anmerkungen

Vorwort

1 »Die Aufteilung des Sinnlichen ist das Zuschneiden der Welt und der Welten«; es »ist eine Aufteilung dessen, was sichtbar ist und was nicht, dessen, was sich vernehmen lässt und was nicht«. Jacques Rancière, *Zehn Thesen zur Politik*, Zürich 2008, S. 31.

2 Rancière behauptet, bei der Politik gehe es »im Allgemeinen um die Beschaffenheit des Sinnlichen«, d. h. die Politik bestehe in der Auseinandersetzung darüber, was eigentlich »gegeben« ist. Es gehe um »die Sichtbarkeit der Orte und die Fähigkeiten des Körpers an jenen Orten« (Jacques Rancière, »Comment and Responses«, in: *Theory and Event*, 6 (2003), 4 [ohne Paginierung]). Ich denke ebenfalls, dass Politik das Ordnen und Neuordnen der von Menschen sinnlich wahrnehmbaren Landschaft bedeutet. Im Unterschied zu Rancière interessieren mich jedoch auch die »Fähigkeiten« nichtmenschlicher Körper: die von Artefakten, Metallen, Beeren, Elektrizität, Stammzellen und Würmern. Mit Rancières Demokratietheorie setze ich mich im siebten Kapitel näher auseinander.

3 Henri Bergson, *Schöpferische Entwicklung*, Jena 1912, S. 51.

4 Bruno Latour, *Das Parlament der Dinge*, Frankfurt am Main 2015, S. 285.

5 In diesem Zusammenhang sagt Latour, der Ausdruck »Aktion« sei in solchen Fällen passender als »Aktant«, denn: »Erst später wird aus diesen Performanzen eine Kompetenz abgeleitet« (Bruno Latour, *Die Hoffnung der Pandora. Untersuchungen zur Wirklichkeit der Wissenschaft*, Frankfurt am Main 2000, S. 372).

6 Gilles Deleuze, Félix Guattari, *Tausend Plateaus, Kapitalismus und Schizophrenie*, Berlin 1992, S. 562 f.

7 Baruch Spinoza, *Ethik*, III. Teil, Vorwort (S. 219–221).

8 Gilles Deleuze, *Spinoza und das Problem des Ausdrucks in der Philosophie*, München 1993, S. 60.

9 Michel Serres, *La naissance de la physique dans le texte de Lucrèce*, Paris 1977.

10 Michael Saler weist darauf hin, dass »Verzauberung« (*enchantment*) mindestens seit dem Mittelalter sowohl »die [menschliche] Freude über wunderbare Dinge« als auch »das Potenzial, dem Bann dieser Dinge

unterworfen und von ihnen verführt zu werden«, gemeint hat (Michael Saler, »Modernity, Disenchantment, and the Ironic Imagination«, in: *Philosophy and Literature*, 28 (2004), 1, S. 137–149, hier: S. 138).

11 Deleuze, Guattari, *Tausend Plateaus*, S. 350.

12 David Cole, »Affective Literacy«, Vortrag auf der ALEA/AATE National Conference, Gold Coast, Queensland, Australien, 2005, S. 5–9.

13 Siehe Jacques Derrida, *Das Tier, das ich also bin*, Wien 2016.

14 Theodor W. Adorno, *Negative Dialektik*, Frankfurt am Main 1966, S. 24. Ich werde mich im ersten Kapitel ausführlicher mit Adornos Überlegungen zur »Clownerie« befassen.

15 Bruno Latour beschreibt dies als »symmetrische« Behandlung von Menschen und Dingen. Eine gute Erörterung dieser Vorstellung bietet T. Hugh Crawford, »An Interview with Bruno Latour«, in: *Configurations*, 1 (1993), 2, S. 247–268.

16 Wendy Brown, *Regulating Aversion: Tolerance in the Age of Identity and Empire,* Princeton 2006, S. 11, 203.

17 »Rechtfertigung sollte nicht mit Motivation verwechselt werden. Die gegenwärtige imperiale Politik der USA hat machtpolitische Motive, die aber kaum etwas mit den [...] Diskursen zu tun haben, die ich hier erörtere« (Brown, *Regulating Aversion*, S. 175, Anm. 251).

18 Siehe Lucy Sargisson, *Utopian Bodies and the Politics of Transgression*, New York 2000.

19 Ein gutes Beispiel dafür, wie Entmystifizierung ans Werk geht, bietet Jodi Dean, *Publicity's Secret: How Technoculture Capitalizes on Democracy*, Ithaca 2002. Im Zusammenhang einer Einschätzung der politischen Macht von Slavoj Žižeks Arbeiten fragt Dean: »Wenn wir nichts anderes tun können, als die Gegenwart zu bewerten, zu kritisieren oder zu entmystifizieren, was hoffen wir denn dann zu erreichen? Vielleicht können wir damit beginnen, die Grundlagen für eine Aufdeckung der Grenzen des kommunikativen Kapitalismus zu legen, das Ungedachte der Gegenwart denken, um uns für eine neue Möglichkeit zu öffnen. Und wenn Žižek seine Berühmtheit nutzen kann, um auf dieses Ziel hinzuarbeiten, dann umso besser, oder etwa nicht?« {http://jdeanicite.typepad.com/i_cite/2005/05/what_is_the_unt.html}, letzter Zugriff: 18.02.2009.

20 Michel Foucault, »Einsperrung, Psychiatrie, Gefängnis«, in: ders., *Schriften*, Bd. III (1976–1979), Frankfurt am Main 2003, S. 434–467, hier: S. 467.

21 Diana Coole erzählt in *Negativity and Politics* die Geschichte dieses Topos. Siehe Diana Coole, *Negativity and Politics: Dionysus and Dialectics from Kant to Poststructuralism*, New York 2000.

22 Eine gelungene Erörterung der aktiven Materialität und ihres Stellenwerts im historischen Materialismus bietet Diana Cooles Beitrag in: Diana Coole, Samantha Frost, *New Materialisms: Ontology, Agency, and Politics*, Durham 2010.

23 Adorno, *Negative Dialektik*, S. 182.

24 Charles Darwin, *Die Bildung der Ackererde durch die Thätigkeit der Würmer mit Beobachtung über deren Lebensweise*, Stuttgart 1882, S. 173.

1. Die Kraft der Dinge

1 Es gibt zu viele gelungene Arbeiten aus den Bereichen der feministischen Theorie, der Queer Theory und der Cultural Studies, als dass sie hier alle angeführt werden könnten. Die drei Bände von Feher, Naddaff und Tazi, *Fragments for a History of the Human Body*, New York 1989, bieten eine Kartografie des Terrains. Siehe auch Rahman und Witz, »What Really Matters? The Elusive Quality of the Material in Feminist Thought«; Judith Butler, *Körper von Gewicht. Die diskursiven Grenzen des Geschlechts*, Frankfurt am Main 1995; dies., »Merely Cultural«, in: *New Left Review*, 227 (1998), S. 33–44; Wendy Brown, *States of Injury: Power and Freedom in Late Modernity*, Princeton 1995; Kathy E. Ferguson, *The Man Question: Visions of Subjectivity in Feminist Theory*, Berkeley 1993; sowie Moira Gatens, *Imaginary Bodies: Ethics, Power, and Corporeality*, New York 1996.

2 Vgl. W. J. T. Mitchell, *What Do Pictures Want? The Lives and Loves of Images*, Chicago 2005, S. 156–57.

3 Spinoza, *Ethik*, III. Buch, Lehrsatz 6.

4 Freya Matthews, *For Love of Matter: A Contemporary Panpsychism*, Albany 2003, S. 48.

5 Spinoza, *Ethik*, IV. Teil, Lehrsatz 37, Anmerkung 1.

6 Ebd., IV. Teil, Vorwort.

7 Baruch Spinoza, *Briefwechsel*, in: ders., *Sämtliche philosophische Werke*, Bd. 2, Leipzig 1907, S. 204 (Brief LXII). Spinoza verbindet die Theorie des *conatus* in einem berühmten Brief mit einer Kritik der Vorstellung, der Mensch verfüge über einen freien Willen: »Dieser Stein, der nur seines Strebens [*conatus*] sich bewusst ist und keineswegs gleichgültig sich verhält, wird glauben, dass er ganz frei sei und, dass er aus keinem andern Grunde in seiner Bewegung fortfahre, als weil er es wolle. Dies ist aber jene menschliche Freiheit, die alle zu besitzen behaupten und die nur darin besteht, dass die Menschen ihres Begehrens sich bewusst sind, aber die Ursachen, von denen sie bestimmt werden, nicht kennen« (ebd.). Hasana Sharp zufolge ist die Analogie von Mensch und Stein

»nicht so abwegig, wie es zunächst scheinen mag. Bei Spinoza verfügen alle Dinge, auch Steine, [...] über ein Denkvermögen, das seine exakte Entsprechung im körperlichen Vermögen hat, sich auf unterschiedliche Weise auszurichten, Ausgangspunkt und Gegenstand von Handlungen zu sein. [...] Zugleich ist jedes Seiende, insofern es sich inmitten einer unendlichen Zahl anderer Seiender seine Einheit bewahrt, was man von einem Stein zweifellos wird sagen können, mit dem [...] Streben [...] ausgestattet, die eigene Existenz zu bewahren und auszuweiten, sofern seine Natur das zulässt« (vgl. Hasana Sharp, »The Force of Ideas in Spinoza«, in: *Political Theory*, 35 (2007), 6, S. 732–755, hier: S. 740).

8 Nancy Levene, *Spinoza's Revelation: Religion, Democracy, and Reason*, Cambridge 2004, S. 3. Yitshak Melamed geht noch weiter: »Da die Lehre vom *conatus* [...] die Grundlage der Moraltheorie Spinozas ist, liegt es nahe, dass wir sogar für Nilpferde und Felsen eine Moraltheorie entwerfen könnten« (Yitshak Melamed, »Spinoza's Anti-Humanism«, in: C. Fraenkel, D. Perinetti, J. Smith (Hg.), *The Rationalists: Between Tradition and Innovation*, Dordrecht 2011, S. 23, Anm. 59).

9 Hent de Vries, »Introduction«, in: ders., Lawrence Sullivan (Hg.), *Political Theologies: Public Religions in a Postsecular World*, New York 2006, S. 1–88, hier: S. 42.

10 Ebd., S. 6.

11 De Vries scheint diese Bindung zu bekräftigen, wenn er fragt, ob Baruch Spinozas Bild interagierender, vom *conatus* angetriebener Körper jemals das schöpferische Hervortreten des Neuen erklären könne: »Es scheint, als hätten Überschuss, die Gabe, das Ereignis [...] hier keinen Ort« (vgl. de Vries, »Introduction«, S. 22). Warum? Weil der einzige plausible Ort des Schöpferischen für de Vries ein »quasi-geistiger« ist; daraus erkläre sich auch Spinozas Postulat eines zweiten Attributs Gottes bzw. der Natur (das Attribut des Denkens oder der Ideen). Doch wie, wenn die Materialität selbst eine schöpferische Vitalität aufwiese?

12 Stephen J. Gould, *The Structure of Evolutionary Theory*, Cambridge 2002, S. 1338.

13 Siehe zur Wirkmächtigkeit von Abfall den faszinierenden Text von Tim Edensor, »Waste Matter: The Debris of Industrial Ruins and the Disordering of the Material World«, in: *Journal of Material Culture*, 10 (2005) 3, S. 311–332; außerdem Gay Hawkins, *The Ethics of Waste: How We Relate to Rubbish*, Sydney 2006.

14 Siehe Thomas L. A. Dumm, *Politics of the Ordinary*, New York 1999, S. 7; dort findet sich eine subtile Abrechnung mit der »dunklen Macht des Gewöhnlichen«. Mein Versuch, den »Dingen« das Wort zu reden, ist ein Begleitprojekt zu Dumms Bemühungen, das Gewöhnliche nach

Möglichkeiten des Widerstands gegen konventionelle und normalisierende Praxen zu durchforsten.

15 Henry David Thoreau, *The Writings of Henry David Thoreau: Walden*, Princeton 1973, S. 111 (wenn Thoreau seinen Blick auf die Dinge richtete, dann im Vertrauen, »die Wahrnehmung von Oberflächen« werde »auf einen gesunden Verstand stets wie ein Wunder wirken« [ders., *Journal*, Bd. 2, S. 313]); Spinoza, *Ethik*, II. Teil, Lehrsatz 13, Folgesatz, Anmerkung; Maurice Merleau-Ponty, *Phänomenologie der Wahrnehmung*, Berlin 1966, S. 233.

16 Eine gelungene Analyse der Folgen der Abfallkultur für die Demokratie bieten John Buell und Tom DeLuca, *Sustainable Democracy: Individuality and the Politics of the Environment*, Thousand Oaks 1996.

17 Robert Sullivan, *The Meadowlands: Wilderness Adventures on the Edge of a City*, New York 1998, S. 96 f.

18 Manuel De Landa, *A Thousand Years of Nonlinear History*, New York 1997, S. 16.

19 Franz Kafka, »Die Sorge des Hausvaters«, in: *Erzählungen*, Leipzig 1978, S. 183 f., hier S. 183.

20 Ebd.

21 Ebd., S. 184.

22 Gilles Deleuze, *Henri Bergson zur Einführung*, Hamburg 2007, S. 120.

23 Lynn Margulis, Dorian Sagan, *What Is Life?*, Berkeley 2000, S. 50.

24 Bruno Latour, »On Actor-Network Theory: A Few Clarifications«, in: *Soziale Welt*, 47 (1996), S. 369–381.

25 Latour, *Das Parlament der Dinge*, S. 108.

26 Manuel De Landa, *Intensive Science and Virtual Philosophy*, London 2002, S. 123.

27 Daniel Tiffany, »Lyric Substance: On Riddles, Materialism, and Poetic Obscurity«, in: *Critical Inquiry*, 28 (2001), 1, S. 72–98, hier: S. 74. Tiffany vergleicht Rätsel mit der Materialität als solcher: Beide schweben zwischen Subjekt und Objekt und bewirken »Transsubstantionen« vom Organischen zum Anorganischen und vom Weltlichen zum Göttlichen. Indem er seinen Materialismus aus einer Analyse literarischer Formen heraus entwickelt, hinterfragt Tiffany die althergebrachte Norm, der zufolge die Wissenschaft der »alleinige Schiedsrichter in Fragen der Materie« sei (S. 75). Er möchte »das Schloss knacken, das dem Literaturkritiker gegenwärtig die Auseinandersetzung mit dem Problem materieller Substanz verwehrt« (S. 77).

28 William Pietz, »Death of the Deodand: Accursed Objects and the Money Value of Human Life«, in: Francesco Pellizzi (Hg.), *The Abject*, Sonderausgabe der Zeitschrift *Res*, 31 (1997), S. 97–108, hier: S. 97.

29 John Frow, »A Pebble, a Camera, a Man«, in: *Critical Inquiry*, 28 (2001), 1, S. 270–285, hier: S. 283.
30 De Landa, *A Thousand Years of Nonlinear History*, S. 26.
31 Ebd., S. 26 f.
32 Ich werde im zweiten Kapitel allerdings die These vertreten, dass es zutreffender ist, diese Wirkmächtigkeit nicht allein den Mineralien, sondern der gemeinsamen Tätigkeit einer Vielzahl von Körpern und Kräften zuzuschreiben, die als handlungsmächtiges Gefüge agieren.
33 Margulis, Sagan, *What Is Life?*, S. 49.
34 Jean-François Lyotard, *Postmodern Fables*, Minneapolis 1997, S. 98.
35 Richard Rorty, *Rorty and Pragmatism: The Philosopher Responds to His Critics*, Nashville 1995, S. 199.
36 Am Ende des zweiten Kapitels werde ich darlegen, warum ich glaube, dass die Wirkmächtigkeit des Moralismus als Mittel zur Verhandlung gesellschaftlicher Probleme überschätzt wird. Der Anti-Moralismus ist im vitalen Materialismus implizit, doch er ist auch ein riskantes Spiel, das ich nicht bis zu seinem logischen Endpunkt verfolgen will. Ich möchte nicht der Praxis des moralischen Urteilens ein Ende setzen, sondern den Widerstand gegenüber dem moralistischen Reflex befördern.
37 Adorno, *Negative Dialektik*, S. 187.
38 Ebd., S. 201.
39 Ebd., S. 15 f. Bei Romand Coles findet sich eine konsequente Auslegung Adornos als eines Theoretikers der Ethik: Negative Dialektik sei eine »Moralität des Denkens«, die die Großzügigkeit gegenüber anderen sowie gegenüber den eigenen nichtidentischen Anteilen befördern könne. Adorno ist Cole zufolge darum bemüht, jene Gewalt anzuerkennen und zu begrenzen, die vom begrifflichen Denken sowie von dem Streben ausgehe, alle Dinge zu erkennen und zu beherrschen: Romand Coles, *Rethinking Generosity: Critical Theory and the Politics of Caritas*, Ithaca 1997, Kapitel 2.
40 Adorno, *Negative Dialektik*, S. 21.
41 Ebd., S. 51.
42 Ebd.
43 Ebd., S. 59.
44 Ebd., S. 23 f.
45 Ebd., S. 201. Adorno beschreibt dieses Leiden auch als die »Schuld des Lebens, das als pures Faktum bereits anderem Leben den Atem raubt« (S. 357). Coles bezeichnet es als das »anhaltende Unbehagen, das unsere kritischen Bemühungen veranlasst« (Coles, *Rethinking Generosity*, S. 89). Bei Adorno findet sich keine weitere Erläuterung oder Rechtfertigung der Behauptung, aus dem Schmerz begrifflichen Scheiterns könne

der ethische Beschluss hervorgehen, den Schmerz gesellschaftlicher Ungerechtigkeit zu lindern. Und doch verlangt diese Behauptung nach einer irgendwie gearteten Begründung. Die Geschichte hat gezeigt, dass der vom Nichtidentischen hervorgerufene Schmerz im Selbst zwar die Vorstellung hervorrufen kann, es müsse »anders werden«, dieses moralische Erwachen muss aber nicht bereits deswegen in »gesellschaftlich verändernder Praxis« münden. Mit anderen Worten: Es scheint, außer der zwischen Begriff und Ding, noch eine weitere Kluft zu bestehen, die ebenfalls anzugehen wäre: die Kluft zwischen der Einsicht in das Leid anderer Menschen und praktischem Handeln zur Verbesserung von deren Lage. Ich habe an anderer Stelle die Ansicht vertreten, eine Quelle der dafür erforderlichen Energie liege in der Liebe zur Welt, oder in einem Verhältnis der Verzauberung gegenüber einer Welt vitaler Materialität. Adorno schreibt dem Leiden und dem Eindruck des Verlustes mehr ethisches Potenzial zu. Er »[v]erschmäht [...] den Übergang zur Affirmation«, sei doch »[d]ie Idee einer Fülle des Lebens« nicht zu trennen »von [...] einem Verlangen, das Gewalttat und Unterjochung in sich hat. [...] Keine Fülle ohne Kraftmeierei« (*Negative Dialektik*, S. 378, 371). Dem Nichtidentischen haftet etwas Dunkles und Grüblerisches an; seine am wenigsten verzerrte Form hat es in mittels eines nicht weiter artikulierten Gefühls des Widerstands, des Leidens oder des Schmerzes. Aus der Perspektive der vitalen Materialistin bewegt sich Adorno am Rande dessen, was Thomas Dumm als jenes »gewaltige Gefühl des Verlustes« bezeichnet hat, »das uns zu überwältigen droht, sobald wir uns der unbegreiflichen Weite [des Dings] nähern« (Dumm, *Politics of the Ordinary*, S. 169).

46 Adorno, *Negative Dialektik*, S. 182.

47 »In Philosophie von Anspruch ist der Gedanke an den Vorrang des Objekts suspekt [...]. Die tausendfach wiederholte Versicherung des Gegenteils will den schwärenden Verdacht übertäuben, das Heteronome sei mächtiger als die Autonomie, die schon nach Kantischer Lehre von jener Übermacht nicht soll bezwungen werden können. Solcher philosophische Subjektivismus begleitet ideologisch die Emanzipation des bürgerlichen Ichs als deren Begründung« (Adorno, *Negative Dialektik*, S. 190).

48 Adorno, *Negative Dialektik*, S. 191.

49 Ebd., S. 180.

50 Ebd., S. 394.

51 Ebd., S. 366. Die Kluft zwischen Begriff und Ding kann niemals geschlossen werden; Albrecht Wellmer zufolge glaubt Adorno, dass diese Unmöglichkeit der Versöhnung nur ertragen werden kann »im Namen eines Absoluten [...], das zwar schwarz verhüllt, aber doch nicht Nichts

ist. Zwischen Sein und Nichtsein des Absoluten bleibt ein unendlich dünner Spalt, durch den ein schwacher Lichtschimmer fällt: Licht von einem Absoluten, das erst werden soll« (Albrecht Wellmer, *Endspiele. Die unversöhnliche Moderne. Essays und Vorträge*, Frankfurt am Main 1999, S. 194).

52 Ich danke Lars Tønder für den Hinweis auf den messianischen Aspekt von Adornos Philosophie. In diesem Zusammenhang kann auf Adornos Bewunderung für Kant verwiesen werden. Kant war es Adorno zufolge gelungen, der Transzendenz eine bedeutende Rolle zuzuschreiben, ohne sie in den Bereich des prinzipiell Zugänglichen zu rücken: »Was von endlichen Wesen über Transzendenz gesagt wird, ist deren Schein, jedoch, wie Kant wohl gewahrte, ein notwendiger. Daher hat die Rettung des Scheins, Gegenstand der Ästhetik, ihre unvergleichliche metaphysische Relevanz« (Adorno, *Negative Dialektik*, S. 386). Nach Adorno ist »die Idee von Wahrheit [...] unter den metaphysischen die oberste. Wer an Gott glaubt, kann deshalb an ihn nicht glauben. Die Möglichkeit, für welche der göttliche Name steht, wird festgehalten von dem, der nicht glaubt« (Adorno, *Negative Dialektik*, S. 394). Coles zufolge ist es Adorno gleich, ob ein transzendenter Bereich tatsächlich existiert oder nicht; worauf es ihm ankommt, ist der »Auftrag«, den das Versprechen eines solchen Bereichs »dem Denken erteilt« (Coles, *Rethinking Generosity*, S. 114).

53 Es gibt natürlich kein Verfahren, um die Richtigkeit der einen oder der anderen ontologischen Vorstellung endgültig zu beweisen. Morton Schoolman zufolge ist Adornos Ansatz dadurch, dass er die Möglichkeit einer göttlichen Macht der Transzendenz ausdrücklich offen lässt, einem Materialismus vorzuziehen, der die Frage abschließend zu behandeln scheint. Siehe Morton Schoolman, *Reason and Horror: Critical Theory, Democracy, and Aesthetic Individuality*, New York 2001.

54 Adorno, *Negative Dialektik*, S. 21.

55 Lukrez, *Über die Natur der Dinge*, Lateinisch und Deutsch von Josef Martin, Berlin 1972, II. Buch, S. 277–280.

56 Deleuze hat, in Antwort auf Foucaults Bemerkung, das Jahrhundert werde vielleicht einmal als deleuzianisch gelten, das eigene Werk als »naiv« bezeichnet: »Vielleicht wollte [Foucault] folgendes sagen: daß ich der naivste unter den Philosophen unserer Generation wäre. Bei uns allen findet man Themen wie Vielheit, Differenz, Wiederholung. Aber ich schlage hier fast rohe Begriffe vor, während die anderen mit mehr Vermittlungen arbeiten. Mich hat die Überwindung der Metaphysik [...] nie berührt [...]. [...] Ich habe nie mit einer Art von Empirismus gebrochen [...]. Vielleicht wollte Foucault das sagen: Ich war nicht der beste, aber der naivste, so etwas wie eine *art brut*, wenn man so sagen

kann; nicht der tiefste, aber der unschuldigste« (Gilles Deleuze, *Unterhandlungen, 1972–1990*, Frankfurt am Main 1993, S. 129). Ich danke Paul Patton für den Hinweis auf dieses Zitat.

57 Vgl. Mitchell, *What Do Pictures Want*, S. 149.

58 Lukrez, *Über die Natur der Dinge*, II. Buch, S. 216–225. Bei Lukrez gibt es keine übernatürlichen Körper oder Kräfte, und wenn wir zuweilen spirituelle Erfahrungen zu machen scheinen, dann liegt das lediglich daran, dass einige Arten und Häufungen von Körpern unterhalb der Schwelle menschlicher Wahrnehmung existieren.

59 Louis Althusser, »Le courant souterrain du matérialisme de la rencontre«, in: ders., *Écrits philosophiques et politiques*, Bd. 1, Paris 1994, S. 539–579, hier: S. 541 f. »Ohne den Schwenk und die Bewegung wären die [*primordia*] nichts als abstrakte Elemente. [...] Das geht so weit, dass wir sagen können, ihre Existenz sei [vor dem] [...] Schwenk und der Bewegung [...] nur die von Phantomen« (ebd.).

60 Bei Lukrez sind die Ablehnung der Religion, die Darstellung des Todes als einer Neuordnung der *primordia*, die aufgrund der Beweglichkeit der Materie notwendig sei, und die ethischen Ratschläge bezüglich des guten Lebens sämtlich in der Physik begründet.

61 Adorno, *Negative Dialektik*, S. 86. Adorno zufolge wurde Heidegger aus »Überdruß an dem subjektiven Gefängnis der Erkenntnis veranlaßt zur Überzeugung, das der Subjektivität Transzendente sei für sie unmittelbar, ohne daß sie durch den Begriff es beflecke« (ND, S. 86). Mir scheint Heidegger allerdings keinen Anspruch auf Unmittelbarkeit zu erheben. Siehe Heidegger, *Die Frage nach dem Ding*.

62 Auch für Marx war der naive Realismus eine zu überwindende Philosophie. Marx verfasste eine Doktorarbeit zum »metaphysischen Materialismus« Demokrits und sollte seinen eigenen »historischen Materialismus« später aus dem Gegensatz zu Demokrits naivem Objektivismus heraus definieren. Der historische Materialismus sollte sich in der Folge weniger mit der Materie als mit menschlich geprägten Machtstrukturen befassen.

63 So Bill Browns in »Thing Theory« (in: *Critical Inquiry*, 28 (2001), 1, S. 1–22, hier: S. 6 f.) vorgelegte Zusammenfassung von Arjun Appadurai (Hg.), *The Social Life of Things: Commodities in Cultural Perspective,* Cambridge 1986.

2. Die Handlungsmacht der Gefüge

1 Die Liste ließe sich um Merleau-Pontys schimmernde Materie erweitern, beispielsweise um seine Scheren und Lederstücke, die dem Subjekt

als »Pole seines Tuns« begegnen, oder um die »Bewegungsintentionalität« des von ihm beschriebenen menschlichen Arms, dessen motorischer Impuls sich auf keine subjektive Entscheidung reduzieren lässt (Merleau-Ponty, *Phänomenologie der Wahrnehmung*, S. 131 f., 135 f.). Wir könnten auch die athletischen Entitäten aus einem Werbespot von Nike anführen: Basketbälle, die sich wie Turner, und Turner, die sich wie Basketbälle bewegen; eine Gruppe Radfahrer, deren fließende Bewegung der eines Vogelschwarms gleicht. Ich danke Matthew Scherer für den Hinweis auf diesen Werbespot.

2 Deleuze, *Spinoza und das Problem des Ausdrucks in der Philosophie*, S. 84.

3 Eine Substanz kann, schreibt Spinoza, »nicht von etwas anderem hervorgebracht werden [...]. Denn in der Natur gibt es nichts außer Substanzen und deren Affektionen« (*Ethik*, I. Teil, Lehrsatz 6, Folgesatz). »Unter Substanz verstehe ich das, was in sich selbst ist und durch sich selbst begriffen wird« (*Ethik*, I. Teil, Definition 3).

4 Martin Lin, »Substance, Attribute, and Mode in Spinoza«, in: *Philosophy Compass*, 1 (2006), 2, S. 144–153, hier: S. 147.

5 »Besondere Dinge sind nichts als Affektionen der Attribute Gottes, anders formuliert Modi, von denen Gottes Attribute auf bestimmte und geregelte Weise ausgedrückt werden« (*Ethik*, I. Teil, Lehrsatz 25, Folgesatz).

6 Deleuze, *Spinoza und das Problem des Ausdrucks in der Philosophie*, S. 192 f.

7 Lukrez, *Über die Natur der Dinge*, II. Buch, S. 581–589.

8 Siehe Deleuze, *Spinoza und das Problem des Ausdrucks in der Philosophie*, S. 219.

9 Rosi Braidotti betont den Stellenwert des Konflikts im Spinozismus: »Ein anderer Ausdruck für Spinozas *conatus* ist [...] Selbsterhaltung, nicht im liberal-individualistischen Sinn, sondern [...] in dem der Verwirklichung des eigenen Wesens, das heißt der Entfaltung des eigenen ontologischen Triebs zum Werden. Dabei handelt es sich weder um einen automatischen noch um einen der Sache nach harmonischen Vorgang, beinhaltet er doch die Verbindung mit anderen Kräften und damit auch Konflikte und Auseinandersetzungen. Aushandlungen sind erforderlich, als Trittsteine zu nachhaltigen Flüssen des Werdens. Die Interaktion des körperlichen Selbst mit seiner Umgebung kann den *conatus* des Körpers entweder stärken oder schwächen« (Rosi Braidotti, »Affirmation versus Vulnerability: On Contemporary Ethical Debates«, in: *Symposium: Canadian Journal of Continental Philosophy*, 10 (2006), 1, S. 235–254, hier: S. 235).

10 Spinoza, *Ethik*, IV. Teil, Anhang, Hauptsatz 27.

11 Siehe Bruno Latour, *Eine neue Soziologie für eine neue Gesellschaft. Einführung in die Akteur-Netzwerk-Theorie*, Frankfurt am Main 2017; Francesco Varela, »Organism: A Meshwork of Selfless Selves«, in: Alfred I. Tauber (Hg.), *Organisms and the Origin of Self*, Dordrecht 1991, S. 79–107; Michael Hardt, Antonio Negri, *Empire: die neue Weltordnung*, Darmstadt 2002; Michael Hardt, Antonio Negri, *Multitude: Krieg und Demokratie im Empire*, Frankfurt am Main 2004.

12 Ich entnehme diesen Begriff Patrick Hayden, »Gilles Deleuze and Naturalism: A Convergence with Ecological Theory and Politics«, in: *Environmental Ethics*, 19 (1997), 2, S. 185–204. Auch bei Bergson ist das Universum eine Summe, die nicht zur Totalität wird, da seine Entwicklung neue Elemente hervorbringt und mit ihnen eine in stetem Wandel begriffene Ansammlung von Wirkungen. Die Welt ist ein »unteilbarer Prozeß« der Bewegung und Schöpfung, gekennzeichnet durch »radikale Unberechenbarkeit und Inkommensurabilität mit allem Früherem, kurz [...], Dauer« (Bergson, *Schöpferische Entwicklung*, S. 35, Anm. 1); siehe auch das vierte Kapitel des vorliegenden Buches.

13 Mark Bonta und John Protevi definieren Gefüge (*agencements*) als »intensive Netzwerke oder Rhizome, die ihre ›Konsistenz‹ oder ihren emergenten Effekt aus dem Vermögen der selbstorganisierenden Kräfte heterogener Materialien beziehen, sich zu verschränken« (Mark Bonta, John Protevi (Hg.), *Deleuze and Geophilosophy: A Guide and Glossary*, Edinburgh 2004, S. 54).

14 James Glanz, »When the Grid Bites Back: More Are Relying on an Unreliable System«, in: *International Herald Tribune*, 18. August 2003.

15 Damir Novosel, »System Blackout Causes and Cures«, in: *Energy Central Network*, 6. Oktober 2003, {http://www.energypulse.net}, dieser und weitere Links, sofern nicht anders angegeben, letzter Zugriff: 19.12.2019.

16 U.S.-Canada Power Outage Task Force (Hg.), *Initial Blackout Timeline: August 14, 2003, Outage Sequence of Events*, in: Canadian Department of Natural Resources, 12. September 2003, {http://www.nrcanrncan.gc.ca}.

17 Ebd., S. 6. Nosovel zufolge »geht aus der Auswertung der Störungen hervor, dass Schutzsysteme bei 70 Prozent der mit dem Stromausfall zusammenhängenden Vorfälle im Spiel waren« (Novosel, »System Blackout Causes and Cures«, S. 2).

18 Jodi Di Menna, »Grid Grief!«, in: *Canadian Geographic*, {http://www.canadiangeographic.ca/blackout_2003/grid.html}, letzter Zugriff 14. April 2009.

19 Die Bildung der Task Force wurde vom kanadischen Premierminister Jean Chrétien und dem US-Präsidenten George W. Bush angeordnet.

Der erste, am 12. September 2003 veröffentlichte Bericht der Task Force schilderte etwa zwanzig Stromnetz-»Vorfälle«, zu denen es am 14. August 2003 zwischen 14:02 und 16:11 Uhr (Eastern Standard Time) gekommen war.

20 Das Stromnetz ist ein auf Wechselstrom beruhendes System. Eine faszinierende historische Darstellung der Entwicklung elektrischer Systeme bietet Jill Jonnes, *Empires of Light: Edison, Tesla, Westinghouse, and the Race to Electrify the World*, New York 2003.

21 U. S.-Canada Power Outage Task Force (Hg.), *Initial Blackout Timeline*, S. 2.

22 Novosel, *System Blackout Causes and Cures*, S. 2.

23 Eric J. Lerner, »What's Wrong with the Electric Grid?«, in: *Industrial Physicist*, 9 (2003), 5, {http://www.aip.org/tip}.

24 Garrett Hardin, »Die Tragik der Allmende«, in: Michael Lohmann (Hg.), *Gefährdete Zukunft. Prognosen angloamerikanischer Wissenschaften*, München 1970, S. 30–48, hier: S. 47.

25 Latour, *Hoffnung der Pandora*, S. 345 f. Siehe auch meine Ausführungen dazu im siebten Kapitel.

26 Ebd., S. 346.

27 John A. Casazza, George C. Loehr (Hg.), *The Evolution of Electric Power Transmission under Deregulation: Selected Readings*, Hoboken 2000.

28 U. S.-Canada Power Outage Task Force (Hg.), *Initial Blackout Timeline*, S. 7.

29 Matthew L. Wald, »Report on Blackout Is Said to Describe Failure to React«, in: *New York Times*, 12. November 2003. FirstEnergy ist aus der Fusion von sieben Stromanbietern (Toledo Edison, Cleveland Electric, Ohio Edison, Pennsylvania Power, Pennsylvania Electric, Metropolitan Edison, Jersey Central Power and Light) hervorgegangen und weist sehr enge Verbindungen zu George W. Bush auf. Tyson Slocum schreibt: »Der Hauptgeschäftsführer von FirstEnergy, Anthony Alexander, unterstützte den Wahlkampf von Bush im Jahr 2000 mit mindestens 100 000 Dollar und erhielt einen Posten im Energieministerium. Aufsichtsratsvorsitzender H. Peter Burg organisierte im Juni eine Wahlkampfveranstaltung, bei der mehr als eine halbe Million Dollar für die Wiederwahl von Bush und Cheney im Jahr 2004 gesammelt wurden« (Tyson Slocum, »Bush Turns Blind Eye to Blackout Culprit«, in: *Corp Watch*, 21. August 2003, {http://www.corpwatch.org}).

30 Siehe Augustinus, *Bekenntnisse*, II. Buch, Kapitel 4; siehe auch das erste Kapitel des vorliegenden Buches, Anmerkung 7.

31 William E. Connolly, *Why I Am Not a Secularist*, Minneapolis 1999, S. 166. Connolly zitiert folgende Worte Kants: »Wenn nun ein Hang

dazu in der menschlichen Natur liegt, so ist im Menschen ein natürlicher Hang zum Bösen; und dieser Hang selber, weil er am Ende doch in einer freien Willkür gesucht werden muß, mithin zugerechnet werden kann, ist moralisch böse. Dieses Böse ist radical, weil es den Grund aller Maximen verdirbt; zugleich auch als natürlicher Hang durch menschliche Kräfte nicht zu vertilgen, weil dieses nur durch gute Maximen geschehen könnte, welches, wenn der oberste subjective Grund aller Maximen als verderbt vorausgesetzt wird, nicht statt finden kann; gleichwohl aber muß er zu überwiegen möglich sein, weil er in dem Menschen als frei handelndem Wesen angetroffen wird« (Immanuel Kant, *Die Religion innerhalb der Grenzen der bloßen Vernunft*, in: ders., *Gesammelte Schriften*, Bd. 6, Berlin 1914, S. 1–202, hier: S. 37).

32 Siehe dazu Stuart Kauffman, *Reinventing the Sacred: A New View of Science, Reason, and Religion*, New York 2008, Kapitel 6.

33 Elizabeth Brumfield, »On the Archaeology of Choice. Agency in Archaeology«, in: Marcia-Anne Dobres, John E. Robb (Hg.), *Agency in Archaeology*, New York 2000, S. 249–256, hier: S. 249. Die Soziologin Margaret Archer drückt dies folgendermaßen aus: Menschliche Akteure sind »sowohl frei als auch unfrei; sie sind fähig, die eigene Zukunft zu gestalten, zugleich aber mit überwältigenden [...] Zwängen konfrontiert« (Margaret S. Archer, *Realist Social Theory: The Morphogenetic Approach*, Cambridge 1995, S. 65).

34 »Und so hat der Kranke auch angesichts seiner Scheren und Nadeln und seiner gewohnten Arbeit nicht erst seine Hände und Finger zu suchen nötig, weil sie nicht im objektiven Raum befindliche Gegenstände sind, [...] sondern durch die Wahrnehmung von Schere und Nadel schon in Bewegung gesetzte Vermögen, End- und Mittelpunkt ›intentionaler Fäden‹, die ihn mit den gegebenen Dingen verbinden« (Merleau-Ponty, *Phänomenologie der Wahrnehmung*, S. 131).

35 In den Worten von Diana Coole: »Die Wirkmächtigkeit politischer Handlungsvermögen wird das Handeln rationaler Subjekte stets übertrumpfen«, da das Handlungsvermögen Letzterer »von ihrem jeweiligen intersubjektiven Kontext abhängig ist« (Diana Coole, »Rethinking Agency: A Phenomenological Approach to Embodiment and Agentic Capacities«, in: *Political Studies*, 53 (2005), 1, S. 124–142, hier: S. 125 f.).

36 Ebd., S. 128.

37 Siehe Bruno Latour, *Aramis ou l'amour des techniques*, Paris 2015. Siehe auch die gelungene Darstellung von Aramis in: Eric Laurier, Chris Philo, »X-Morphising: Review Essay of Bruno Latour's Aramis, or the Love of Technology«, in: *Environment and Planning*, A 31 (1999), 6, S. 1047–1071.

38 Latour, zit. n. Colin A. Barron, »Strong Distinction between Humans and Non-humans Is No Longer Required for Research Purposes: A Debate between Bruno Latour and Steve Fuller«, in: *History of the Human Sciences*, 16 (2003), 2, S. 77–99, hier: S. 81.
39 Siehe Bernard Stiegler, *Technik und Zeit. Der Fehler des Epimetheus*, Zürich 2009. Ich danke Ben Corson für diesen Hinweis. Siehe auch Ben Corson, *Speed and Technicity: A Derridean Exploration* (2000 an der Johns Hopkins University eingereichte Dissertation).
40 Es wäre anregend, die Idee des Schwarms mit Adornos Begriff der »Konstellation« zu vergleichen. Siehe Adorno, *Negative Dialektik*, S. 159.
41 Mathews, *For Love of Matter*, S. 35.
42 Jacques Derrida, *Marx & Sons*, Frankfurt am Main 2004, S. 82. Enttäuschungen sind für die Messianität wesentlich: »Das Versprechen wird nur unter der Bedingung seiner möglichen Nichterfüllung gegeben« (Werner Hamacher, »Lingua Amissa: The Messianism of Commodity-Language and Derrida's Specters of Marx«, in: Michael Sprinker (Hg.), *Ghostly Demarcations: A Symposium on Jacques Derrida's Specters of Marx*, London 1999, S. 202). Derrida zufolge gehorchen nicht nur Phänomene dieser Logik: Die Sprache funktioniert ebenfalls im Modus des Versprechens, und mit ihr das Denken (Derrida, *Marx & Sons*, S. 93).
43 William E. Connolly, »Method, Problem, Faith«, in: Ian Shapiro, Rogers Smith und Tarek E. Masoud (Hg.), *Problems and Methods in the Study of Politics*, Cambridge 2004, S. 332–349, hier: S. 342 f.
44 Hannah Arendt, *On the Nature of Totalitarianism: An Essay in Understanding* (1953), in: Hannah Arendt Papers at the Library of Congress, {http://www.loc.gov}. Ich danke John Docker für seinen Hinweis auf diesen Text. Siehe auch John Docker, »Après la Guerre: Dark Thought, Some Whimsy«, in: *Arena Journal*, 20 (2002/03), {http://www.arena.org.au}.
45 Arendt, *On the Nature of Totalitarianism*.
46 François Jullien, *The Propensity of Things: Toward a History of Efficacy in China*, New York 1995, S. 13.
47 Archer, *Realist Social Theory*, S. 66.
48 Man erinnere sich daran, dass es dann zur Blindleistung kommt, wenn die Wellen der Strom- und Voltstärke innerhalb eines Elektronenstroms um neunzig Grad asynchron sind.
49 Hayden, »Gilles Deleuze and Naturalism«, S. 187.
50 Latour, *Das Parlament der Dinge*, S. 98.
51 Noortje Marres, »Issues Spark a Public into Being: A Key But Often Forgotten Point of the Lippmann-Dewey Debate«, in: Bruno Latour, Peter Weibel (Hg.), *Making Things Public*, Cambridge 2005, S. 208–217, hier: S. 216.

3. Essbare Materie

1 Mario Bunge, *Causality and Modern Science* (1979), zit. n. De Landa, *Intensive Science and Virtual Philosophy*, S. 137. Bunge schreibt, der Glaube an den trägen Charakter der Materie werde noch immer von jenen Quantentheoretikern »hochgehalten, die glauben, der Experimentator sei Urheber sämtlicher auf der atomaren Ebene angesiedelter Phänomene«. Man findet diesen Glauben aber, wie De Landa ergänzt, auch bei jenen Wissenschaftskritikern, »die meinen, alle Phänomene seien sozial konstruiert« (ebd.).

2 William Maddock Bayliss, *The Physiology of Food and Economy in Diet*, London 1917, S. 1.

3 Das ist ein Anstieg von 67 Prozent gegenüber 1950.

4 Das ist ein Anstieg von 39 Prozent gegenüber 1950 und beinhaltet den Konsum von 400 jeweils zwölf Unzen (etwa 0,3 Liter) fassenden Dosen Limonade pro Person und Jahr: Melanie Warner, »A Sweetener with a Bad Rap«, in: *New York Times*, 2. Juli 2006.

5 Das sind aufs Jahr gerechnet sieben Pfund (drei Kilo) mehr rotes Fleisch und 46 Pfund (21 Kilo) mehr Geflügel als 1950.

6 Sofern nicht anders vermerkt stammen alle Lebensmittelstatistiken aus: U.S. Department of Agriculture, Office of Communications (Hg.), »Profiling Food Consumption in America«, in: *Agriculture Fact Book: 2001–2002*, Kap. 2, März 2003, {http://www.usda.gov}. Im *Agriculture Fact Book*, wo dieser Text erschienen ist, wird Konsum als Abzug vom gesamten verfügbaren Lebensmittelangebot definiert; die in diesem Sinn »konsumierten« Mengen dürften aufgrund von »Verderb, dem unverzehrt bleibenden Anteil von Mahlzeiten und [...] anderen Umständen« größer sein als die Menge der tatsächlich in menschliche Körper aufgenommenen Nahrung. Wenn beispielsweise die Schätzung zutrifft, dass Amerikaner 20 der genannten 53 Teelöffel Zucker unverzehrt entsorgen, dann könnte die tatsächliche Zuckereinnahme lediglich 32 Teelöffel pro Tag und Person betragen. Der im Text gebrauchte Begriff »Fettzusätze« meint alle Fette, »von denen Verbraucher unmittelbar Gebrauch machen, etwa die Butter auf dem Brot, aber auch Backfett und die in industriell verarbeiteten Keksen, Gebäckwaren und frittierten Lebensmitteln enthaltenen Öle. Fette, die in Lebensmitteln wie Milch und Fleisch natürlich vorkommen, werden in den Angaben nicht berücksichtigt« (ebd.).

7 C. Bernard Gesch u. a., »Influence of Supplementary Vitamins, Minerals, and Essential Fatty Acids on the Antisocial Behaviour of Young Adult Prisoners: Randomised, Placebo-Controlled Trial«, in: *British*

Journal of Psychiatry, 181 (2002), S. 22–28. Die moderne westliche Ernährungsweise beinhaltet einen »atemberaubenden Anstieg im Verbrauch von Samenöl [...]. Bei dessen mehrfach ungesättigten Fettsäuren handelt es sich überwiegend um Omega-6-Fettsäuren; entsprechend niedriger fällt der Verbrauch an Omega-3-Fettsäuren aus« (Brian Hallahan, Malcolm R. Garland, »Essential Fatty Acids and Mental Health«, in: *British Journal of Psychiatry*, 186 (2005), S. 275–277, hier: S. 277).

8 Alexandra J. Richardson, Paul Montgomery, »The Oxford-Durham Study: A Randomized, Controlled Trial of Dietary Supplementation with Fatty Acids in Children with Developmental Coordination Disorder«, in: *Pediatrics*, 115 (2005), 5, S. 1360–1366.

9 Kuan-Pin Su, Winston W. Shen, Shih-Yi Huang, »Omega-3 Fatty Acids as a Psychotherapeutic Agent for a Pregnant Schizophrenic Patient«, in: *European Neuropsychopharmacology*, 11 (2001), 4, S. 295–299.

10 Dass ein Zusammenhang besteht zwischen Omega-3-Fettsäuren, psychischer Gesundheit und kognitiver Leistung sollte vielleicht nicht überraschen, denn die »Trockenmasse der Gehirne von Säugetieren besteht zu etwa 80 Prozent aus Lipiden (mehr als bei jedem anderen Organ)« (Hallahan, Garland, »Essential Fatty Acids and Mental Health«, S. 186).

11 Linda Carroll, »Diets Heavy in Saturated Fats May Lead to Fading Memories«, in: *Neurology Today*, 4 (2004), 12, S. 31–32.

12 Ich verdanke diese Beobachtungen John Buell, der mich auf den nichtlinearen Charakter des Wettstreits aufmerksam gemacht hat, der sich innerhalb des Gefüges von Blut, Fleisch und Psyche abspielt (E-Mail-Korrespondenz, 2008).

13 Grégoire Nicolis und Ilya Prigogine, *Exploring Complexity: An Introduction* (1989), zit. n. De Landa, *Intensive Science and Virtual Philosophy*, S. 131.

14 De Landa, *Intensive Science and Virtual Philosophy*, S. 144.

15 Deleuze, Guattari, *Tausend Plateaus*, S. 442 f.

16 Michel Serres, *Der Parasit*, Frankfurt am Main 2016, S. 293 f. Serres deutet an, dass es der Mensch ist, dem im Verhältnis von Esser und Essen der passive Part zukommt. Serres zufolge ist der Esser vollständig abhängig von der Nahrung (pflegt ihr gegenüber also ein »parasitäres« Verhältnis). Wir essen nur auf Kosten von einem, der uns bewirtet: »Der Wirt ist der Vorausgehende, der Parasit folgt nach« (S. 29). Somit steht der Esser in der Schuld des Essens. (Vielleicht sprechen wir deswegen das Tischgebet.) Ich denke, dass Serres zu Recht auf die mo-

ralische Schuld hinweist, die die Nahrungsaufnahme beinhaltet. Dennoch scheint mir die Figur des Parasiten zu weit zu gehen: Sie verkennt das aktive Vermögen des menschlichen Körpers oder auch eines jeden anderen Handlungsvermögens.

17 David Goodman, »Ontology Matters: The Relational Materiality of Nature and Agro-Food Studies«, in: *Sociologia Ruralis*, 41 (2001), 2, S. 182–200, hier: S. 183.

18 Friedrich Nietzsche, *Zur Genealogie der Moral*, in: ders., *Werke. Kritische Gesamtausgabe*, herausgegeben von Giorgio Colli und Mazzino Montinari, Abt. 6, Bd. 2, Berlin 1968, S. 269–430, hier: S. 395 f.

19 Friedrich Nietzsche, *Die fröhliche Wissenschaft*, in: ders., *Werke. Kritische Gesamtausgabe*, herausgegeben von Giorgio Colli und Mazzino Montinari, Abt. 5, Bd. 2, Berlin 1973, S. 11–336, hier: S. 81.

20 Friedrich Nietzsche, *Ecce homo*, in: ders., *Werke. Kritische Gesamtausgabe*, herausgegeben von Giorgio Colli und Mazzino Montinari, Abt. 6, Bd. 3, Berlin 1968, S. 253–372, hier: S. 279.

21 Das vollständige Zitat lautet: »Meine Manns-Kost wirkt, mein Saft- und Kraft-Spruch: und wahrlich, ich nährte sie nicht mit Bläh-Gemüsen! Sondern mit Krieger-Kost, mit Eroberer-Kost: neue Begierden weckte ich« (Friedrich Nietzsche, *Also sprach Zarathustra,* in: ders., *Werke. Kritische Gesamtausgabe*, herausgegeben von Giorgio Colli und Mazzino Montinari, Abt. 6, Bd. 1, Berlin 1968, hier: S. 383).

22 Luigi Cornaro, *Vom maßvollen Leben*, Heidelberg 1997, S. 46. Im »Anhang zum Traktat vom maßvollen Leben« (1561) geht Cornaro ausführlicher auf seinen Diätplan ein: »Vor allem Brot, Brotsuppe oder Fleischbrühe mit Ei oder andere gute Suppen dieser Art. Vom Fleisch eß ich Kalb, Zicklein oder Böcklein oder Hammel. Vom Geflügel Hühner aller Art, Rebhühner und Krammetsvögel. Unter den Meeresfischen eß ich eine Goldbrasse, unter den Flußfischen den Hecht« (S. 75).

23 Ebd., S. 81.

24 Friedrich Nietzsche, *Götzen-Dämmerung*, in: ders., *Werke. Kritische Gesamtausgabe*, herausgegeben von Giorgio Colli und Mazzino Montinari, Abt. 6, Bd. 3, Berlin 1969, S. 9–157, hier: S. 83. Nietzsche scheint Cornaro nicht gründlich genug gelesen zu haben, denn dieser sagt ausdrücklich, dass sein Diätplan nicht für jedermann ist: »Es wird [...] niemand [...] gezwungen, so wenig zu essen und trinken, wie ich es tue. [...] Ich esse so wenig, weil dies für meinen schlechten und schwachen Magen genug ist« (Cornaro, *Kunst des maßvollen Lebens*, S. 52); »[Ich musste mich] zu einer äußerst schmalen Kost bequemen [...]. Wer sich aber von Geburt einer besseren Gesundheit erfreut, dem ist sowohl in der Auswahl, wie auch in der täglichen Menge der Speisen und Weine

viel größere Freiheit gestattet, so daß seine Kost, obschon maßvoll, doch nicht wie die meinige schmal sein muß, sondern durchaus reichlich« (ebd., S. 84–85).

25 Das Zitat lautet vollständig: »[I]ch mag [...] sie nicht, diese neuesten Spekulanten in Idealismus, die Antisemiten, welche heute [...] durch einen jede Geduld erschöpfenden Missbrauch des wohlfeilsten Agitationsmittels, der moralischen Attitüde, alle Hornvieh-Elemente des Volkes anzuregen versuchen (dass jede Art Schwindel-Geisterei im heutigen Deutschland nicht ohne Erfolg bleibt, hängt mit der nachgerade unableugbaren und bereits handgreiflichen Verödung des deutschen Geistes zusammen, deren Ursache ich in einer allzuausschliesslichen Ernährung mit Zeitungen, Politik, Bier und Wagnerischer Musik suche [...])« (Nietzsche, *Zur Genealogie der Moral*, S. 425).

26 Nietzsche, *Zur Genealogie der Moral*, S. 279.

27 Siehe Donna J. Haraway, *Modest_Witness@Second_Millennium. Female Man©Meets_Onco-Mouse: Feminism and Technoscience*, New York 1997, S. 2.

28 Nietzsche, *Ecce homo*, S. 293.

29 Henry David Thoreau, *Walden, ein Leben in den Wäldern*, Weimar 1964, S. 261.

30 Walt Whitman, »Gesang von mir selbst«, in: ders., *Grashalme*, Leipzig 1904, Zeilen 389–390; Übertragung von Wilhelm Schölermann. Ich danke Hadley Leach für den Hinweis auf diese Stelle.

31 Thoreau, *Walden*, S. 266. In seinem Tagebuch vermerkt Thoreau, »grobschlächtige und hastige Arbeit im Freien« nötige ihn, seine »Ernährungsweise zu vernachlässigen«; unter anderen Umständen würde er jedoch »niemals [...] Fleisch essen« (zit. n. Kenneth Allen Robinson, *Thoreau and the Wild Appetite*, New York 1957, S. 9).

32 Thoreau, *Walden*, S. 266. Später heißt es: »Den meisten Menschen würde es unangenehm sein, wenn man sie selbst bei der Zubereitung eines Mahles beträfe, wie es – gleichviel ob aus Fleisch- oder Pflanzenkost bestehend – von anderen [gemeint sind Frauen; J. B.] täglich für sie hergestellt wird« (S. 268).

33 Ebd., S. 267.

34 Denen, die sich fragen, weshalb er kleinen Dingen wie Beeren solche Aufmerksamkeit widmet, antwortet Thoreau selbstbewusst, was dem konformistischen Selbst »groß« erscheine, sei »nicht groß, sondern grobschlächtig«; kleine Dinge dagegen seien »nicht klein, sondern fein – ein paar Heidelbeeren« (zit. n. Albert Keiser, »New Thoreau Material«, in: *Modern Language Notes*, 44 (1929), 4, S. 253–254, hier: S. 253 f.).

35 Thoreau, *Walden*, S. 270 f. Thoreau bezeichnet die Heidelbeere als die »Beere der Beeren«, ist aber auch voll des Lobs für wilde Brombeeren, Himbeeren, Heidelbeeren, Kranbeeren und Erdbeeren. Robinson schreibt: »Es ist schwer zu sagen, welche Beere Thoreau am meisten schätzte.« Thoreaus Promiskuität, was die Liebe zu und den Verzehr von Beeren angeht, veranlasst Robinson, von einer »Art ritualistischer Zeremonie heidnischer Verzückung« zu sprechen, etwa mit Bezug auf Thoreaus Beschreibung seines »Gangs von einem Wasserquell zum nächsten, die Hände rot vom Saft wilder Erdbeeren« (Robinson, *Thoreau and the Wild Appetite,* S. 22).

36 Thoreau, *Walden*, S. 216.

37 Ich verdanke diese Beobachtung Patchen Markell.

38 Leon Kass, *The Hungry Soul: Eating and the Perfecting of Our Nature*, Chicago 1994, S. 25 f. George W. Bush hat Kass 2001 in den Bioethik-Rat, ein den Präsidenten beratendes Gremium, berufen. Kass war zwischenzeitlich Vorsitzender des Rats.

39 Ebd., S. 55.

40 Ebd., S. 15.

41 Emma J. Roe, »Material Connectivity, the Immaterial, and the Aesthetic of Eating Practices: An Argument for How Genetically Modified Foodstuff Becomes Inedible«, in: *Environment and Planning*, A 38 (2006), 3, S. 465–481. Rachel Colls stellt in ihrer Untersuchung des »Körperspecks« als eines »beweglichen Fleisches«, das weder rein »materiell« noch rein »diskursiv« sei, eine ähnliche Beobachtung an: Colls, »Materialising Bodily Matter«.

42 Maud Ellman, *The Hunger Artists* (1993), zit. n. Terry Eagleton, »Edible Écriture«, in: Sian Griffiths, Jennifer Wallace (Hg.), *Consuming Passions: Food in the Age of Anxiety*, Manchester 1998, S. 203–208, hier: S. 207.

43 Gilles Deleuze, »Metal, Metallurgy, Music, Husserl, Simondon«, in: *Web Deleuze*, »Sur Anti-Oedipe et Mille Plateaux: Cours Vincennes – 27/02/1979«, {http://www.webdeleuze.com}.

44 Slow Food USA, *Manifesto. Slow Food USA*, {http://www.slowfoodusa.org}.

45 Vgl. Barbara Kingsolver, »A Good Farmer«, in: *The Nation*, 3. November 2003, {https://www.thenation.com/article/good-farmer/}.

46 Peter Jackson u. a., *Manufacturing Meaning along the Food Commodity Chain. Cultures of Consumption Research Programme* (London: Birkbeck College), {http://www.consume.bbk.ac.uk/researchfindings/meaningfood.pdf}. Michael Pollan, *The Omnivore's Dilemma: A Natural History of Four Meals* (New York 2006), mag hier als Beispiel dienen. Pollan bietet eine Genealogie vier amerikanischer Mahlzeiten: einer bei

McDonald's gekauften, einer mit Zutaten aus einem Bio-Supermarkt zubereiteten, einer, deren Zutaten von einem kleinen Selbstversorgerhof stammen, und einer, deren Zutaten Pollan selbst gejagt und gesammelt hat.

47 Gute Beispiele dafür sind die von Cheri Lucas Jennings und Bruce H. Jennings vorgelegten Darstellungen der Armutslöhne und gesundheitsschädlichen Arbeitsbedingungen, die sich hinter dem glänzend roten, wurmfreien Supermarkt-Apfel verbergen, sowie Greg Critsers Bericht über den Zusammenhang von agrarindustriellen Interessen, subventionierter Maisproduktion, Maissirup mit hohem Fruchtzuckergehalt und Fettleibigkeit. Siehe Cheri Lucas Jennings, Bruce H. Jennings, »Green Fields / Brown Skin: Posting as a Sign of Recognition«, in: Jane Bennett, William Chaloupka (Hg.), *In the Nature of Things: Language, Politics, and the Environment*, Minneapolis 1993, S. 173–194, sowie Greg Critser, *Fat Land: How Americans Became the Fattest People in the World*, New York 2004. Zur Kritik an Critsers These, Maissirup mit hohem Fruchtzuckergehalt trage wesentlich zum Problem der Fettleibigkeit in den USA bei, siehe Melanie Warner, »Does This Goo Make You Groan?«, in: *New York Times*, 2. Juli 2006.

4. Ein Leben des Metalls

1 Franz Kafka, »Ein Bericht für eine Akademie«, in: *Erzählungen*, Leipzig 1978, S. 194–202, hier S. 194 f.

2 Ebd., S. 201.

3 Eine gute Zusammenfassung der entsprechenden Forschungsbefunde bietet Kate Douglas, »Six ›Uniquely‹ Human Traits Now Found in Animals«, in: *New Scientist*, 22. Mai 2008, {http://www.newscientist.com}.

4 Der Geograf Nick Bingham hat den Begriff »nichtmenschlicher Freund« entwickelt: Es handelt sich um »eine gewisse Qualität der Offenheit« oder eine »Fähigkeit, zu lernen, sich [von einer Außen-Seite] beeinflussen zu lassen«. Bei den von Bingham beispielhaft genannten Nichtmenschen handelt es sich zwar um Organismen (Bienen und Schmetterlinge), doch wirft sein Essay die Frage nach der Möglichkeit auf, sich mit anorganischem Material »anzufreunden«. Siehe Nick Bingham, »Bees, Butterflies, and Bacteria: Biotechnology and the Politics of Nonhuman Friendship«, in: *Environment and Planning*, A 38 (2006), 3, S. 483–498.

5 Gilles Deleuze, »Die Immanenz: ein Leben ...«, in: ders., *Fluchtlinien der Philosophie*, München 1996, S. 29–33, hier: S. 29.

6 Ebd., S. 31. In ihrem unveröffentlichten Manuskript »The Novelty of Life« vertritt Paola Marrati die These, der Begriff »eines Lebens« habe bei Deleuze keinerlei empirischen oder biologischen Gehalt, sondern sei eher der Idee der Dauer bei Bergson verwandt. Leben »wird gleichbedeutend mit der virtuellen Realität der Zeit und ihrem zukunftsoffenen Vermögen zur Ausdifferenzierung, also mit der Schöpfung von Neuem« (S. 7). Eine Kopie des Manuskripts befindet sich in meinem privaten Archiv.

7 Deleuze, »Die Immanenz«, S. 31 f.

8 Veena Das, *Life and Words: Violence and the Descent into the Ordinary*, Berkeley 2007, S. 97.

9 Deleuze, Guattari, *Tausend Plateaus*, S. 563.

10 Deleuze, »Die Immanenz«, S. 32.

11 Gilles Deleuze, »Von der Überlegenheit der anglo-amerikanischen Literatur«, in: ders., Claire Parnet, *Dialoge*, Frankfurt am Main 1980, S. 43–82, hier: S. 57.

12 Friedrich Nietzsche, *Der Wille zur Macht. Eine Auslegung alles Geschehens*, Stuttgart 1921, S. 375 f. Deleuze und Guattari schließen sich auch Nietzsches Kritik an der Metaphysik der »Atome« oder stabilen »Objekte« an. Das Sein, so Nietzsche, »inhäriert weder dem, was Subjekt, noch dem, was Objekt genannt wird: es sind Komplexe des Geschehens, in Hinsicht auf andere Komplexe scheinbar dauerhaft« (ebd., S. 199). Deleuze und Guattari meiden allerdings die Tendenz zu einem linguistischen Konstruktivismus, die sich gelegentlich an Nietzsches Formulierungen zeigt, etwa wenn er sagt, dass »Dinge – folglich auch Atome – [...] *gar nicht da sind* [...]. Ein ›Ding‹ ist die Summe seiner Wirkungen, synthetisch gebunden durch einen Begriff, Bild« (ebd., S. 196 [Eintrag 359]). Oder auch, wenn er Folgendes notiert: »Fragen, wie die ›Dinge an sich‹ sein mögen, ganz abgesehen von unserer Sinnen-Receptivität und Verstandes-Aktivität, muß man mit der Frage zurückweisen: woher könnten wir wissen, *daß es Dinge giebt*? Die ›Dingheit‹ ist erst von uns geschaffen. Die Frage ist [...], ob nicht das, was ›Dinge setzt‹, allein real ist; und ob nicht die ›Wirkung der äußeren Welt auf uns‹ auch nur die Folge solcher wollenden Subjekte ist« (Friedrich Nietzsche, *Nachgelassene Fragmente, Herbst 1887 bis März 1888*, in: ders., *Werke. Kritische Gesamtausgabe*, herausgegeben von Giorgio Colli und Mazzino Montinari, Abt. 8, Bd. 2, Berlin 1970, S. 60).

13 Aischylos, *Prometheus in Fesseln*, in: *Werke in einem Band*, herausgegeben von Dietrich Ebener, Weimar 1976, S. 115–152, Zeilen 1–6.

14 Deleuze, Guattari, *Tausend Plateaus*, S. 568.

15 »Wie soll man also diese Materie-Bewegung, diese Materie-Energie, diesen Materie-Strom, diese Materie in Variation definieren, die in die

Gefüge einfließt und sie wieder verlässt? Es ist eine destratifizierte, deterritorialisierte Materie. [...] [Es ist] eine Region von *materiellen und vagen*, das heißt vagabundierenden, anexakten und dennoch strengen Wesenheiten [...], [die] von unveränderlichen, metrischen und formalen Wesenheiten [zu unterscheiden ist]. [...] Sie setzen eine *Körperlichkeit* (Materialität) frei, die sich weder mit der intelligiblen formalen Wesenhaftigkeit noch mit der sinnlich erfahrbaren, geformten und wahrnehmbaren Dinglichkeit vermischt« (ebd., S. 563).

16 Thomas Hobbes, *Vom Körper (Elemente der Philosophie I)*, Hamburg 1949, II. Teil, 8. Kapitel, Absatz 10.

17 Deleuze, Guattari, *Tausend Plateaus*, S. 357.

18 Ebd., S. 563.

19 Ebd., S. 568.

20 Kass, *The Hungry Soul*, S. 36.

21 Ebd., S. 41.

22 John Marks, »Introduction«, in: ders. (Hg.), *Deleuze and Science*, Sonderausgabe der Zeitschrift *Paragraph*, 29 (2006), 2, S. 1–18, hier: S. 5.

23 Alan Latham, Derek P. McCormack, »Moving Cities: Rethinking the Materialities of Urban Geographies«, in: *Progress in Human Geography*, 28 (2004), 6, S. 701–724, hier: S. 701. Massumis Formulierung wird ebd. auf S. 705 zitiert.

24 Michel Foucault, »Theatrum Philosophicum«, in: Gilles Deleuze, ders., *Der Faden ist gerissen*, Berlin 1977, S. 21–58, hier: S. 25. Jonathan Goldberg schreibt: »Tatsächlich erinnert Foucault an eine Kontroverse, die den Epikureismus von Anfang an beschäftigt hat: Wenn die Atome selbst unsichtbar, farblos und ohne Geschmack sind, wenn sie also nahezu jeder Eigenschaft entbehren, durch die Körper erkannt werden können, in welchem Sinn sind sie dann noch materiell?« (vgl. Jonathan Goldberg, *The Seeds of Things: Theorizing Sexuality and Materiality in Renaissance Representations*, New York 2009, S. 34). Goldberg setzt sich in »Lucy Hutchinson Writing Matter« weiter mit der merkwürdigen Tatsache auseinander, dass unsichtbare Materie die Möglichkeitsbedingung jeglicher Sichtbarkeit oder auch der phänomenologischen Erfahrbarkeit von Dingen, ist.

25 Foucault spricht von »unkörperlicher Materialität«, Latham und McCormack hingegen vom »Immateriellen« innerhalb des Materiellen. Das »Immaterielle« sei das, was der Materialität »ein ausdrucksstarkes Lebens und eine vom menschlichen Subjekt unabhängige Lebhaftigkeit« verleihe (Latham, McCormack, »Moving Cities«, S. 703). Ich stutze angesichts dieser Definition, denn in ihr steckt die Annahme, Materialität sei auf etwas außerhalb ihrer selbst angewiesen, um leben-

dig zu werden. Das erinnert an eine Überlegung aus dem Vitalismus des 19. Jahrhunderts: Materie ist (ihrem Wesen nach) träge; da sich materielle Körper dennoch bewegen, muss in ihnen ein Lebensprinzip wirksam sein, das der Materie zwar aufs Tiefste eingeschrieben, dabei aber gleichzeitig von ihr verschieden ist. Latham und McCormack wiederholen diese Denkbewegung, wenn sie dem »Denken« und seinen »begrifflichen Trägern« die Aufgabe zuschreiben, »die Einzelheiten der Welt mit einem belebenden Potenzial [...] aufzuladen und zu aktivieren« (ebd., S. 709).

26 Latham, McCormack, »Moving Cities«, S. 702.

27 Ben Anderson, »Time-Stilled Space-Slowed: How Boredom Matters«, in: *Geoforum*, 35 (2004), 6, S. 739–754. Anderson legt überzeugend dar, dass der Affekt der Langeweile – mit seiner »stillstellenden oder bremsenden« und nicht etwa vital-schöpferischen Wirkung – für all jene Vorstellungen von Materialität eine Herausforderung darstellt, die von »nahezu unbegrenzter [innerer] Fülle [und] [...] ›Reichtum‹ ausgehen« (S. 745). In ihrer hellsichtigen Einleitung zu einem der Materialität gewidmeten Sonderheft der Zeitschrift *Geoforum* unterscheiden Ben Anderson und Divya Tolia-Kelly »zwei spezifische Denkfiguren«, über die man sich der Materie anzunähern versucht hat: zum einen die der philosophischen Denkschule des Realismus eigene Gleichsetzung von Materie mit »unmittelbarer, statischer Körperlichkeit«, zum anderen die »Verwendung von Ausdrücken wie ›das Materielle‹ oder ›materielle Bedingungen‹ zur Bezeichnung einer das ›Kulturelle‹ angeblich überdeterminierenden gesellschaftlichen Struktur« (Ben Anderson, Divya Tolia-Kelly, »Matter(s) in Social and Cultural Geography«, in: *Geoforum*, 35 (2004), 6, S. 669–674, hier: S. 669 f.).

28 Cyril S. Smith, »The Texture of Matter as Viewed by Artisan, Philosopher, and Scientist in the Seventeenth and Eighteenth Centuries«, in: ders., *Atoms, Blacksmiths, and Crystals: Practical and Theoretical Views of the Structure of Matter in the Seventeenth and Eighteenth Centuries*, Los Angeles 1967, S. 8 f. (dort in den Anmerkungen).

29 Cyril S. Smith, *A History of Metallography*, Chicago 1960, S. 134.

30 Smith, »Texture of Matter«, S. 8–9, Anm.

31 Ebd., S. 27.

32 Ebd., S. 73.

33 Ebd., S. 101.

34 Ebd., S. 134.

35 Ebd., S. 244.

36 Die Haltbarkeit eines Metalls erklärt sich aus dem Ausmaß an internem Widerstand, auf den ein sich ausbreitender Riss stößt. »Wenn

sich Gruppen solcher Defekte im Material frei bewegen können, dann verleihen sie ihm die Fähigkeit, örtlich nachzugeben, ohne zu brechen. Sie machen das Material also widerstandsfähig. Dagegen macht die Einschränkung solcher Bewegungen das Material [...] brüchiger. [...] Widerstandsfähigkeit und Robustheit sind emergente Eigenschaften eines Metalls, die sich aus dem komplexen dynamischen Verhalten einiger seiner Komponenten erklären« (Manuel De Landa, »Uniformity and Variability: An Essay in the Philosophy of Matter«, Vortrag auf der Konferenz »Doors of Perception 3«, Netherlands Design Institute, Amsterdam, 7.–11. November 1995).

37 Deleuze, »Metal, Metallurgy, Music, Husserl, Simondon«, in: Web Deleuze, »Sur *Anti-Oedipe* et *Mille Plateaux*: Cours Vincennes – 27/02/1979«, {http://www.webdeleuze.com}.

38 Möglicherweise ist dasselbe angedacht, wenn Deleuze und Guattari die perverse Vorstellung einer »Materialität« entwickeln, »die einen *Nomos* besitzt« (Deleuze, Guattari, *Tausend Plateaus*, S. 564).

39 Zit. n. Margulis, Sagan, *What Is Life?*, S. 49.

40 Smith lobt auch, dass sich die Metallurgie vor allem mit »Aggregaten mittlerer Größe« befasst, wohingegen theoretische Untersuchungen der Natur dazu geneigt haben, ihr Augenmerk auf das unendliche Universum zu richten (so in der Kosmologie) oder aber auf das verschwindend kleine Teilchen (so in der Teilchenphysik). Siehe Smith, »Texture of Matter«, S. 3. Heidegger stellt eine ähnliche Beobachtung an, wenn er auf die methodologische Tendenz der neuzeitlichen Wissenschaft verweist, sich auf extrem Großes oder extrem Kleines zu konzentrieren: »[Ü]berall und in den verschiedensten Gestalten [kommt] das Riesenhafte zur Erscheinung [...]. Dabei meldet sich das Riesige zugleich in der Richtung des immer Kleineren« (Martin Heidegger, »Die Zeit des Weltbildes«, in: *Holzwege*, Frankfurt am Main 2015, S. 87–88, hier: S. 87). *Tausend Plateaus* widmet sich mal dem Winzigen, beispielsweise wenn Deleuze und Guattari der Beweglichkeit von Intensitäten nachgehen, dann aber auch wieder dem Gigantischen, etwa wenn sie eine vagabundierende oder deterritorialisierende Materie beschwören, die einen regelrechten Kosmos des Werdens konstituiere. Dabei geht es jedoch nicht um einen großen, undifferenzierten Fluss des Werdens, sondern um ein sich selbst zergliederndes, selbst aufteilendes »Leben«, das sich stets bereits auf verschiedene Untergruppen oder Schwärme, Strudel, Kreisläufe, Kaskaden und Gefüge verteilt hat. In *Tausend Plateaus* finden sich sowohl ambitionierte Metaphysik als auch Analysen materieller Prozesse, die sich auf einer »lokaleren« Ebene abspielen (Kapitalismus, Militarismus, Musik, Metallurgie).

41 Perniola definiert den Menschen als »fühlendes Ding« (*cosa che sente*). Siehe Sergio Contardi, Mario Perniola. »The Sex Appeal of the Inorganic: A Conversation«, in: *Journal of European Psychoanalysis*, 3/4 (1996/97), {http://www.psychomedia.it/jep}; sowie Mario Perniola, *Sex Appeal of the Inorganic: Philosophies of Desire in the Modern World*, New York 2004, S. 2–4. Im ersten dieser beiden Texte schreibt Perniola: »Der Begriff des ›fühlenden Dings‹ ist Ergebnis der Begegnung zweier Denktraditionen: einer, die über das Ding und einer, die über das Fühlen nachgedacht hat. Erstere geht auf Kant zurück (das Ding an sich), aber auch auf Heidegger (die Frage nach dem Ding) und Lacan (das Freud'sche Ding), letztere ebenfalls auf Kant (Empfindung), außerdem auf Hegel (Pathos) und die Ästhetik des Mitgefühls. Ich habe den Aspekt des Fühlens beseitigt, den die zweite Tradition der subjektiven Eigenschaft zuschreibt, und ersetze ›Ich fühle‹ (*io sento*) durch ein anonymes und unpersönliches ›Es wird gefühlt‹ (*si sente*), wie in meinem früheren Buch *Del sentire* dargelegt. [...] In *The Sex Appeal of the Inorganic* nimmt ›Es wird gefühlt‹ eine ausdrücklicher sexuelle Bedeutung an.«

5. Weder Vitalismus noch Mechanismus

1 Frederick Burwick und Paul Douglass vertreten die These, der »kritische Vitalismus« sei »aus dem im 19. Jahrhundert vollzogenen Übergang von einer auf der Materie zu einer auf der Energie beruhenden Physik« hervorgegangen (Frederick Burwick, Paul Douglass, »Introduction«, in: dies. (Hg.), *The Crisis in Modernism: Bergson and the Vitalist Controversy*, Cambridge 1992, S. 1–12, hier: S. 1). Eine gute Begriffsgeschichte der »Energie« bietet Howard Caygill, »Life and Energy«, in: *Theory, Culture, and Society*, 24 (2007), 6, S. 19–27.

2 Tom Quirk, *Bergson and American Culture: The Worlds of Willa Cather and Wallace Stevens*, Chapel Hill 1990, S. 1 f. Quirk situiert auch die Werke von Willa Cather und Wallace Stevens in diesem Kontext: »Sowohl Cather als auch Stevens glaubten an die »›schöpferische Kraft‹, und beide [...] brachten diese Kraft mit einer Lebenskraft in Verbindung, die biologischer und uranfänglicher Natur sei« (vgl. S. 8). Vgl. auch die zwischen 1911 und 1915 zwischen Arthur O. Lovejoy und H. S. Jennings ausgetragenen Debatten um den Vitalismus: Arthur O. Lovejoy, »The Meaning of Vitalism«, in: *Science*, 21. April 1911, S. 610–614; Arthur O. Lovejoy, »The Import of Vitalism«, in: *Science*, 21. Juli 1911, S. 75–80; H. S. Jennings, »Driesch's Vitalism and Experimental Indeterminism«, in: *Science*, 4. Oktober 1912, S. 434–435;

Arthur O. Lovejoy, »The Meaning of Driesch and the Meaning of Vitalism«, in: *Science*, 15. November 1912, S. 672–675; H. S. Jennings, »Doctrines Held as Vitalism«, in: *American Naturalist*, Juli 1913, S. 385–417.

3 Hans Driesch, *Philosophie des Organischen*, 2 Bde., Leipzig 1909, Bd. 2, S. 333.

4 Quirk, *Bergson and American Culture*, S. 1. Die öffentliche Diskussion um den Vitalismus hing mit der politischen Bewegung des Progressivismus zusammen. Siehe Eldon J. Eisenach (Hg.), *The Social and Political Thought of American Progressivism*, Indianapolis 2006.

5 In seiner »Geschichte des Vitalismus« weicht Driesch einmal von seinem gewöhnlichen Vorgehen ab, von den verschiedenen Theorien des Vitalismus nur kurze Zusammenfassungen zu liefern: »Wenn wir mit Kant eine Ausnahme von unserem Vorgehen machen, wenn wir vorhaben, den Inhalt seiner ›Kritik der Urteilskraft‹ sogar besonders eingehend hier zu analysieren, so hat das seinen Grund in der außerordentlichen, durchaus ungewöhnlichen Bedeutung, welche dieses Buch bis auf unsere Zeit hin gewonnen hat« (Hans Driesch, *Der Vitalismus als Geschichte und als Lehre*, Leipzig 1905, S. 63).

6 Immanuel Kant, *Kritik der Urteilskraft*, Hamburg 2001, § 78, S. 411 (Seitenangaben nach der Akademie-Ausgabe).

7 Kant, *Kritik der Urteilskraft*, § 73, S. 394.

8 Ebd., § 65, S. 374 (Klammer im Original).

9 Ebd., § 81, S. 424.

10 Ebd., § 65, S. 374, 372. Kant zufolge liegt es im Wesen unseres Intellekts, die Beziehungen zwischen den Dingen mittels der Idee einer mechanischen Kausalität zu erklären. Insofern stellen uns Organismen vor ein Rätsel. Sie weisen über die mechanische Kausalität hinaus, ohne dass wir über einen angemessenen Begriff verfügen würden, um diesen Überschuss zu fassen.

11 Bevor er den Bildungstrieb ins Spiel bringt, spricht Kant von einer »bildenden Kraft«, die im Organismus am Werk sei, nicht aber in toter Materie: »Ein organisiertes Wesen ist [...] nicht bloß Maschine, denn die hat lediglich bewegende Kraft, sondern es besitzt in sich bildende Kraft, und zwar eine solche, die es den Materien mitteilt, welche sie nicht haben (sie organisiert), also eine sich fortpflanzende bildende Kraft« (Kant, *Kritik der Urteilskraft*, § 65, S. 374).

12 Kant, *Kritik der Urteilskraft*, § 81, S. 424.

13 Ebd., § 80, S. 421.

14 Der Bildungstrieb ist anderen bemerkenswerten Vorstellungen von Lebenskraft vergleichbar, die im 18. Jahrhundert entwickelt wurden,

darunter Georges Buffons *moule intérieur*, Albrecht von Hallers Irritabilität (eine den Muskeln innewohnende Kraft, die diese veranlasst, in Reaktion auf einen Reiz zu zucken) und Caspar Wolffs *vis essentialis*. Ausführlichere historische Darstellungen solcher Vorstellungen bieten: Richard Fawcett Battye, *What Is Vital Force? Or, A Short and Comprehensive Sketch, Including Vital Physics, Animal Morphology, and Epidemics; To Which Is Added an Appendix upon Geology: Is the Detrital Theory of Geology Tenable?*, London 1877; Hans Driesch, *Der Vitalismus als Geschichte und als Lehre*, Leipzig 1905; Leonard Richmond Wheeler, *Vitalism: Its History and Validity*, London 1939.

15 Kant, *Kritik der Urteilskraft*, § 65, S. 374 f.

16 Ebd., § 78, S. 415.

17 Kant an Blumenbach, 5. August 1790, in: Kant, *Gesammelte Schriften*, Bd. 16, Berlin 1922, S. 184 f., hier S. 185.

18 Robert J. Richards, »Kant and Blumenbach on the Bildungstrieb: A Historical Misunderstanding«, in: *Studies in the History and Philosophy of Biology and Biomedical Sciences*, 31 (2000), 1, S. 11–32, hier: S. 11 f.

19 Johann Friederich Blumenbach, *Über den Bildungstrieb und das Zeugungsgeschäfte*, Göttingen 1781, S. 12.

20 Indem er einräumt, dass es sich beim Bildungstrieb um ein »uns unerforschliche[s] Prinzip« handelt, lässt Blumenbach »dem Naturmechanism [...] einen unbestimmbaren, zugleich doch auch unverkennbaren Anteil« (Kant, *Kritik der Urteilskraft*, § 81, S. 424).

21 Timothy Lenoir, »Kant, Blumenbach, and Vital Materialism in German Biology«, in: *Isis*, 71 (1980), 1, S. 77–108, hier: S. 84. Blumenbach schreibt: »Hoffentlich ist für die mehresten Leser die Erinnerung überflüssig, daß das Wort Bildungstrieb selbst, so gut wie die Benennungen aller andern Arten von Lebenskräften an sich weiter nichts erklären, sondern bloß eine besondere (das Mechanische mit dem zweckmäßig Modificirbaren in sich vereinende) Kraft unterscheidend bezeichnen soll, deren constante Wirkung aus der Erfahrung anerkannt worden, deren Ursache aber so gut, wie die Ursache aller andern noch so allgemein anerkannten Naturkräfte für uns hienieden im eigentlichen Wortverstande *qualitas occulta* bleibt« (Johann Friedrich Blumenbach, *Handbuch der Naturgeschichte*, Göttingen 1803, S. 19).

22 Lenoir formuliert dies folgendermaßen: »Indem er einen wesentlichen Teil seiner urwüchsigen schöpferischen Substanz verliert, wird der Bildungstrieb abgeschwächt« (vgl. Lenoir, »Kant, Blumenbach, and Vital Materialism«, S. 84).

23 Kant, *Kritik der Urteilskraft*, § 81, S. 423. In den zu Kants Zeiten geführten Debatten darüber, wie das Wachstum und die generative Repro-

duktion von Organismen zu erklären seien, vertraten einige die Theorie der »Präformation«. Diese lag etwa Charles Bonnets Begriff des »*emboîtement*« zugrunde, dem zufolge »Gott eine Vielzahl von Keimen geschaffen hat, von denen jeder einen embryonalen Organismus in sich trägt, der innerhalb seiner eigenen Keime wiederum noch kleinere Organismen enthält, und so fort zu immer kleineren eingehüllten Individuen«. Andere vertraten die Theorie der »Epigenese«, der zufolge Veränderungen innerhalb des Organismus eine allmähliche Entwicklung von geringerer zu höherer Spezialisierung nach sich ziehen, von formloser Materie zu immer komplexeren Strukturen. Siehe Richards, »Kant and Blumenbach on the Bildungstrieb«, S. 14–18. Kant neigte im Wesentlichen der Theorie der Epigenese zu. Diese könne auch »System der generischen Präformation genannt werden, weil das produktive Vermögen der Zeugenden doch nach den inneren zweckmäßigen Anlagen, die ihrem Stamme zuteil wurden, also die spezifische Form *virtualiter* präformiert war« (Kant, *Kritik der Urteilskraft*, § 81, S. 376).

24 Kant, *Kritik der Urteilskraft*, § 81, S. 423.

25 Dem Menschen kommt innerhalb der Systems natürlicher Kausalität, von dem er ein Teil ist, eine Sonderrolle zu: »Nun haben wir nur eine einzige Art Wesen in der Welt, deren Kausalität teleologisch, d. i. auf Zwecke gerichtet und doch zugleich so beschaffen ist, daß das Gesetz, nach welchem sie sich Zwecke zu bestimmen haben, von ihnen selbst als unbedingt und von Naturbedingungen unabhängig, an sich aber als notwendig vorgestellt wird« (Kant, *Kritik der Urteilskraft*, § 84, S. 398).

26 Siehe Serres, *La Naissance de la physique*.

27 Kant, *Kritik der Urteilskraft*, § 61, S. 360.

28 Driesch, *Philosophie des Organischen*, Bd. 2, S. 112.

29 Hans Driesch, *The History and Theory of Vitalism*, London 1914, S. 208. (Dieser Passus fehlt in der deutschen Ausgabe [*Der Vitalismus als Geschichte und als Lehre*]; Anm. d. Übers.)

30 Driesch, *Philosophie des Organischen*, Bd. 2, S. 138.

31 Ebd., S. 253.

32 Ebd., S. 328.

33 Hans Driesch, *The Science and Philosophy of the Organism: The Gifford Lectures Delivered before the University of Aberdeen in the Year 1908*, London 1908, S. 115. (Dieser Passus fehlt in der deutschen Ausgabe [»Philosophie des Organischen«]; vgl. dort aber Bd. 2, S. 113 [Anm. d. Übers.].) »In der wissenschaftlich aufgefassten Natur – als Hier, Nun, So – ist überhaupt kein Platz für ›psychische‹ Entitäten« (Hans Driesch, *The Problem of Individuality: A Course of Four Lectures Delivered before the University of London in October 1913*, London 1914,

S. 33). Auch an anderer Stelle stellt Driesch fest, es gebe »*keine* Seelen im Bereich desjenigen Phänomens, welches räumliche Natur heißt« (*Philosophie des Organischen*, Bd. 2, S. 78).

34 Driesch, *Philosophie des Organischen*, Bd. 1, S. 49. In dieser Frage folgt Driesch Kant, dem zufolge wir bei der Beurteilung organisierter Wesen »immer irgend eine ursprüngliche Organisation zum Grunde legen«, die sich des »Mechanism« bedient (Kant, *Kritik der Urteilskraft*, § 80, S. 418).

35 Driesch, *The Problem of Individuality*, S. 34.

36 Driesch erläutert seine Differenzen gegenüber Aristoteles nicht weiter, sondern sagt nur, er werde dessen Vorstellung übernehmen, »daß in Lebensphänomenen ein Etwas eine Rolle spielt, ›welches das Ziel in sich trägt‹« (Driesch, *Philosophie des Organischen*, Bd. 1, S. 145).

37 Blumenbach hatte den Bildungstrieb als einen beschrieben, der alle »belebten Geschöpfe« veranlasse, »ihre bestimmte Gestalt anfangs anzunehmen, dann zu erhalten, und wenn sie je zerstört werden, wo möglich wiederherzustellen« (Blumenbach, *Über den Bildungstrieb*, S. 12); Driesch beschreibt die Aufgabe der Entelechie auf ähnliche Weise. Als Blastocyste bezeichnet man die befruchtete Eizelle in jenem Entwicklungsstadium, in dem sie von einer dichten Zellmasse zu einem hohlen Zellgebilde geworden ist, das einen mit Flüssigkeit gefüllten Hohlraum umschließt.

38 »[Der Organismus ist] nicht nur von Kristallen [...] verschieden [...], sondern auch von allen Kombinationen von Kristallen, wie den sogenannten Dendriten u. a., die aus einer typischen Anordnung *identischer* Einheiten bestehen [...]. Eben dieser ihrer Eigenschaft wegen müssen Dendriten [...] Aggregate heißen; aber der Organismus ist nicht ein Aggregat« (Driesch, *Philosophie des Organischen*, Bd. 1, S. 25).

39 Driesch, *Philosophie des Organischen*, Bd. 2, S. 58.

40 Ebd., S. 75 f. Hier folgt Driesch Kants Aussage, Organismen würden sich selbst aktiv »produzieren« und nicht etwa blind einem vorgegebenen Entwicklungspfad folgen. Kant schreibt, in »Ansehung der Dinge, welche man ursprünglich nur nach der Kausalität der Zwecke sich als möglich vorstellen kann«, müsse man die Natur als »selbst hervorbringend, nicht bloß als entwickelnd« betrachten (Kant, *Kritik der Urteilskraft*, § 81, S. 424).

41 Driesch, *The History and Theory of Vitalism*, S. 213. (Dieser Passus fehlt in der deutschen Ausgabe; Anm. d. Übers.) In seiner *Philosophie des Organischen* bringt Driesch denselben Gedanken zum Ausdruck, indem er schreibt, es gebe eine »*Individualität der Zuordnung* zwischen Reiz und Effekt« (Driesch, *Philosophie des Organischen*, Bd. 2, S. 64).

42 Driesch, *The Problem of Individuality*, S. 38. In unserer heutigen Begrifflichkeit ausgedrückt: Die Stammzellen sind noch nicht auf ihre jeweiligen »Schicksalspfade« geleitet worden.

43 Ebd., S. 39.

44 Driesch, *The History and Theory of Vitalism*, S. 213. (Dieser Passus fehlt in der deutschen Ausgabe; Anm. d. Übers.)

45 Driesch, *Philosophie des Organischen*, Bd. 2, S. 68.

46 »Soweit die Formbildung, die physiologische Anpassung und die instinktiven Bewegungen in Betracht kommen, *muß* es in der Tat etwas geben, das, im übertragenen Sinne, einem spezifischen Wissen und Wollen [...] vergleichbar ist« (Driesch, *Philosophie des Organischen*, Bd. 2, S. 144).

47 Ebd.

48 Joseph Chiari verteidigt den Bergson'schen Vitalismus gerade mit dem Hinweis, der *élan vital* sei »der einströmende Geist, der sich im Menschen zum Bewusstsein entwickelt und dem der Mensch daher seinen besonderen Status als Ziel und Höhepunkt der Schöpfung verdankt« (Joseph Chiari, »Vitalism and Contemporary Thought«, in: Frederick Burwick, Paul Douglass (Hg.), *The Crisis in Modernism: Bergson and the Vitalist Controversy*, Cambridge 1992, S. 245–273, hier: S. 254).

49 Driesch, *The History and Theory of Vitalism*, S. 210. (Dieser Passus fehlt in der deutschen Ausgabe; Anm. d. Übers.) In diesem Punkt hält sich Driesch weitgehend an die Position von Kant, bei dem es heißt: »[Eine Uhr ersetzt] nicht von selbst die ihr entwandten Teile, oder vergütet ihren Mangel in der ersten Bildung durch den Beitritt der übrigen, oder bessert sich etwa selbst aus, wenn sie in Unordnung geraten ist: welches alles wir dagegen von der organisierten Natur erwarten können. – Ein organisiertes Wesen ist also nicht bloß Maschine« (Kant, *Kritik der Urteilskraft*, § 65, 374).

50 Driesch, *Philosophie des Organischen*, Bd. 1, S. 113.

51 Driesch unterscheidet in seinen empirischen Beweisen für den Vitalismus (die eher als Widerlegungen der Position zu bezeichnen wären, mechanistische Theoreme könnten die Morphogenese hinreichend erklären) zwischen dem Vorgang der »Differenzierung harmonischer Systeme« und der Entwicklung der ursprünglichen Zelle, innerhalb derer es zur Differenzierung kommen wird. Letztere ist »nicht das, was aus den komplexen Systemen entsteht, sondern das, woraus diese selbst entstehen. Wir wollen die Eizelle als repräsentatives Beispiel nehmen. Die Eizelle entwickelt sich aus einer einzigen Zelle, die deren Anlage darstellt, um ein schwer zu übersetzendes deutsches Wort zu gebrauchen« (Driesch, *The Problem of Individuality*, S. 21 f.).

52 Driesch, *Der Vitalismus als Geschichte und als Lehre*, S. 209.

53 Mikhail Bakhtin, »Contemporary Vitalism«, in: Frederick Burwick, Paul Douglass (Hg.), *The Crisis in Modernism: Bergson and the Vitalist Controversy*, Cambridge 1992, S. 76–97, hier: S. 89.

54 Driesch, *Philosophie des Organischen*, Bd. 2, S. 170 f. Was hieße es, eine reine »beziehende Ordnung« zu sein? Driesch liefert einige Hinweise, indem er die Entelechie als ein »Agens« beschreibt, das Elemente zu einem harmonischen Ganzen ordne. Belege für dieses organisierende Vermögen findet Driesch in unwillkürlichen Bewegungen. Zwar würden »physiologische Faktoren« bei solchen Bewegungen eine Rolle spielen, doch »etwas anderes« sei »auch am Werk: ein ›Etwas‹, von dem man sagen kann, daß es von den Faktoren [...] Gebrauch macht« (Driesch, *Philosophie des Organischen*, Bd. 2, S. 48). Dieser »[neue und autonome], in der anorganischen Welt [unbekannte] Naturfaktor« (ebd., S. 111) liege auch »an der Wurzel der *Umwandlung* der Arten« (Driesch, *Philosophie des Organischen*, Bd. 1, S. 287). Darüber hinaus müsse ein derartiger Faktor auch beim Vorgang der Vererbung am Werk sein. Eine mechanistische Erklärung könne nur von der Weitergabe materieller Einheiten sprechen, die »im Zellkern enthalten« seien. Doch könne es sich dabei nicht um die »Hauptsache« handeln. »Es bedarf noch eines organisierenden Agens, und dieses organisierende Agens der Vererbung kann nicht maschineller, physikalisch-chemischer Natur sein« (Driesch, *The Problem of Individuality*, S. 23). Warum nicht? Weil das Physikalisch-Chemische *per definitionem* der nötigen Organisationsleistung unfähig ist. Diese Organisationsleistung verlangt sowohl Präzision als auch Flexibilität, ein ad hoc agierendes Urteilsvermögen, das perfekt in Einklang ist sowohl mit der Singularität der zu organisierenden Teile als auch mit der des Kontextes, innerhalb dessen sich der Organismus bewegt. Physikalisch-chemische Elemente stehen, als träge Materie, zu sehr im Bann allgemeiner Gesetze und Routinen, als dass sie das erforderliche Kunststück vollbringen könnten.

55 Driesch, *Philosophie des Organischen*, Bd. 1, S. 16.

56 Ebd., S. 295 f.

57 Driesch, *Philosophie des Organischen*, Bd. 2, S. 182.

58 »Psyche« bezeichnet die Differenz von lebendigem Menschen und passiver Leiche. »Psyche« ist ein »sehr flüchtiges Zeug, das dem Körper innewohnt, solange das Individuum am Leben ist, dann aber bei dessen Tod durch irgendeine Öffnung entweicht und in den Hades absteigt« (A. W. D. Adkins, *From the Many to the One: A Study of Personality and Views of Human Nature in the Context of Ancient Greek Society, Values, and Beliefs*, Ithaca 1970, S. 15).

59 Driesch, *Science and Philosophy (1908)*, S. 326.

60 Bakhtin, »Contemporary Vitalism«, S. 95 f. Bachtin bezeichnet diese alternative Maschinenkonzeption als die des »modernen dialektischen Materialismus«. Sie stehe im Gegensatz zu Drieschs »naiv-mechanistischer Sichtweise mit ihren fixen und unbeweglichen Maschinen« (ebd., S. 96). K. S. Lashley hat 1923 ähnlich argumentiert: »Der Vitalist beruft sich auf bestimmte Erscheinungen (Morphogenese, Restitution, die Entwicklung von Gewohnheiten, die Komplexitäten der Sprache und dergleichen mehr). Er leugnet die Möglichkeit einer mechanistischen Erklärung für solche Erscheinungen. Dabei verfällt er aber dem, was wir als Trugschluss des Egoisten bezeichnen könnten. Bei näherer Betrachtung reduziert sich sein Argument stets auf das Schema: ›Ich bin nicht im Stande, eine Maschine zu entwerfen, die zu diesen Dingen in der Lage wäre; daher wird niemand jemals eine solche Maschine entwerfen können.‹ Das ist das Unvorstellbarkeitsargument von Driesch und McDougall, schlecht formuliert. Wir dürfen darauf antworten: ›Ihr messt eurer eigenen Erfindungsgabe zu viel Bedeutung bei‹« (K. S. Lashley, »The Behavioristic Interpretation of Consciousness«, in: *Psychological Bulletin*, 30 (1923), S. 237–272, 329–353, hier: S. 242).

61 Bakhtin, »Contemporary Vitalism«, S. 95 f.

62 Ebenso Deleuze und Guattari. In *Tausend Plateaus* beschreiben sie die Natur als eine Ebene der Morphogenese, die sie als »Kriegsmaschine« bezeichnen: »Die ›Kriegsmaschine‹ [...] ist ein Begriff, der von seinem Namen verraten wird, da er mit tatsächlichem Krieg wenig zu tun hat und zum bewaffneten Konflikt nur ein paradoxes und vermitteltes Verhältnis pflegt. [Sein] wirklicher Gegenstand [...] ist nicht der Krieg, sondern ein Zustand der schöpferischen Mutation und des Wandels« (Paul Patton, *Deleuze and the Political*, New York 2000, S. 110).

63 »*Jede Wirklichkeit ist also Tendenz, wenn man übereinkommt, unter Tendenz eine immer neu beginnende Richtungsänderung zu verstehen* (Richtungsänderung in statu nascendi).« Henri Bergson, *Denken und schöpferisches Werden. Aufsätze und Vorträge*, Meisenheim am Glan 1948, S. 211.

64 Bergson, *Schöpferische Entwicklung*, S. 207 f.

65 Ebd., S. 132.

66 Ebd., S. 36.

67 Ebd., S. 26–28.

68 Ebd., S. 80–82.

69 Driesch, *Philosophie des Organischen*, Bd. 1, S. 49.

70 Bergson, *Schöpferische Entwicklung*, S. 107, 137.

71 Ebd., S. 120.

72 Ebd., S. 32.

73 Ebd., S. 105.

74 Ebd., S. 32. Deleuze beschreibt den *élan vital* als »eine in der Aktualisierung begriffene Virtualität, [...] ein in der Differenzierung begriffenes Einfaches, [...] eine in der Aufspaltung begriffene Totalität« (Deleuze, *Henri Bergson*, S. 119).
75 Bergson, *Schöpferische Entwicklung*, S. 95.
76 Ebd., S. 131.
77 Ebd., S. 108 f.
78 Bergson, *Denken und schöpferisches Werden*, S. 28; ders., *Schöpferische Entwicklung*, S. 29.
79 Deleuze, *Henri Bergson*, S. 133.
80 Bergson, *Denken und schöpferisches Werden*, S. 112.
81 Bergson, *Schöpferische Entwicklung*, S. 57 f.
82 Ebd., S. 132.
83 Bergson schreibt weiter: »Hierzu dient aber einzig ein Mittel: es muß die Materie zu einer Aufhäufung potentieller Energie vermocht werden, daß jener Drang, je im gegebenen Moment, wie durch Abschnellung einer Feder die Arbeit geleistet erhält, deren er zum Wirken bedarf. Er selbst besitzt nichts als dies Vermögen der Auslösung« (Bergson, *Schöpferische Entwicklung*, S. 120).
84 Bergson, *Schöpferische Entwicklung*, S. 132.
85 Bergson, *Denken und schöpferisches Werden*, S. 31.
86 Bergson, *Schöpferische Entwicklung*, S. 57.
87 Driesch, *Philosophie des Organischen*, Bd. 1, S. 108.
88 Bergson, *Schöpferische Entwicklung*, S. 53.

6. Stammzellen und die Kultur des Lebens

1 Driesch, *The Problem of Individuality*, S. 80, 74–75.
2 Georges Canguilhem, *Aspects du vitalisme: La connaissance de la vie*, Paris 1952, S. 124.
3 Anna Harrington, *Reenchanted Science: Holism in German Culture from Wilhelm II to Hitler*, Princeton 1996, S. 190. Nach der »Machtergreifung« Hitlers 1933 war Driesch »einer der ersten nichtjüdischen deutschen Professoren, denen die Hochschulstelle entzogen wurde« (ebd., S. 191).
4 Sheryl Gay Stolberg, »House Approves a Stem Cell Bill Opposed by Bush«, in: *New York Times*, 25. Mai 2005.
5 Ethan Cole, »Bush Stands against ›Temptation to Manipulate Life‹«, in: *Christian Post Reporter*, 13. April 2007.
6 Die niedrigere Schätzung entnehme ich der Website {iraqbodycount.org}, die höhere geht zurück auf Les Roberts und Gilbert M. Burnham vom

Center for International Emergency, Disaster, and Refugee Studies an der Johns Hopkins Bloomberg School of Public Health, auf Richard Garfield (Columbia University) sowie auf Riyadh Lafta und Jamal Kudhairi (beide vom Medizinkolleg der Bagdader Al-Mustansiriya Universität).

7 George W. Bush hat gesagt: »Wir sollten kein Gesetz verabschieden, das zur Niederlage in diesem lebenswichtigen Krieg (*vital war*) führt« (United States, Office of the White House Press Secretary: »President Bush Discusses Iraq War Supplemental«).

8 Es handelt sich, so hat Driesch dargelegt, noch bevor der Begriff der Stammzelle geprägt wurde, nicht um eine »Potenz«, die »jede einzelne Rolle in der Gesamtheit dessen spielen kann, was im ganzen System geschieht« (Driesch, *Philosophie des Organischen*, Bd. 1, S. 121). Siehe auch: U. S. Department of Health and Human Services, National Institutes of Health (Hg.), *Stem Cells: Scientific Progress and Future Research Directions*, Juni 2001.

9 Jane Maienschein, »What's in a Name: Embryos, Clones, and Stem Cells«, in: *American Journal of Bioethics*, 2 (2002), 1, S. 12–19, hier: S. 15.

10 Tom DeLay, zit. n. Susan Baer, »In Vitro Fertilization, Stem Cell Research Share Moral Issues«, in: *Baltimore Sun*, 4. Juni 2005. Es ist umstritten, ob die der Gastrula vorangehende Zellmasse als »Embryo« bezeichnet werden sollte. Versteht man unter einem Embryo eine befruchtete Eizelle, dann lautet die Antwort Ja. Mitunter wird unter einem Embryo aber auch eine sich teilende Eizelle verstanden, die die Phase der Gastrulation durchlaufen hat. »Viele Biologen [...] sprechen mit Bezug auf diese frühen Entwicklungsstadien nicht von einem Embryo, sondern von einem Präimplantations- oder Prä-Embryo. Das Präimplantations-Embryo durchläuft während seiner einwöchigen Entwicklung drei Stadien: das der Zygote (der einzelnen Eizelle), das der Morula (ein Bündel mehrerer identischer Zellen) und das der Blastocyste [Blastula] (in diesem Stadium entwickelt das Prä-Embryo voneinander verschiedene Bestandteile, unter anderem einen Dottersack, und weist eine Innen- sowie eine Außenseite auf, nicht aber die entwickelten Strukturen eines vollgültigen Embryos)« (Jeffrey Spike, »Bush and Stem Cell Research: An Ethically Confused Policy«, in: *American Journal of Bioethics*, 2 (2002), 1, S. 45–46, hier: S. 45).

11 Im November 2007 haben zwei Forschungslaboratorien über ein neues Verfahren berichtet, »um gewöhnliche menschliche Hautzellen in Zellen zu verwandeln, die embryonalen Stammzellen gleichen, ohne dass dabei von einem menschlichen Embryo Gebrauch gemacht würde« (Gina Kolata, »Researcher Who Helped Start Stem Cell War May Now End

It«, in: *New York Times*, 22. November 2007). Das neue Verfahren muss noch zahlreiche Hürden nehmen, wenn es in neue humanmedizinische Behandlungstechniken münden soll: »Noch verstehen Forscher nicht zur Gänze, wie sich menschliche DNA zu therapeutischen Zwecken programmieren und umprogrammieren lässt. Hinzu kommt, dass die ersten Experimente mit Retroviren durchgeführt wurden, die zu Tumoren und Krebserkrankungen führen können. [...] Nichtsdestotrotz entfallen bei der Produktion von Stammzellen im Labor die moralischen und ethischen Einwände, die Präsident Bush und andere mit Bezug auf die Entnahme von Stammzellen aus menschlichen Embryos formuliert haben« (»Stem Cell Breakthrough«, in: *Washington Post*, 24. November 2007).

12 Papst Johannes Paul II., *Evangelium vitae. An die Bischöfe, Priester und Diakone, die Ordensleute und Laien sowie an alle Menschen guten Willens – über den Wert und die Unantastbarkeit des menschlichen Lebens*, Vatikan 1995.

13 Robert Best, »Prepared Statement to the Subcommittee on Science, Technology, and Space of the Committee on Commerce, Science, and Transportation«, in: U. S. Senate Hearing on Human Cloning, 107th Congress, 1st session, 2. Mai 2001.

14 Ebd.

15 Driesch, *Der Vitalismus als Geschichte und als Lehre*, S. 1. Eine vergleichbare Aussage findet sich bei Bergson: »Immer wachsende Mengen solcher [physikalisch-chemischer] Phänomene wird die Analyse in den Prozessen organischer Schöpfung auffinden [...]. Aber daraus folgt nicht, daß Physik und Chemie uns den Schlüssel des Lebens reichen werden« (Bergson, *Schöpferische Entwicklung*, S. 37). Driesch schreibt: »Ich weiß wohl, daß das Wort ›Autonomie‹ gewöhnlich gebraucht wird, um die Befugnis des Gesetz*gebens* auszudrücken, und daß es sich in diesem Sinne auf eine menschliche Gemeinschaft bezieht; in der Bedeutung, die *wir* ihm geben, heißt es: *eigenen Gesetzen unterworfen* sein« (Driesch, *Philosophie des Organischen*, Bd. 1, S. 144). Driesch will das Augenmerk zwar auf die Fähigkeit von Organismen richten, sich selbst zu organisieren und wiederherzustellen. Seinem Autonomiebegriff haftet dennoch etwas von der ursprünglichen kantischen Bedeutung an (Freiheit, Ausgenommenheit vom Determinismus).

16 Driesch, *The History and Theory of Vitalism*, S. 57 f. (Dieser Passus fehlt in der deutschen Ausgabe; Anm. d. Übers.)

17 In diesem Zusammenhang ist daran zu erinnern, dass man nicht Atheist sein muss, um die besondere Ideenkonstellation abzulehnen, die die »Kultur des Lebens« auszeichnet. Verschiedene Pantheismen erkennen in allen Dingen (menschlichen wie nichtmenschlichen, organischen wie

anorganischen) eine göttliche Kraft; viele »jüdische und muslimische Gelehrte vertreten die Ansicht, [...] das Leben beginne 40 Tage« nach der Befruchtung; manche Gläubige meinen, Gott betrachte die embryonale Stammzellenforschung als vollständigere Verwirklichung der im Prozess der Morphogenese angelegten Potenziale und heiße sie daher gut. Siehe Maienschein, »What's in a Name«, S. 14.

18 Cole, »Bush Stands Against ›Temptation to Manipulate Life‹«.

19 Driesch, *The History and Theory of Vitalism*, S. 223 f. (Dieser Passus fehlt in der deutschen Ausgabe; Anm. d. Übers.)

20 Bakhtin, »Contemporary Vitalism«, S. 92. Das vollständige Zitat lässt Bachtins deterministischen Materialismus erkennen: »Es versteht sich natürlich von selbst, dass an jedem Ort und zu jeder Zeit bestimmte Bedingungen vorherrschen. Daher ist es vollkommen absurd zu behaupten, in der Blastomere sei eine jede Entwicklungsmöglichkeit bereits enthalten [wie Driesch das behauptet]. Die Blastomere verfügt in dem Ausmaß über ein Potenzial [...], in dem sie am Komplex der sie umgebenden Bedingungen teilhat. Was tut Driesch? Er wendet sich von allen reellen Bedingungen ab und verortet abstrakte Blastomeren jenseits von Zeit und Raum. [...] Die Rede von verschiedenen Potenzialen und Möglichkeiten dient nur einem Zweck: Sie erlaubt die Annahme, alle Entwicklungspfade seien gleichermaßen möglich [...], sodass es auch möglich sei, einen davon frei zu wählen. Die Wahlfreiheit [...] ist die Grundlage sämtlicher Konstrukte von Driesch« (ebd.).

21 Driesch, *Philosophie des Organischen*, Bd. 2, S. 68.

22 Bergson, *Schöpferische Entwicklung*, S. 53.

23 Zwei Zitate: Terroristen töten, weil sie »die Freiheit hassen« (United States, Office of the White House Press Secretary, Remarks by President and Mrs. Bush); »Je freier die Iraker werden, je mehr Strom es gibt und je mehr Jobs, je mehr Kinder zur Schule gehen, umso verzweifelter werden diese Killer, weil sie die Vorstellung einer freien Gesellschaft nicht ertragen. Sie hassen die Freiheit. Sie lieben den Terror« (United States, Office of the White House Press Secretary, President Bush, Ambassador Bremer Discuss Progress in Iraq).

24 Canguilhem, *Aspects du vitalisme*, S. 121.

25 Francis B. Sumner, Rezension von Hans Driesch, *The History and Theory of Vitalism*, in: *The Journal of Philosophy, Psychology, and Scientific Methods*, 13 (1916), 4, S. 103–109.

26 Deleuze, Guattari, *Tausend Plateaus*, S. 347.

27 Althusser, »Le courant souterrain du matérialisme de la rencontre«, S. 563.

28 Serres, *La naissance de la physique dans le texte de Lucrèce*.

29 »Executive Summary«, in: U. S. Department of Health and Human Services, *Stem Cells*, S. 9.
30 Eine Erörterung von Bergsons Vorstellung eines offenen Ganzen bietet Paola Marrati, »Time, Life, Concepts: The Newness of Bergson«, in: Suzanne Guerlac (Hg.), *Comparative Literature Issue*, Sonderausgabe der Zeitschrift *MLN*, 120 (2005), 5, S. 1099–1111.
31 Ralph Waldo Emerson, *Journals and Miscellaneous Notebooks*, Bd. 10, Cambridge, Mass., 1973, S. 335. (Die Stelle fehlt in der 1954 in Stuttgart erschienenen Übertragung von Emersons Tagebüchern; Anm. d. Übers.).
32 Johann Gottfried Herder, *Gott: Einige Gespräche über Spinoza's System nebst Shaftesbury's Naturhymnus*, Berlin 2013, S. 32 (Zweites Gespräch).

7. Politische Ökologien

1 Darwin, *Bildung der Ackererde*, S. 177.
2 Ebd., S. 173.
3 Ebd., S. 175.
4 Ebd.
5 Diese »kleinen Ursachen« sollten, so Darwin, nicht »unterschätzt« werden, nur weil ihnen kein Entwurf zugrunde liegt (ebd., S. 2).
6 Im 16. Jahrhundert hat man einem Müller den Prozess gemacht, weil er eine vergleichbare materialistische Position vertrat, wie Carlo Ginzburg in *Der Käse und die Würmer* (Berlin 2011) berichtet: Gott hatte die Welt nach Ansicht des Menocchio keineswegs aus dem Nichts geschaffen, da »alles ein Chaos war, nämlich Erd', Luft, Wasser und Feuer durcheinander. Und jener Wirbel wurde also eine Masse, gerade wie man den Käse in der Milch macht, und darinnen wurden Würm', und das waren die Engel. […] Und unter dieser Zahl von Engeln, da war auch Gott, auch der wurde zur selbigen Zeit erschaffen aus jener Masse« (S. 30).
7 Darwin, *Bildung der Ackererde*, S. 36.
8 Ebd., S. 177.
9 Ebd.
10 Ebd., S. 13 f.
11 Erzählt wird diese Geschichte im zweiten Kapitel von Latours *Hoffnung der Pandora*; Zitat S. 39.
12 Ebd., S. 81.
13 Deleuze, Guattari, *Tausend Plateaus*, S. 443.
14 George Levine, *Darwin Loves You: Natural Selection and the Reenchantment of the World*, Princeton 2006, S. 150.
15 Jamie Lorimer, »Nonhuman Charisma«, in: *Environment and Planning D: Society and Space*, 25 (2007), 5, S. 911–932. Lorimer weist darauf hin,

dass »*jizz*« eine gewisse Verwandtschaft mit dem aufweist, was Deleuze und Guattari als »Singularität« bezeichnen: Es handelt sich um »die Gerinnung eines bestimmten Modus der Individuation« (ebd., S. 915). Lorimers Aufsatz bietet eine umfassende Erörterung der unterschiedlichen »Bemerkbarkeit« verschiedener Körper (für uns).

16 Jullien, *Propensity of Things*, S. 113, 115. Im Unterschied zum europäischen Verfahren, jedem Ton auf einer schriftlichen Partitur eine Note oder ein Symbol zuzuweisen, »werden in der chinesischen Musiknotation nicht die Töne selbst bezeichnet, [...] sondern lediglich die genaue Geste, die zu ihrer Herstellung benötigt wird« (ebd., S. 116).

17 Steven Johnson, *Emergence: The Connected Lives of Ants, Brains, Cities, and Software*, New York 2001, S. 18. Im Gegensatz sowohl zu einfachen Systemen linearer Kausalität als auch zu großmaßstäblichen, am ehesten in der Begrifflichkeit statistischer Wahrscheinlichkeit zu fassenden Zusammenhängen zeichnen sich Systeme »organisierter Komplexität« durch Muster der Selbstorganisierung aus, die sich »von unten nach oben« entwickeln und in denen keinem einzelnen Element die Rolle einer zentralen oder übergeordneten Autorität zukommt. Es gibt keinen »Schrittmacher«, nur einen schöpferischen »Schwarm«. Organisierte Komplexität produziert Ergebnisse, die »emergent« sind, also weder aus einem vollgültigen Hauptakteur noch aus einem automatischen Prozess hervorgehen.

18 Noortje Marres weist darauf hin, dass die Öffentlichkeit für Dewey (ebenso wie für Walter Lippmann) »gerade keine soziale Gemeinschaft ist. [...] Die Gemeinschaft muss von denjenigen organisiert werden, die gemeinsam von einem Problem betroffen sind. Was die Mitglieder einer Öffentlichkeit gemeinsam haben ist, dass sie alle betroffen sind [...]. Sie gehören jedoch nicht alle bereits vorab derselben Gemeinschaft an« (Marres, »Issues Spark a Public into Being«, S. 214).

19 »Die Verzweigungen der vor der Öffentlichkeit stehenden Probleme sind so umfangreich, so vielschichtig und verschlungen, die mit ihnen verbundenen technischen Dinge sind so spezialisiert, die Einzelheiten sind so zahlreich und veränderlich, daß die Öffentlichkeit sich nicht für eine längere Zeit als eine erkennen und behaupten kann. Es ist nicht so, daß es keine Öffentlichkeit gibt [...]. Es gibt zuviel Öffentlichkeit« (John Dewey, *Die Öffentlichkeit und ihre Probleme*, Bodenheim 2001, S. 120).

20 Ebd., S. 120. Eine Öffentlichkeit »besteht aus all denen, die von den indirekten Transaktionsfolgen in solch einem Ausmaß beeinflußt werden, daß es für notwendig gehalten wird, sich um diese Folgen systematisch zu kümmern« (ebd., S. 29).

21 Ebd., S. 120.

22 John Dewey, *Kunst als Erfahrung*, Frankfurt am Main 2016, S. 72 f.

23 »Schon seit Millionen von Jahren haben Menschen ihre sozialen Beziehungen auf andere Aktanten ausgedehnt, mit denen sie viele Eigenschaften ausgetauscht haben und mit denen gemeinsam sie Kollektive bilden« (Latour, *Hoffnung der Pandora*, S. 242). Latour erklärt im selben Buch, er lehne die Kategorie der »Natur« (als eines von menschlicher Kultur gänzlich freien Bereichs) ab, weil eine solche Vorstellung »den politischen Prozeß unsichtbar macht, durch den der Kosmos in einem lebbaren Ganzen versammelt wird« (ebd., S. 376). Ich würde betonen, dass es ebenso wichtig ist, die Vorstellung einer passiven Materie abzulehnen, denn diese Vorstellung lässt die materiellen Handlungsvermögen unsichtbar werden, die in politischen Gemeinwesen am Werk sind.

24 »Nicht, was Leute tun, ist Handlung, sondern das ›*fait-faire*‹, das zum Tun-Bringen, das ›Handeln-Machen‹, das unter spezifischen, durch die Umstände gebotenen Gelegenheiten zusammen mit anderen in einem Ereignis zustande gebracht wird. Diese anderen sind keine Gedanken oder Dinge, sondern nichtmenschliche Entitäten oder [...] Propositionen« (ebd., S. 354).

25 Ebd.

26 Ebd., S. 385. Diese Gärung scheint jedoch einen gewissen verwalterischen Aufwand zu erfordern, beispielsweise um sicherzustellen, dass der Topf auch alle Zutaten enthält. Sie scheint vom Menschen die Übernahme dieser »exekutiven« Funktion zu verlangen.

27 Latour, *Hoffnung der Pandora*, S. 345 f. »Wir werden von der Handlung leicht *überrascht*, wie jeder Baumeister weiß«. Und: »Was uns leicht überrascht [das Nichtmenschliche] wird durch das *clinamen* unserer Handlung selbst *ebenfalls* leicht überrascht« (ebd., S. 345).

28 Dewey, *Die Öffentlichkeit und ihre Probleme*, S. 29.

29 Ein demokratisches Kollektiv ist eines, das »Sterne, Prionen, Kühe, Himmel und Leute zusammenbringt. Die Aufgabe besteht darin, aus diesem Kollektiv einen ›Kosmos‹ anstelle von ›Verwirrung und Zügellosigkeit‹ zu machen« (Latour, *Hoffnung der Pandora*, S. 320).

30 »Unser wichtigstes Anliegen besteht«, so Latour, »darin, zu erkennen, wie wir Menschen und Nichtmenschen in denselben hybriden Foren zusammenführen und so schnell wie möglich dieses Parlament der Dinge eröffnen können« (Bruno Latour, »What Rules of Method for the New Socio-scientific Experiments?«, Vortrag auf dem Darmstädter Kolloquium, 30. März 2001). Kevin Murray weist darauf hin, dass die Anregung, nichtmenschliche Stimmen miteinzubeziehen, zunächst »an eine Art mittelalterlicher Komödie denken lässt, in der ein bedrohter Amazonas

ans Mikrofon klopft, um sich gegen die brüllende Megafauna Gehör zu verschaffen. Und doch ist ein solches Umdenken nötig, wenn der Planet nicht den Interessen eines kurzfristig denkenden Kapitals geopfert werden soll« (Kevin Murray, »The Cabinet of Helmut Lueckenhausen«, in: *Craft Victoria*, 29 (1999), S. 17–19, hier: S. 19).

31 »›Aufteilung des Sinnlichen‹ nenne ich jenes System sinnlicher Evidenzen, das zugleich die Existenz eines Gemeinsamen aufzeigt wie auch die Unterteilungen, durch die innerhalb dieses Gemeinsamen die jeweiligen Orte und Anteile bestimmt werden. Eine Aufteilung des Sinnlichen legt sowohl ein Gemeinsames, das geteilt wird, fest als auch Teile, die exklusiv bleiben. [...] Die Aufteilung des Sinnlichen macht sichtbar, wer, je nachdem, was er tut, und je nach Zeit und Raum, in denen er etwas tut, am Gemeinsamen teilhaben kann. [...] Der Politik liegt mithin eine Ästhetik zugrunde, die jedoch nicht das Geringste mit jener ›Ästhetisierung der Politik‹ im ›Zeitalter der Massen‹ zu tun hat, von der Benjamin spricht. [...] [Diese Ästhetik kann man] als System der Formen *a priori* auffassen [...], insofern sie bestimmen, was der sinnlichen Erfahrung überhaupt gegeben ist. Die Unterteilung der Zeiten und Räume, des Sichtbaren und Unsichtbaren, der Rede und des Lärms geben zugleich den Ort und den Gegenstand der Politik als Form der Erfahrung vor. Die Politik bestimmt, was man sieht und was man darüber sagen kann, sie legt fest, wer fähig ist, etwas zu sehen und wer qualifiziert ist, etwas zu sagen, sie wirkt sich auf die Eigenschaften der Räume und die der Zeit innewohnenden Möglichkeiten aus« (Jacques Rancière, *Die Aufteilung des Sinnlichen: die Politik der Kunst und ihre Paradoxien*, Berlin 2008, S. 26 f.).

32 Jacques Rancière, *Das Unvernehmen: Politik und Philosophie*, Frankfurt am Main 2002, S. 108.

33 Jacques Rancière, Davide Panagia, »Dissenting Words: A Conversation with Jacques Ranciere«, in: *Diacritics*, 30 (2000), 2, S. 113–126, hier: S. 125.

34 Rancière, *Das Unvernehmen*, S. 45. Die Demokratie ist die »Inszenierung des Widerspruchs selbst zwischen der polizeilichen Logik und der politischen Logik«, wie im Fall der Feministin Jeanne Deroin, »als sie 1849 bei einer Wahl zur gesetzgebenden Versammlung antritt, bei der sie nicht antreten kann« (ebd., S. 53).

35 »Demokratie wird einzig in Gestalt jener Inszenierungen (*mise-en-scènes*) praktiziert, die das Verhältnis des Sichtbaren zum Sagbaren neu gestalten« (Rancière, Panagia, »Dissenting Words«, S. 125).

36 Rancière, *Das Unvernehmen*, S. 90. Demokratie entsteht, wenn die Inkommensurabilität zwischen »der ungleichmäßigen Verteilung der ge-

sellschaftlichen Körper« und »der gleichen Fähigkeit der sprechenden Wesen im Allgemeinen« sichtbar wird (ebd., S. 54).

37 Ebd., S. 112.

38 Ebd., S. 36. Die Plebejer haben die Patrizier gezwungen, sich zu ihnen zu verhalten, als würden sie über Intelligenz verfügen, als seien sie diskurswürdig. So entsteht ein »gemeinsame[r] Raum, den die Demokratie dem Herzen der Polis herausgeschnitten hat, als Ort der Ausübung der Freiheit, der Ausübung der Macht dieses *Demos*, der den Anteil der Anteillosen aktualisiert« (ebd., S. 77 f.).

39 Ich habe Rancière diese Frage anlässlich einer seinem Werk gewidmeten Konferenz vorgelegt. Die Konferenz trug den Titel »Fidelity to the Disagreement« (»Treue zum Unvernehmen«), wurde von der Gruppe »Poststructuralism and Radical Politics« der British Political Studies Association gefördert und fand am 16. und 17. September 2003 am Goldsmiths College in London statt.

40 Rancière, Panagia, »Dissenting Words«, S. 124.

41 Beispielsweise ist Mark Warren zufolge die Teilnahme an jenen (freiwilligen) Vereinigungen, die für die demokratische Kultur zentral sind, abhängig von der Beherrschung »der Rede, der Fähigkeit zu normativ begründeter Einigung, von kultureller Ähnlichkeit und gemeinsamen Zielsetzungen – von Kommunikationsformen also, die verwurzelt sind in Sprache, Gestik, Selbstdarstellung« (Mark E. Warren, *Democracy and Association*, Princeton 2001, S. 39).

42 William E. Connolly, *Pluralism*, Durham 2005, S. 76. Connolly beschreibt eine Politik der »Inkraftsetzung/Inszenierung« (*enactment*), durch die »aus alten Identitäten, Verletzungen und Energien neue Identitäten geschaffen werden«: William E. Connolly, *The Ethos of Pluralization*, Minneapolis 1995, S. xiv. Im Unterschied zu Rancière betont Connolly die Interdependenz von neuen, auf Pluralisierung hinwirkenden Kräften (neuen Mitgliedern des Demos) einerseits und bestehenden pluralistischen Vereinbarungen andererseits.

43 Anm. d. Übers.: Im englischen Original findet sich hier ein – nicht übertragbares – Wortspiel zum »Reichstag zu Worms«, engl. »Diet of Worms« (»diet« bedeutet außer »Versammlung« auch »Diät«, und der Ortsname »Worms« liest sich im Englischen wie der Plural von »worm« [»Wurm«]).

44 Handelt es sich um »Handlungsvermögen« oder um »Akteure«? Indem ich mich um die richtige Bezeichnung bemühe, sehe ich mich mit einer weitreichenden Unklarheit beider Begriffe konfrontiert, was die Bestimmung von Ursache und Wirkung angeht.

45 Man könnte sogar sagen, dass Menschen stärker auf Nichtmenschen

angewiesen sind als umgekehrt, denn viele Nichtmenschen – von der Dose, die am Grund einer Müllhalde rostet, bis zur Sporenkolonie in der Arktis – breiten sich aus und leben fernab von Menschen.

46 Öffentlichkeit ist das, was Karen Barad als »Intra-Aktion« von Menschen und Nichtmenschen beschreibt. Barad prägt diesen Begriff, um »die Untrennbarkeit von ›Objekten‹ und ›beobachtenden Akteuren‹ zu bezeichnen (im Gegensatz zur ›Interaktion‹, die die anfechtbare Dichotomie [von Subjekt und Objekt] neuerlich festschreibt)« (Karen Barad, »Scientific Literacy → Agential Literacy = (Learning + Doing) Science Responsibly«, in: Maralee Mayberry, Banu Subramaniam, Lisa Weasel (Hg.), *Feminist Science Studies: A New Generation*, New York 2001, S. 226–246, hier: S. 232).

47 Latour, *Hoffnung der Pandora*, S. 365.

8. Vitalität und Eigeninteresse

1 Den Ausdruck »fatalistische Passivität« übernehme ich von Félix Guattari: »Der zunehmende Verfall menschlicher Beziehungen zum Sozius, zur Psyche und zur ›Natur‹ ist nicht allein auf die objektive Umweltverschmutzung zurückzuführen, sondern er ist auch Ergebnis eines gewissen Unverständnisses und einer fatalistischen Passivität gegenüber diesen Fragen insgesamt, und das sowohl seitens der Individuen als auch der Regierungen. Seien sie nun katastrophal oder nicht, negative Entwicklungen werden einfach fraglos hingenommen. [...] Wir müssen unsere Abhängigkeit von sedativen Diskursen überwinden« (Félix Guattari, *Les trois écologies*, Paris 1989, S. 31 f.).

2 »›Rückschlag‹ [engl. *blowback*] ist ein CIA-Begriff, der zum ersten Mal in März 1954 in einem kürzlich für die Öffentlichkeit freigegebenen Bericht auftaucht. In dem Bericht geht es um den 1953 unternommenen Versuch, die Regierung von Mohammed Mossadegh im Iran zu stürzen. Der Begriff ist eine Metapher für die unbeabsichtigten Folgen jener internationalen Aktivitäten der US-Regierung, die man der amerikanischen Öffentlichkeit verheimlicht hat. Die Befürchtungen der CIA, ihre unerhörten Eingriffe in iranische Angelegenheiten könnten einen gewissen Rückschlag nach sich ziehen, sollten sich als wohlbegründet erweisen. Dass der Schah als Machthaber installiert wurde, führte zu 25 Jahren Tyrannei und Unterdrückung, was letztlich die Revolution des Ruhollah Chomeini hervorgerufen hat. Die Angestellten der amerikanischen Botschaft in Teheran wurden mehr als ein Jahr lang als Geiseln gehalten. Diese törichte ›verdeckte Operation‹ der US-Regierung trug dazu bei, viele Menschen in der islamischen Welt davon zu

überzeugen, dass es sich bei den USA um einen Feind handle, mit dem es keine Versöhnung geben könne« (Chalmers Johnson, »Blowback«, in: *The Nation*, 15. Oktober 2001, S. 4–9).

3 Ökologisch engagierte Autoren wie Barry Lopez und Wendell Berry haben die Kategorie der »Umwelt« ebenfalls für unzureichend befunden. Sie halten sie für unfähig, die Schönheit und Komplexität der nichtmenschlichen Natur zum Ausdruck zu bringen. Auch dem Grad unserer Vertrautheit mit dieser Natur werde die Kategorie nicht gerecht. Lopez und Berry bemühen sich zwar um eine verstärkte Aufmerksamkeit für die Außen-Seite, gehen jedoch nicht so weit wie ich bei der Betonung der wesentlichen Rolle, die das Nichtmenschliche innerhalb des Menschlichen spielt.

4 Siehe Mathews, *For Love of Matter*; Latour, *Das Parlament der Dinge*; Donna J. Haraway, *How Like a Leaf*, New York 2000; Hawkins, *Ethics of Waste*; Tim Ingold, *The Perception of the Environment: Essays on Livelihood, Dwelling, and Skill*, New York 2000; N. Katherine Hayles, *How We Became Posthuman*, Chicago 1999; Karen Barad, *Meeting the Universe Halfway: Quantum Physics and the Entanglement of Matter and Meaning*, Durham 2007; Sarah Whatmore, »Materialist Returns: Practicing Cultural Geography in and for a More-Than-Human World«, in: *Cultural Geographies*, 13 (2006), 4, S. 600–609; Nick Bingham, Steve Hinchliffe, »Reconstituting Natures: Articulating Other Modes of Living Together«, in: *Geoforum*, 39 (2008), 1, S. 83–87; Don Ihde, *Postphenomenology and Technoscience: The Peking University Lectures*, Albany 2009; Mitchell, *What Do Pictures Want*.

5 Nicholas Wade, »Bacteria Thrive in Crook of Elbow, Lending a Hand«, in: *New York Times*, 23. Mai 2008.

6 Guattari, *Les trois écologies*, S. 12 f. Guattari spricht von »sozialer Ökologie, mentaler Ökologie und Umwelt-Ökologie« (ebd., S. 31).

7 Ebd., S. 11 f.

8 Ebd., S. 27.

9 Siehe beispielsweise Timothy W. Luke, *Capitalism, Democracy, and Ecology: Departing from Marx*, Urbana 1999; Timothy W. Luke, *Ecocritique: Contesting the Politics of Nature, Economy, and Culture*, Minneapolis 1997.

10 Guattari, *Les trois écologies*, S. 45 f.

11 Beispielsweise stellt der Ökologe Scott Russell Sanders die gleiche Beobachtung an: »Wir müssen uns Angriffen auf Luft, Boden, Wasser und wilde Ländereien widersetzen. Wir müssen aber auch unsere Kultur ändern, nicht nur unsere Regierenden und unsere Technologie. Wir müssen uns für weniger zerstörerische, nachhaltigere, friedlichere und gerechtere

Praxen einsetzen – zuhause, am Arbeitsplatz, in unseren Bildungseinrichtungen und in unseren öffentlichen Versammlungen. Wir müssen uns weigern, den Mund zu halten, uns weigern, aufzugeben angesichts eines von Konzernen gesteuerten Konsumismus und einer Massenkultur, die mit den Narkotika der Unterhaltung hausieren geht. Wir müssen eine anständigere und freudigere Lebensweise entfalten und zur Schau stellen« {https://grist.org/article/post_election/}, letzter Zugriff 10.12.2019.

12 »Die Dreifaltigkeit ist eins. Wir bekennen uns nicht zu drei Göttern, sondern zu einem Gott in drei Personen, der ›wesenseinen Dreifaltigkeit‹. Die eine Gottheit ist nicht auf die drei göttlichen Personen verteilt, sondern jede von ihnen ist zur Gänze Gott.« Doch: »Die göttlichen Personen sind wirklich voneinander verschieden. ›Gott ist eins, doch nicht allein.‹ ›Vater‹, ›Sohn‹ und ›Heiliger Geist‹ sind nicht einfach Namen, die Modalitäten des göttlichen Wesens bezeichnen, sondern sie sind wirklich voneinander unterschieden: ›Der der Sohn ist, ist nicht der Vater, noch ist, der der Sohn ist, der Vater, noch ist der Heilige Geist der Vater oder der Sohn.‹ [...] Die göttliche Einheit ist dreifältig« (»The Dogma of the Holy Trinity«, Katechismus der Katholischen Kirche, Libreria Editrice Vaticana, {http://www.vatican.va}, letzter Zugriff: 25. Februar 2009).

13 Guattari, *Les trois écologies*, S. 32.

14 Bruno Latour, »›It's the Development, Stupid!‹ or, How to Modernize Modernization?«, in: *EspacesTemps*, {http://www.espacestemps.net}, letzter Zugriff: 15. April 2009, S. 6 f.

15 »Second Nature« war der Titel der 2007 an der Northwestern University abgehaltenen Graduate Student Conference in Political Theory. Die auf der Konferenz gehaltenen Vorträge sind dokumentiert in: Crina Archer, Lida Maxwell, Laura Ephraim (Hg.), *Second Nature: Rethinking the Natural through Politics*, Minneapolis 2013.

16 Latour, *Das Parlament der Dinge*, S. 40.

17 Guattari, *Les trois écologies*, S. 70 f.

18 Ebd., S. 68 f. Latour folgt Guattari in dessen Eintreten für eine aktive, energetische und pro-technologische Ökologisierung. Derselbe Aufruf ist auch Kernstück des Buches von Michael Shellenberger und Ted Nordhaus, *Break Through: From the Death of Environmentalism to the Politics of Possibility* (Boston 2007), auf das sich Latour in »It's the Development, Stupid!« bezieht. In *Break Through* wird die These vertreten, die Umweltbewegung sei den neuen ökologischen Krisen nicht gewachsen. Beispielsweise werde die Überwindung der Erderwärmung eine neue Form ökonomischer Entwicklung, das heißt umfangreiche und ehrgeizige technologische Zukunftsinvestitionen, erfordern.

19 Der Ideenhistoriker A. O. Lovejoy listet 36 Bedeutungen des Begriffs auf. Siehe den Anhang zu Arthur O. Lovejoy, George Boas, *Primitivism and Related Ideas in Antiquity*, Baltimore 1935; siehe auch Arthur O. Lovejoy, »Nature as Aesthetic Norm«, in: ders., *Essays in the History of Ideas*, Baltimore 1948, S. 69–77.

20 Die erste Bedeutung von »Natur« ist die des »Naturzustands« bei Hobbes, Locke und Rousseau, weist aber auch Bezüge zu dem auf, was Sigmund Freud als Trieb bezeichnet, sowie zu dem, worauf Martin Heidegger verweist, wenn er unsere Geworfenheit als ursprünglich bezeichnet. Maurice Merleau-Ponty beschreibt das Verhältnis von Natur als stabilem Substrat und Natur als schöpferischer Kraft als »chiasmatisch«, als endlosen Fluss von einer Natur zur anderen und zurück.

21 Samuel Taylor Coleridge, *The Literary Remains of Samuel Taylor Coleridge*, Bd. 2, London 1836, S. 341; Spinoza, *Ethik*, I. Teil, Lehrsatz 29, Anmerkung: »[Unter] ›Natura naturans‹ [haben wir] zu verstehen [...], was in sich selbst ist und durch sich selbst begriffen wird, also solche Attribute von Substanz, die eine ewige und unendliche Essenz ausdrücken, d. h. [...] Gott, insofern er als freie Ursache angesehen wird. Unter ›Natura naturata‹ verstehe ich dagegen alles, was aus der Notwendigkeit der Natur Gottes oder vielmehr der Natur irgendeines seiner Attribute folgt, d. h. alle Modi der Attribute Gottes, insofern sie als Dinge angesehen werden.«

22 Alfred North Whitehead, *Der Begriff der Natur*, Weinheim 1990, S. 131.

23 Deleuze, Guattari, *Tausend Plateaus*, S. 347.

24 Ebd., S. 346.

25 Spinoza formuliert dies folgendermaßen: »Um [...] zu zeigen, daß die Natur keinen Zweck hat, der ihr vorgegeben wäre, und daß alle Zweckursachen nichts als menschliche Einbildungen sind, bedarf es nicht vieler Worte« (Spinoza, *Ethik*, I. Teil, Anhang).

26 Serres, *La naissance de la physique*, S. 81. Serres zufolge ist das Lehrgedicht des Lukrez, *De rerum natura*, beispielhaft für diesen Isomorphismus: »Im fünften Buch, über die Welt und die Entstehung der Menschheit, finden wir durchweg dieselben Gesetze wie im vierten, das von der Wahrnehmung handelt: Es sind die im zweiten Buch dargelegten Gesetze der Materie. Stets geht es um dasselbe Ganze, eine Vielheit von Elementen, und stets um dieselben auf solche Ganze einwirkenden Vorgänge. Die an strukturellen Invarianten orientierte Methode, bei der diese Invarianten durch Verallgemeinerung zum umfassenden Gleichgewicht fließender Bewegungen werden, begründet den Materialismus« (ebd., S. 69).

27 »Die Welt, Gegenstände, Körper und selbst meine Seele befinden sich zum Zeitpunkt ihrer Entstehung bereits im Niedergang. Das bedeutet, dass sie im alltäglichen Sinn sterblich sind und auf ihre eigene Vernichtung zulaufen. Es bedeutet auch, dass sie sich formieren und aufsteigen. Die Natur neigt sich beziehungsweise verfällt [*se decline*], und dies ist ihre Geburt. Und ihr Gleichgewicht. Atome verbinden sich, in der Zusammenkunft liegt die Kraft der Dinge, vermittelt über Neigung/Zerfall [*declination*]. Dies bezeichnet das Ganze der Zeit. Die Vergangenheit, die Gegenwart und die Zukunft, die Morgenröte der Entstehung und der Tod sind, als hartnäckige Illusionen, nur die Deklinationen der Materie. Sie verfallen und deklinieren sich wie die Tempi eines Verbs, eines aus Atom-Buchstaben bestehenden Wortes. [...] Existenz, Zeit, Bedeutung und Sprache gehen gemeinsam die deklinierte Ebene hinab« (ebd., S. 45 f.).

28 Ebd., S. 74.

29 Eine aufmerksame Darlegung des performativen Widerspruchs bietet: Gulshan Ara Khan, *Habermas' Charge of a Performative Contradiction: Paradox or Contradiction?* (unveröffentlichtes Manuskript, 2008). Eine Kopie dieser Quelle findet sich in meinem Privatarchiv.

30 Moises Velasquez-Manoff, »The Worm Turns: Could We Cure Some Diseases by Reintroducing Parasites?«, in: *New York Times Magazine*, 29. Juni 2008, S. 17.

31 James A. Nash, »On the Subversive Virtue: Frugality«, in: David A. Cricker, Toby Linden (Hg.), *Ethics of Consumption: The Good Life, Justice, and Global Stewardship*, Lanham 1998, S. 416–436, hier: S. 427.

32 Siehe auch Andrew Pickering, *The Mangle of Practice: Time, Agency, and Science*, Chicago 1995, S. 6.

33 Die Formulierung »widersetzt sich einer restlosen Übertragung und entzieht sich unserem umfassenden Zugriff« stammt von Romand Coles, »The Wild Patience of Radical Democracy: Beyond Žižek's Lack«, in: Lars Tønder, Lasse Thomassen (Hg.), *Radical Democracy: Politics Between Abundance and Lack*, Manchester 2005, S. 68–85, hier: S. 78.

Literatur

A. W. D. Adkins, *From the Many to the One: A Study of Personality and Views of Human Nature in the Context of Ancient Greek Society, Values, and Beliefs*, Ithaca 1970.

Theodor W. Adorno, *Negative Dialektik*, Frankfurt am Main 1966.

Aischylos, *Prometheus in Fesseln*, in: *Werke in einem Band*, hg. von Dietrich Ebener, Weimar 1976, S. 115–152.

Louis Althusser, »Le courant souterrain du matérialisme de la rencontre«, in: ders., *Écrits philosophiques et politiques*, Bd. 1, Paris 1994, S. 539–579.

Ben Anderson, »Time-Stilled Space-Slowed: How Boredom Matters«, in: *Geoforum*, 35 (2004), 6, S. 739–754.

Ben Anderson, Divya Tolia-Kelly, »Matter(s) in Social and Cultural Geography«, in: *Geoforum*, 35 (2004), 6, S. 669–674.

Arjun Appadurai (Hg.), *The Social Life of Things: Commodities in Cultural Perspective*, Cambridge 1986.

Crina Archer, Lida Maxwell, Laura Ephraim (Hg.), *Second Nature: Rethinking the Natural through Politics*, Minneapolis 2013.

Margaret S. Archer, *Realist Social Theory: The Morphogenetic Approach*, Cambridge 1995.

Hannah Arendt, *On the Nature of Totalitarianism: An Essay in Understanding* (1953), in: Hannah Arendt Papers at the Library of Congress, {http://www.loc.gov}.

Augustin, *Bekenntnisse*, übertragen und eingeleitet von Herman Hefele, Berlin 1959.

Susan Baer, »In Vitro Fertilization, Stem Cell Research Share Moral Issues«, in: *Baltimore Sun*, 4. Juni 2005.

Mikhail Bakhtin, »Contemporary Vitalism«, in: Frederick Burwick, Paul Douglass (Hg.), *The Crisis in Modernism: Bergson and the Vitalist Controversy*, Cambridge 1992, S. 76–97.

Karen Barad, »Scientific Literacy → Agential Literacy = (Learning + Doing) Science Responsibly«, in: Maralee Mayberry, Banu Subramaniam, Lisa Weasel (Hg.), *Feminist Science Studies: A New Generation*, New York 2001, S. 226–246.

Karen Barad, *Meeting the Universe Halfway: Quantum Physics and the Entanglement of Matter and Meaning*, Durham 2007.

Colin A. Barron, »Strong Distinction between Humans and Non-humans Is No Longer Required for Research Purposes: A Debate between Bruno Latour and Steve Fuller«, in: *History of the Human Sciences*, 16 (2003), 2, S. 77–99.

Richard Fawcett Battye, *What Is Vital Force? Or, A Short and Comprehensive Sketch, Including Vital Physics, Animal Morphology, and Epidemics; To Which Is Added an Appendix upon Geology: Is the Detrital Theory of Geology Tenable?*, London 1877.

William Maddock Bayliss, *The Physiology of Food and Economy in Diet*, London 1917.

Henri Bergson, *Schöpferische Entwicklung*, Jena 1912.

Henri Bergson, *Denken und schöpferisches Werden. Aufsätze und Vorträge*, Meisenheim am Glan 1948.

Robert Best, »Prepared Statement to the Subcommittee on Science, Technology, and Space of the Committee on Commerce, Science, and Transportation«, in: U. S. Senate Hearing on Human Cloning, 107th Congress, 1st session, 2. Mai 2001.

Nick Bingham, »Bees, Butterflies, and Bacteria: Biotechnology and the Politics of Nonhuman Friendship«, in: *Environment and Planning*, A 38 (2006), 3, S. 483–498.

Nick Bingham, Steve Hinchliffe, »Reconstituting Natures: Articulating Other Modes of Living Together«, in: *Geoforum*, 39 (2008), 1, S. 83–87.

Johann Friedrich Blumenbach, *Über den Bildungstrieb und das Zeugungsgeschäfte*, Göttingen 1781.

Johann Friedrich Blumenbach, *Handbuch der Naturgeschichte*, Göttingen 1803.

Mark Bonta, John Protevi (Hg.), *Deleuze and Geophilosophy: A Guide and Glossary*, Edinburgh 2004.

Rosi Braidotti, »Affirmation versus Vulnerability: On Contemporary Ethical Debates«, in: *Symposium: Canadian Journal of Continental Philosophy*, 10 (2006), 1, S. 235–254.

Bill Brown, »Thing Theory«, in: *Critical Inquiry*, 28 (2001), 1, S. 1–22.

Wendy Brown, *States of Injury: Power and Freedom in Late Modernity*, Princeton 1995.

Wendy Brown, *Regulating Aversion: Tolerance in the Age of Identity and Empire*, Princeton 2006.

Elizabeth Brumfield, »On the Archaeology of Choice. Agency in Archaeology«, in: Marcia-Anne Dobres, John E. Robb (Hg.), *Agency in Archaeology*, New York 2000, S. 249–256.

John Buell, Tom DeLuca, *Sustainable Democracy: Individuality and the Politics of the Environment*, Thousand Oaks 1996.

Frederick Burwick, Paul Douglass, »Introduction«, in: dies. (Hg.), *The Crisis in Modernism: Bergson and the Vitalist Controversy*, Cambridge 1992, S. 1–12.
Judith Butler, *Körper von Gewicht. Die diskursiven Grenzen des Geschlechts*, Frankfurt am Main 1995.
Judith Butler, »Merely Cultural«, in: *New Left Review*, 227 (1998), S. 33–44.
Georges Canguilhem, *Aspects du vitalisme: La connaissance de la vie*, Paris 1952.
Linda Carroll, »Diets Heavy in Saturated Fats May Lead to Fading Memories«, in: *Neurology Today*, 4 (2004), 12, S. 31–32.
John A. Casazza, George C. Loehr (Hg.), *The Evolution of Electric Power Transmission under Deregulation: Selected Readings*, Hoboken 2000.
Howard Caygill, »Life and Energy«, in: *Theory, Culture, and Society*, 24 (2007), 6, S. 19–27.
Joseph Chiari, »Vitalism and Contemporary Thought«, in: Frederick Burwick, Paul Douglass (Hg.), *The Crisis in Modernism: Bergson and the Vitalist Controversy*, Cambridge 1992, S. 245–273.
David Cole, »Affective Literacy«, Vortrag auf der ALEA/AATE National Conference, Gold Coast, Queensland, Australien, 2005.
Ethan Cole, »Bush Stands against ›Temptation to Manipulate Life‹«, in: *Christian Post Reporter*, 13. April 2007.
Samuel Taylor Coleridge, *The Literary Remains of Samuel Taylor Coleridge*, Bd. 2, London 1836.
Romand Coles, *Rethinking Generosity: Critical Theory and the Politics of Caritas*, Ithaca 1997.
Romand Coles, »The Wild Patience of Radical Democracy: Beyond Žižek's Lack«, in: Lars Tønder, Lasse Thomassen (Hg.), *Radical Democracy: Politics Between Abundance and Lack*, Manchester 2005, S. 68–85.
Rachel Colls, »Materialising Bodily Matter: Intra-action and the Embodiment of ›Fat‹«, in: *Geoforum*, 38 (2007), 2, S. 353–365.
William E. Connolly, *The Ethos of Pluralization*, Minneapolis 1995.
William E. Connolly, *Why I Am Not a Secularist*, Minneapolis 1999.
William E. Connolly, »Method, Problem, Faith«, in: Ian Shapiro, Rogers Smith, Tarek E. Masoud (Hg.), *Problems and Methods in the Study of Politics*, Cambridge 2004, S. 332–349.
William E. Connolly, *Pluralism*, Durham 2005.
Sergio Contardi, Mario Perniola, »The Sex Appeal of the Inorganic: A Conversation«, in: *Journal of European Psychoanalysis*, 3/4 (1996/97), {http://www.psychomedia.it/jep}.

Diana Coole, *Negativity and Politics: Dionysus and Dialectics from Kant to Poststructuralism*, New York 2000.
Diana Coole, »Rethinking Agency: A Phenomenological Approach to Embodiment and Agentic Capacities«, in: *Political Studies*, 53 (2005), 1, S. 124–142.
Diana Coole, Samantha Frost, *New Materialisms: Ontology, Agency, and Politics*, Durham 2010.
Luigi Cornaro, *Vom maßvollen Leben*, Heidelberg 1997.
Ben Corson, *Speed and Technicity: A Derridean Exploration*. Dissertation, Johns Hopkins University 2000.
T. Hugh Crawford, »An Interview with Bruno Latour«, in: *Configurations*, 1 (1993), 2, S. 247–268.
Greg Critser, *Fat Land: How Americans Became the Fattest People in the World*, New York 2004.
Charles Darwin, *Die Bildung der Ackererde durch die Thätigkeit der Würmer mit Beobachtung über deren Lebensweise*, Stuttgart 1882.
Veena Das, *Life and Words: Violence and the Descent into the Ordinary*, Berkeley 2007.
Jodi Dean, *Publicity's Secret: How Technoculture Capitalizes on Democracy*, Ithaca 2002.
Manuel De Landa, »Uniformity and Variability: An Essay in the Philosophy of Matter«, Vortrag auf der Konferenz »Doors of Perception 3«, Netherlands Design Institute, Amsterdam, 7.–11. November 1995.
Manuel De Landa, *A Thousand Years of Nonlinear History*, New York 1997.
Manuel De Landa, *Intensive Science and Virtual Philosophy*, London 2002.
Gilles Deleuze, »Metal, Metallurgy, Music, Husserl, Simondon«, in: *Web Deleuze*, »Sur Anti-Oedipe et Mille Plateaux: Cours Vincennes – 27/02/1979«, {http://www.webdeleuze.com}.
Gilles Deleuze, »Von der Überlegenheit der anglo-amerikanischen Literatur«, in: ders., Claire Parnet, *Dialoge*, Frankfurt am Main 1980, S. 43–82.
Gilles Deleuze, *Spinoza: praktische Philosophie*, Berlin 1988.
Gilles Deleuze, *Spinoza und das Problem des Ausdrucks in der Philosophie*, München 1993.
Gilles Deleuze, *Unterhandlungen, 1972–1990*, Frankfurt am Main 1993.
Gilles Deleuze, »Die Immanenz: ein Leben ...«, in: ders., *Fluchtlinien der Philosophie*, München 1996, S. 29–33.
Gilles Deleuze, *Henri Bergson zur Einführung*, Hamburg 2007.
Gilles Deleuze, Félix Guattari, *Tausend Plateaus. Kapitalismus und Schizophrenie*, Berlin 1992.
Jacques Derrida, *Marx & Sons*, Frankfurt am Main 2004.
Jacques Derrida, *Das Tier, das ich also bin*, Wien 2016.

Hent de Vries, »Introduction«, in: ders., Lawrence Sullivan (Hg.), *Political Theologies: Public Religions in a Postsecular World*, New York 2006, S. 1–88.

John Dewey, *Die Öffentlichkeit und ihre Probleme*, Bodenheim 2001.

John Dewey, *Kunst als Erfahrung*, Frankfurt am Main 2016.

Jodi Di Menna, »Grid Grief!«, in: *Canadian Geographic*, {http://www.canadiangeographic.ca/blackout_2003/grid.html}, letzter Zugriff 14. April 2009.

John Docker, »Après la Guerre: Dark Thought, Some Whimsy«, in: *Arena Journal*, 20 (2002/03), {http://www.arena.org.au}.

Kate Douglas, »Six ›Uniquely‹ Human Traits Now Found in Animals«, in: *New Scientist*, 22. Mai 2008, {http://www.newscientist.com}.

Hans Driesch, *Der Vitalismus als Geschichte und als Lehre*, Leipzig 1905.

Hans Driesch, *The Science and Philosophy of the Organism: The Gifford Lectures Delivered before the University of Aberdeen in the Year 1907*, London 1908.

Hans Driesch, *The Science and Philosophy of the Organism: The Gifford Lectures Delivered before the University of Aberdeen in the Year 1908*, London 1908.

Hans Driesch, *Philosophie des Organischen*, 2 Bde., Leipzig 1909.

Hans Driesch, *The History and Theory of Vitalism*, London 1914.

Hans Driesch, *The Problem of Individuality: A Course of Four Lectures Delivered before the University of London in October 1913*, London 1914.

Thomas L. A. Dumm, *Politics of the Ordinary*, New York 1999.

Terry Eagleton, »Edible Écriture«, in: Sian Griffiths, Jennifer Wallace (Hg.), *Consuming Passions: Food in the Age of Anxiety*, Manchester 1998, S. 203–208.

Tim Edensor, »Waste Matter: The Debris of Industrial Ruins and the Disordering of the Material World«, in: *Journal of Material Culture*, 10 (2005) 3, S. 311–332.

Eldon J. Eisenach (Hg.), *The Social and Political Thought of American Progressivism*, Indianapolis 2006.

Ralph Waldo Emerson, *Die Tagebücher*, Stuttgart 1954.

Ralph Waldo Emerson, *Journals and Miscellaneous Notebooks*, Bd. 10, Cambridge 1973.

Michel Feher, Ramona Naddaff, Nadia Tazi (Hg.), *Fragments for a History of the Human Body*, 3 Bde., New York 1989.

Kathy E. Ferguson, *The Man Question: Visions of Subjectivity in Feminist Theory*, Berkeley 1993.

Angus Fletcher, *A New Theory for American Poetry: Democracy, the Environment, and the Future of Imagination*, Cambridge 2004.

Michel Foucault, »Einsperrung, Psychiatrie, Gefängnis«, in: ders., *Schriften*, Bd. III (1976–1979), Frankfurt am Main 2003, S. 434–467.

Michel Foucault, »Theatrum Philosophicum«, in: Gilles Deleuze, Michel Foucault, *Der Faden ist gerissen*, Berlin 1977, S. 21–58.

Nancy Fraser, *Die halbierte Gerechtigkeit. Schlüsselbegriffe des postindustriellen Sozialstaats*, Frankfurt am Main 2016.

John Frow, »A Pebble, a Camera, a Man«, in: *Critical Inquiry*, 28 (2001), 1, S. 270–285.

Moira Gatens, *Imaginary Bodies: Ethics, Power, and Corporeality*, New York 1996.

C. Bernard Gesch u. a., »Influence of Supplementary Vitamins, Minerals, and Essential Fatty Acids on the Antisocial Behaviour of Young Adult Prisoners: Randomised, Placebo-Controlled Trial«, in: *British Journal of Psychiatry*, 181 (2002), S. 22–28.

Carlo Ginzburg, *Der Käse und die Würmer. Die Welt eines Müllers um 1600*, Berlin 2011.

James Glanz, »When the Grid Bites Back: More Are Relying on an Unreliable System«, in: *International Herald Tribune*, 18. August 2003.

Jonathan Goldberg, »Lucy Hutchinson Writing Matter«, in: *ELH*, 73 (2006), S. 275–301.

Jonathan Goldberg, *The Seeds of Things: Theorizing Sexuality and Materiality in Renaissance Representations*, New York 2009.

David Goodman, »Ontology Matters: The Relational Materiality of Nature and Agro-Food Studies«, in: *Sociologia Ruralis*, 41 (2001), 2, S. 182–200.

Stephen Jay Gould, *The Structure of Evolutionary Theory*, Cambridge 2002.

Félix Guattari, *Les trois écologies*, Paris 1989.

Jürgen Habermas, *Die Zukunft der menschlichen Natur: auf dem Weg zu einer liberalen Eugenik?*, Frankfurt am Main 2013.

Brian Hallahan, Malcolm R. Garland, »Essential Fatty Acids and Mental Health«, in: *British Journal of Psychiatry*, 186 (2005), S. 275–277.

Werner Hamacher, »Lingua Amissa: The Messianism of Commodity-Language and Derrida's Specters of Marx«, in: Michael Sprinker (Hg.), *Ghostly Demarcations: A Symposium on Jacques Derrida's Specters of Marx*, London 1999.

Donna J. Haraway, *Modest_Witness@Second_Millennium. FemaleMan©-Meets_Onco-Mouse: Feminism and Technoscience*, New York 1997.

Donna J. Haraway, *How Like a Leaf*, New York 2000.

Garrett Hardin, »Die Tragik der Allmende«, in: Michael Lohmann (Hg.), *Gefährdete Zukunft. Prognosen angloamerikanischer Wissenschaften*, München 1970, S. 30–48.

Michael Hardt, Antonio Negri, *Empire: die neue Weltordnung*, Darmstadt 2002.

Michael Hardt, Antonio Negri, *Multitude: Krieg und Demokratie im Empire*, Frankfurt am Main 2004.

Anna Harrington, *Reenchanted Science: Holism in German Culture from Wilhelm II to Hitler*, Princeton 1996.

Gay Hawkins, *The Ethics of Waste: How We Relate to Rubbish*, Sydney 2006.

Patrick Hayden, »Gilles Deleuze and Naturalism: A Convergence with Ecological Theory and Politics«, in: *Environmental Ethics*, 19 (1997), 2, S. 185–204.

N. Katherine Hayles, *How We Became Posthuman*, Chicago 1999.

Martin Heidegger, *Die Frage nach dem Ding. Zu Kants Lehre von den transzendentalen Grundsätzen*, Tübingen 1987.

Martin Heidegger, »Die Zeit des Weltbildes«, in: *Holzwege*, Frankfurt am Main 2015, S. 87–88.

Johann Gottfried Herder, *Gott: Einige Gespräche über Spinoza's System nebst Shaftesbury's Naturhymnus*, Berlin 2013.

Thomas Hobbes, *Vom Körper (Elemente der Philosophie I)*, Hamburg 1949.

Don Ihde, *Postphenomenology and Technoscience: The Peking University Lectures*, Albany 2009.

Tim Ingold, *The Perception of the Environment: Essays on Livelihood, Dwelling, and Skill*, New York 2000.

Iraq Body Count, {http://www.iraqbodycount.org}.

Peter Jackson u. a., *Manufacturing Meaning along the Food Commodity Chain. Cultures of Consumption Research Programme* (London: Birkbeck College), {http://www.consume.bbk.ac.uk/researchfindings/meaningfood.pdf}.

Cheri Lucas Jennings, Bruce H. Jennings, »Green Fields / Brown Skin: Posting as a Sign of Recognition«, in: Jane Bennett, William Chaloupka (Hg.), *In the Nature of Things: Language, Politics, and the Environment*, Minneapolis 1993, S. 173–194.

H. S. Jennings, »Driesch's Vitalism and Experimental Indeterminism«, in: *Science*, 4. Oktober 1912, S. 434–435.

H. S. Jennings, »Doctrines Held as Vitalism«, in: *American Naturalist*, Juli 1913, S. 385–417.

Chalmers Johnson, »Blowback«, in: *The Nation*, 15. Oktober 2001, S. 4–9.

Steven Johnson, *Emergence: The Connected Lives of Ants, Brains, Cities, and Software*, New York 2001.

Jill Jonnes, *Empires of Light: Edison, Tesla, Westinghouse, and the Race to Electrify the World*, New York 2003.

François Jullien, *The Propensity of Things: Toward a History of Efficacy in China*, New York 1995.
Franz Kafka, *Erzählungen*, Leipzig 1978.
Immanuel Kant, *Die Religion innerhalb der Grenzen der bloßen Vernunft*, in: ders., *Gesammelte Schriften*, Bd. 6, Berlin 1914, S. 1–202.
Immanuel Kant, *Gesammelte Schriften*, Bd. 16, Berlin 1922.
Immanuel Kant, *Kritik der Urteilskraft*, Hamburg 2001.
Leon Kass, *The Hungry Soul: Eating and the Perfecting of Our Nature*, Chicago 1994.
Stuart Kauffman, *Reinventing the Sacred: A New View of Science, Reason, and Religion*, New York 2008.
Albert Keiser, »New Thoreau Material«, in: *Modern Language Notes*, 44 (1929), 4, S. 253–254.
Barbara Kingsolver, »A Good Farmer«, in: *The Nation*, 3. November 2003, S. 7–11.
Gina Kolata, »Researcher Who Helped Start Stem Cell War May Now End It«, in: *New York Times*, 22. November 2007.
K. S. Lashley, »The Behavioristic Interpretation of Consciousness«, in: *Psychological Bulletin*, 30 (1923), S. 237–272, 329–353.
Alan Latham, Derek P. McCormack, »Moving Cities: Rethinking the Materialities of Urban Geographies«, in: *Progress in Human Geography*, 28 (2004), 6, S. 701–724.
Bruno Latour, »On Actor-Network Theory: A Few Clarifications«, in: *Soziale Welt*, 47 (1996), S. 369–381.
Bruno Latour, *Die Hoffnung der Pandora. Untersuchungen zur Wirklichkeit der Wissenschaft*, Frankfurt am Main 2000.
Bruno Latour, »What Rules of Method for the New Socio-scientific Experiments?«, Vortrag auf dem Darmstädter Kolloquium, 30. März 2001.
Bruno Latour, *Reassembling the Social: An Introduction to Actor-Network Theory*, Oxford 2005.
Bruno Latour, *Aramis ou l'amour des techniques*, Paris 2015.
Bruno Latour, *Das Parlament der Dinge: für eine politische Ökologie*, Frankfurt am Main 2015.
Bruno Latour, *Eine neue Soziologie für eine neue Gesellschaft. Einführung in die Akteur-Netzwerk-Theorie*, Frankfurt am Main 2017.
Bruno Latour, »›It's the Development, Stupid!‹ or, How to Modernize Modernization?«, in: {http://www.bruno-latour.fr/sites/default/files 107-NORDHAUS%26SHELLENBERGER.pdf}, letzter Zugriff 21.01.20.
Eric Laurier, Chris Philo, »X-Morphising: Review Essay of Bruno Latour's

Aramis, or the Love of Technology«, in: *Environment and Planning*, A 31 (1999), 6, S. 1047–1071.
Timothy Lenoir, »Kant, Blumenbach, and Vital Materialism in German Biology«, in: *Isis*, 71 (1980), 1, S. 77–108.
Eric J. Lerner, »What's Wrong with the Electric Grid?«, in: *Industrial Physicist*, 9 (2003), 5, {https://web.archive.org/web/20071026130312/http://www.aip.org/tip/INPHFA/vol-9/iss-5/p8.html}.
Nancy K. Levene, *Spinoza's Revelation: Religion, Democracy, and Reason*, Cambridge 2004.
George Levine, *Darwin Loves You: Natural Selection and the Reenchantment of the World*, Princeton 2006.
Martin Lin, »Substance, Attribute, and Mode in Spinoza«, in: *Philosophy Compass*, 1 (2006), 2, S. 144–153.
Jamie Lorimer, »Nonhuman Charisma«, in: *Environment and Planning D: Society and Space*, 25 (2007), 5, S. 911–932.
Arthur O. Lovejoy, »The Import of Vitalism«, in: *Science*, 21. Juli 1911, S. 75–80.
Arthur O. Lovejoy, »The Meaning of Vitalism«, in: *Science*, 21. April 1911, S. 610–614.
Arthur O. Lovejoy, »The Meaning of Driesch and the Meaning of Vitalism«, in: *Science*, 15. November 1912, S. 672–675.
Arthur O. Lovejoy, »Nature as Aesthetic Norm«, in: ders., *Essays in the History of Ideas*, Baltimore 1948, S. 69–77.
Arthur O. Lovejoy, George Boas, *Primitivism and Related Ideas in Antiquity*, Baltimore 1935.
Timothy W. Luke, *Ecocritique: Contesting the Politics of Nature, Economy, and Culture*, Minneapolis 1997.
Timothy W. Luke, *Capitalism, Democracy, and Ecology: Departing from Marx*, Urbana 1999.
Lukrez, *Über die Natur der Dinge*, Berlin 1972.
Jean-François Lyotard, *Postmodern Fables*, Minneapolis 1997.
Jane Maienschein, »What's in a Name: Embryos, Clones, and Stem Cells«, in: *American Journal of Bioethics*, 2 (2002), 1, S. 12–19.
Lynn Margulis, Dorion Sagan, *What Is Life?*, Berkeley 2000.
John Marks, »Introduction«, in: ders. (Hg.), *Deleuze and Science*, Sonderausgabe der Zeitschrift *Paragraph*, 29 (2006), 2, S. 1–18.
Paola Marrati, »Time, Life, Concepts: The Newness of Bergson«, in: Suzanne Guerlac (Hg.), *Comparative Literature Issue*, Sonderausgabe der Zeitschrift *MLN*, 120 (2005), 5, S. 1099–1111.
Noortje Marres, »Issues Spark a Public into Being: A Key But Often Forgotten Point of the Lippmann-Dewey Debate«, in: Bruno Latour,

Peter Weibel (Hg.), *Making Things Public*, Cambridge 2005, S. 208–217.

Freya Mathews, *For Love of Matter: A Contemporary Panpsychism*, Albany 2003.

Yitzhak Melamed, »Spinoza's Anti-Humanism«, in: C. Fraenkel, D. Perinetti und J. Smith (Hg.), *The Rationalists: Between Tradition and Innovation*, Dordrecht 2011.

Maurice Merleau-Ponty, *Phänomenologie der Wahrnehmung*, Berlin 1966.

W. J. T Mitchell, *What Do Pictures Want? The Lives and Loves of Images*, Chicago 2005.

Kevin Murray, »The Cabinet of Helmut Lueckenhausen«, in: *Craft Victoria*, 29 (1999), S. 17–19.

James A. Nash, »On the Subversive Virtue: Frugality«, in: David A. Cricker, Toby Linden (Hg.), *Ethics of Consumption: The Good Life, Justice, and Global Stewardship*, Lanham 1998, S. 416–436.

Friedrich Nietzsche, *Der Wille zur Macht. Eine Auslegung alles Geschehens*, Stuttgart 1921.

Friedrich Nietzsche, *Also sprach Zarathustra*, in: ders., *Werke. Kritische Gesamtausgabe*, herausgegeben von Giorgio Colli und Mazzino Montinari, Abt. 6, Bd. 1, Berlin 1968.

Friedrich Nietzsche, *Der Antichrist*, in: ders., *Werke. Kritische Gesamtausgabe*, herausgegeben von Giorgio Colli und Mazzino Montinari, Abt. 6, Bd. 3, Berlin 1968, S. 163–252.

Friedrich Nietzsche, *Ecce homo*, in: ders., *Werke. Kritische Gesamtausgabe*, herausgegeben von Giorgio Colli und Mazzino Montinari, Abt. 6, Bd. 3, Berlin 1968, S. 253–372.

Friedrich Nietzsche, *Zur Genealogie der Moral*, in: ders., *Werke. Kritische Gesamtausgabe*, herausgegeben von Giorgio Colli und Mazzino Montinari, Abt. 6, Bd. 2, Berlin 1968, S. 269–430.

Friedrich Nietzsche, *Götzen-Dämmerung*, in: ders., *Werke. Kritische Gesamtausgabe*, herausgegeben von Giorgio Colli und Mazzino Montinari, Abt. 6, Bd. 3, Berlin 1969, S. 9–157.

Friedrich Nietzsche, *Nachgelassene Fragmente, Herbst 1887 bis März 1888*, in: ders., *Werke. Kritische Gesamtausgabe*, herausgegeben von Giorgio Colli und Mazzino Montinari, Abt. 8, Bd. 2, Berlin 1970.

Friedrich Nietzsche, *Morgenröthe*, in: ders., *Werke. Kritische Gesamtausgabe*, herausgegeben von Giorgio Colli und Mazzino Montinari, Abt. 5, Bd. 1, Berlin 1971, S. 1–335.

Friedrich Nietzsche, *Die fröhliche Wissenschaft*, in: ders., *Werke. Kritische Gesamtausgabe*, herausgegeben von Giorgio Colli und Mazzino Montinari, Abt. 5, Bd. 2, Berlin 1973, S. 11–336.

Damir Nosovel, »System Blackout Causes and Cures«, in: *Energy Central Network*, 6. Oktober 2003, {http://www.energypulse.net}.
o. A., »Stem Cell Breakthrough«, in: Washington Post, 24. November 2007.
Paul Patton, *Deleuze and the Political*, New York 2000.
Papst Johannes Paul II., *Evangelium vitae. An die Bischöfe, Priester und Diakone, die Ordensleute und Laien sowie an alle Menschen guten Willens – über den Wert und die Unantastbarkeit des menschlichen Lebens*, Vatikan 1995.
Mario Perniola, *Sex Appeal of the Inorganic: Philosophies of Desire in the Modern World*, New York 2004.
Joseph M. Petulla, *American Environmentalism: Values, Tactics, Priorities*, College Station 1980.
Andrew Pickering, *The Mangle of Practice: Time, Agency, and Science*, Chicago 1995.
William Pietz, »Death of the Deodand: Accursed Objects and the Money Value of Human Life«, in: Francesco Pellizzi (Hg.), *The Abject*, Sonderausgabe der Zeitschrift *Res*, 31 (1997), S. 97–108.
Michael Pollan, *The Omnivore's Dilemma: A Natural History of Four Meals*, New York 2006.
Tom Quirk, *Bergson and American Culture: The Worlds of Willa Cather and Wallace Stevens*, Chapel Hill 1990.
Momin Rahman, Anne Witz, »What Really Matters? The Elusive Quality of the Material in Feminist Thought«, Vortrag auf dem Jahreskongress der Canadian Sociology and Anthropology Association, Universität Toronto, 28.–31. Mai 2002.
Jacques Rancière, Davide Panagia, »Dissenting Words: A Conversation with Jacques Ranciere«, in: *Diacritics*, 30 (2000), 2, S. 113–126.
Jacques Rancière, *Das Unvernehmen: Politik und Philosophie*, Frankfurt am Main 2002.
Jacques Rancière, »Comment and Responses«, in: *Theory and Event*, 6 (2003), 4 (ohne Paginierung).
Jacques Rancière, *Die Aufteilung des Sinnlichen: die Politik der Kunst und ihre Paradoxien*, Berlin 2008.
Jacques Rancière, *Zehn Thesen zur Politik*, Zürich 2008.
Robert J. Richards, »Kant and Blumenbach on the Bildungstrieb: A Historical Misunderstanding«, in: *Studies in the History and Philosophy of Biology and Biomedical Sciences*, 31 (2000), 1, S. 11–32.
Alexandra J. Richardson, Paul Montgomery, »The Oxford-Durham Study: A Randomized, Controlled Trial of Dietary Supplementation with Fatty Acids in Children with Developmental Coordination Disorder«, in: *Pediatrics*, 115 (2005), 5, S. 1360–1366.

Les Roberts u. a., »Mortality before and after the 2003 Invasion of Iraq: Cluster Sample Survey«, in: *The Lancet*, 364 (2004), 9448, S. 1857–1864.

Kenneth Allen Robinson, *Thoreau and the Wild Appetite*, New York 1957.

Emma J. Roe, »Material Connectivity, the Immaterial, and the Aesthetic of Eating Practices: An Argument for How Genetically Modified Foodstuff Becomes Inedible«, in: *Environment and Planning*, A 38 (2006), 3, S. 465–481.

Richard Rorty, *Rorty and Pragmatism: The Philosopher Responds to His Critics*, Nashville 1995.

Michael Saler, »Modernity, Disenchantment, and the Ironic Imagination«, in: *Philosophy and Literature*, 28 (2004), 1, S. 137–149.

Scott Russell Sanders, »Stillness«, in: *Orion*, 20 (2001), 2, S. 64–71.

Lucy Sargisson, *Utopian Bodies and the Politics of Transgression*, New York 2000.

Morton Schoolman, *Reason and Horror: Critical Theory, Democracy, and Aesthetic Individuality*, New York 2001.

Michel Serres, *La naissance de la physique dans le texte de Lucrèce*, Paris 1977.

Michel Serres, *Der Parasit*, Frankfurt am Main 2016.

Hasana Sharp, »The Force of Ideas in Spinoza«, in: *Political Theory*, 35 (2007), 6, S. 732–755.

Michael Shellenberger, Ted Nordhaus, *Break Through: From the Death of Environmentalism to the Politics of Possibility*, Boston 2007.

Wade Sikorski, *Modernity and Technology*, Tuscaloosa 1993.

Tyson Slocum, »Bush Turns Blind Eye to Blackout Culprit«, in: *Corp Watch*, 21. August 2003, {http://www.corpwatch.org}.

Slow Food USA, *Manifesto. Slow Food USA*, {http://www.slowfoodusa.org}.

Cyril S. Smith, *A History of Metallography*, Chicago 1960.

Cyril S. Smith, »The Texture of Matter as Viewed by Artisan, Philosopher, and Scientist in the Seventeenth and Eighteenth Centuries«, in: ders., *Atoms, Blacksmiths, and Crystals: Practical and Theoretical Views of the Structure of Matter in the Seventeenth and Eighteenth Centuries*, Los Angeles 1967.

Jeffrey Spike, »Bush and Stem Cell Research: An Ethically Confused Policy«, in: *American Journal of Bioethics*, 2 (2002), 1, S. 45–46.

Baruch Spinoza, *Briefwechsel*, in: ders., *Sämtliche philosophische Werke*, Bd. 2, Leipzig 1907.

Baruch Spinoza, *Ethik in geometrischer Ordnung dargestellt*, Hamburg 1999.

Bernard Stiegler, *Technik und Zeit. Der Fehler des Epimetheus*, Zürich 2009.

Sheryl Gay Stolberg, »House Approves a Stem Cell Bill Opposed by Bush«, in: *New York Times*, 25. Mai 2005.

Kuan-Pin Su, Winston W. Shen, Shih-Yi Huang, »Omega-3 Fatty Acids as a Psychotherapeutic Agent for a Pregnant Schizophrenic Patient«, in: *European Neuropsychopharmacology*, 11 (2001), 4, S. 295–299.

Robert Sullivan, *The Meadowlands: Wilderness Adventures on the Edge of a City*, New York 1998.

Francis B. Sumner, »Rezension von Hans Driesch, The History and Theory of Vitalism«, in: *The Journal of Philosophy, Psychology, and Scientific Methods*, 13 (1916), 4, S. 103–109.

»The Dogma of the Holy Trinity«, Katechismus der Katholischen Kirche, Libreria Editrice Vaticana, {http://www.vatican.va}.

Henry David Thoreau, *The Journal of Henry David Thoreau*, Bd. 2. New York 1949.

Henry David Thoreau, *Walden, ein Leben in den Wäldern*, Weimar 1964.

Henry David Thoreau, *The Writings of Henry David Thoreau: Walden*, Princeton 1973.

Henry David Thoreau, *Über die Pflicht zum Ungehorsam gegen den Staat*, Zürich 2012.

Daniel Tiffany, »Lyric Substance: On Riddles, Materialism, and Poetic Obscurity«, in: *Critical Inquiry*, 28 (2001), 1, S. 72–98.

U. S.-Canada Power Outage Task Force, »Initial Blackout Timeline: August 14, 2003, Outage Sequence of Events«, in: Canadian Department of Natural Resources, 12. September 2003, {https://www.ferc.gov/industries/electric/indus-act/reliability/blackout/09-12-03-blackout-sum.pdf}.

U. S. Department of Agriculture, Office of Communications (Hg.), *Profiling Food Consumption in America* (Agriculture Fact Book: 2001–2002, Kap. 2), März 2003, {http://www.usda.gov}.

U. S. Department of Health and Human Services, National Institutes of Health (Hg.), *Stem Cells: Scientific Progress and Future Research Directions*, Juni 2001, {stemcells.nih.gov}.

United States Office of the White House Press Secretary, President Bush, »Ambassador Bremer Discuss Progress in Iraq«, 27. Oktober 2003, {http://www.whitehouse.gov}.

United States Office of the White House Press Secretary, »President and Mrs. Bush's Remarks in an Interview by Television of Spain«, 12. März 2004, {http://www.whitehouse.gov}.

United States Office of the White House Press Secretary, »President Bush Discusses Iraq War Supplemental«, 16. April 2007, {http://www.whitehouse.gov}.

Francesco Varela, »Organism: A Meshwork of Selfless Selves«, in: Alfred I. Tauber (Hg.), *Organisms and the Origin of Self*, Dordrecht 1991, S. 79–107.

Moises Velasquez-Manoff, »The Worm Turns: Could We Cure Some Diseases by Reintroducing Parasites?«, in: *New York Times Magazine*, 29. Juni 2008, S. 17.

Nicholas Wade, »Bacteria Thrive in Crook of Elbow, Lending a Hand«, in: *New York Times*, 23. Mai 2008.

Matthew L. Wald, »Report on Blackout Is Said to Describe Failure to React«, in: *New York Times*, 12. November 2003.

Melanie Warner, » A Sweetener with a Bad Rap«, in: *New York Times*, 2. Juli 2006.

Melanie Warner, »Does This Goo Make You Groan?«, in: *New York Times*, 2. Juli 2006.

Mark E. Warren, *Democracy and Association*, Princeton 2001.

Albrecht Wellmer, *Endspiele. Die unversöhnliche Moderne. Essays und Vorträge*, Frankfurt am Main 1999.

Sarah Whatmore, »Materialist Returns: Practicing Cultural Geography in and for a More-Than-Human World«, in: *Cultural Geographies*, 13 (2006), 4, S. 600–609.

Leonard Richmond Wheeler, *Vitalism: Its History and Validity*, London 1939.

Alfred North Whitehead, *Der Begriff der Natur*, Weinheim 1990.

Walt Whitman, *Grashalme*, Leipzig 1904.

John H. Zammito, *The Genesis of Kant's Critique of Judgment*, Chicago 1992.

Register

Danksagung

Dieses Buch ist das Ergebnis eines glücklichen Gefüges aus Freunden, Kolleginnen, Gesprächspartnern und mehr. Ich bin dankbar für den lebhaften Verstand der Studentinnen und Studenten, die 2007 mein Seminar über »Materialismen und Politik« besucht haben. Rebecca Brown, Jennifer Culbert, Veena Das, Hent de Vries, Paola Marrati, Bill Connolly, Katrin Pahl, Sam Chambers und John Marshall haben meine Ideen infiziert, wofür ich ihnen ebenso danke wie dafür, dass sie dazu beigetragen haben, an der Johns Hopkins University ein derart lebhaftes intellektuelles (und soziales) Milieu zu schaffen. Meine tiefe Dankbarkeit gilt auch John Buell, Jairus Grove und Jennifer Lin für ihre Analysen, Formulierungen, Hinweise und dafür, dass sie mich ermutigt haben, meine Positionen zu verteidigen, oder das an meiner statt getan haben. Ich danke auch Bhrigu Singh dafür, dass er mich sanft, aber mit Nachdruck an die Gewalt erinnert hat. Dankbar bin ich außerdem anderen befreundeten Theoretikern und Theoretikerinnen, die im Laufe der letzten Jahre zur Verbesserung meiner Vorträge, Aufsätze und Buchkapitel beigetragen haben: Anders Berg-Sørensen, Malcolm Bull, Diana Coole, Eu Jin Chua, Jodi Dean, Bill Dixon, Thomas Dumm, Kathy Ferguson, Kennan Ferguson, Stefanie Fishel, Jason Frank, Jonathan Goldberg, Aaron Goodfellow, Bonnie Honig, Steven Johnston, Gulshan Khan, Dot Kwek, Daniel Levine, Patchen Markell, Lida Maxwell, Melissa Orlie, Davide Panagia, Bican Polat, Matt Scherer, Mort Schoolman, Nicholas Tampio, Lars Tønder, Stephen White, Mabel Wong und Linda Zerilli. David Howarth und Aletta Norval danke ich für die inspirierende Tagung zur politischen Theorie, die sie an der Universität Essex veranstaltet haben, Noortje Marres für die großartige Tagung zur Physik der Öffentlichkeit am Goldsmiths College und Chris Pierson für die Diskussionen, die er anlässlich der Konferenz zu Stammzell-Identitäten, Governance und Ethik an der Universität Nottingham organisiert hat. Günstig auf dieses Buch ausgewirkt haben sich außerdem meine glückliche Begegnung mit einer außerordentlichen Gruppe von Geografen sowie mit den Mitgliedern der Theoretical Archaeology Group an der Columbia University. Besonders in der Schuld stehe ich bei Rom Coles für seine sorgfältige, kritische und kluge Lektüre des gesamten Manuskripts. Dankbar bin ich schließlich auch wieder Bill Connolly, dessen Bemerkungen die nächste Fassung stets bereichert haben und der mich ermutigt hat, das Projekt weiterzuverfolgen.

Matthes & Seitz Berlin · Paperback · 053

Erste Auflage dieser Ausgabe 2024

Matthes & Seitz Berlin Verlagsgesellschaft mbH
Großbeerenstr. 57A, 10965 Berlin
info@matthes-seitz-berlin.de

Umschlaggestaltung: Pauline Altmann, Palingen
Satz: Monika Grusza-Nápoles, Cartagena
Druck und Bindung: GGP Media GmbH, Pößneck
ISBN 978-3-7518-4511-3
www.matthes-seitz-berlin.de